| 福建师范大学红色文化研究丛书 |

寻访初心

大学生思想政治理论课优秀实践报告选

陈志 主编

中央编译出版社
Central Compilation & Translation Press

图书在版编目(CIP)数据

寻访初心：大学生思想政治理论课优秀实践报告选 / 陈志主编．—北京：中央编译出版社，2019.10
ISBN 978-7-5117-3736-6

Ⅰ.①寻… Ⅱ.①陈… Ⅲ.①大学生－思想政治教育－研究报告－中国 Ⅳ.① G641

中国版本图书馆 CIP 数据核字 (2019) 第 181395 号

寻访初心：大学生思想政治理论课优秀实践报告选

出 版 人：葛海彦
出版统筹：贾宇琰
责任编辑：何　蕾
执行编辑：李易明
责任印制：刘　慧
出版发行：中央编译出版社
地　　址：北京西城区车公庄大街乙 5 号鸿儒大厦 B 座 (100044)
电　　话：(010) 52612345（总编室）(010) 52612339（编辑室）
　　　　　(010) 52612316（发行部）(010) 52612346（馆配部）
传　　真：(010) 66515838
经　　销：全国新华书店
印　　刷：北京时捷印刷有限公司
开　　本：787 毫米 ×1092 毫米　1/16
字　　数：276 千字
印　　张：21.5
版　　次：2019 年 10 月第 1 版
印　　次：2019 年 10 月第 1 次印刷
定　　价：98.00 元
网　　址：www.cctphome.com　邮　　箱：cctp@cctphome.com
新浪微博：@ 中央编译出版社　微　　信：中央编译出版社（ID：cctphome）
淘宝店铺：中央编译出版社直销店 (http://shop108367160.taobao.com) (010) 55626985

本社常年法律顾问：北京市吴栾赵阎律师事务所律师　闫军　梁勤
凡有印装质量问题，本社负责调换，电话：（010) 55626985

本书是教育部"示范马克思主义学院优秀教学科研团队建设项目"的成果之一,项目编号 16JDSZK083

前　言

福建师范大学马克思主义学院构建"全员协作"的实践教学系统，致力于将"无形"的思想教育转化为"有形"的具体社会实践活动，实现由"知识本位"向"行为本位"的德育提升，由马克思主义学院与教务处、学工处合作，协同推进以"福建红色文化考察"为主的大学生社会实践，探索出立体式、多层次的"课程教学—校内第二课堂—校外社会实践"的教育模式，将团队集中实践、任课教师带队实践与个人实践有机结合，在广泛的社会实践中引导和鼓励学生通过自我学习、自我教育的方式拓展课堂教学成果，实现自我完善和发展。自2011—2016年，马克思主义学院思想政治理论课教师带队开展了赴瑞金、长汀、宁化、建宁、泰宁、福安、寿宁、屏南、上杭、浙江江山等革命老区和泉州、东山等改革前沿的社会考察实践10多次。本书反映了大学生对福建革命老区红色文化考察的体会和对海峡西岸改革建设的调研成果。全书共收录100多篇心得论文和考察报告，是福建师范大学5年来思想政治理论课实践教学改革的阶段性成果。

目录 Contents

▶ **第一章　笔架山下的古祠——古田会议旧址感怀　001**

 仰望星空　　　　　　　　　　　　　　　　赖文捷　002
 黑夜里的曙光——古田会议旧址印象　　　　刘凯琳　005
 追溯伟人的足迹——毛主席在闽西　　　　　郑筱驰　008
 铭记·奉献　　　　　　　　　　　　　　　游志强　010
 古田会议，永放光芒　　　　　　　　　　　王信托　012
 红色古田，精神之旅　　　　　　　　　　　李　彤　014
 闽西行，我们在路上　　　　　　　　　　　谢祈祺　017
 那年，风展红旗如画　　　　　　　　　　　潘玲珊　019
 古田革命路，闽西实践行　　　　　　　　　楚玉春　022

▶ **第二章　"红色小上海"——长汀革命事迹印象　025**

 一个洗涤心灵的旅程　　　　　　　　　　　邓享裕　026
 长汀古城革命事迹记录　　　　　　　　　　曾玉梅　028
 红色洗礼　　　　　　　　　　　　　　　　林丹丹　029
 红色革命旅，闽西探索行　　　　　　　　　赵巧丹　031
 冠豸山下忆当年　　　　　　　　　　　　　陈丹霞　034
 红土地上的绿色实践　　　　　　　　　　　张　蕾　037
 在闽西行纪念碑前致辞　　　　　　　　　　陈　骏　040

· I ·

第三章　金饶山下的传奇——建宁革命老区感怀　　043

艰难岁月中的乐观精神　　徐　昉　044
红色之旅——红之魂　　肖　彬　046
红军精神永传承
　　——参观红军反"围剿"纪念园之我感　　闫　峰　049
建宁旅思　红星闪烁　　罗　涛　051
手执红色信念，心系红军精神　　蓝梓瑜　053
反围剿精神，不灭的灯塔　　刑晓颖　055
风展红旗如画——于建宁红色之旅有感　　陈艺彬　057
百口莲塘吐清香　　许赞炜　059
红色使命　　郭凯燕　061
铭记历史·展望未来
　　——观反"围剿"纪念园有感　　王　定　063
红色革命根据地之建筑与服饰探究心得　　王炜杰　066

第四章　"中央苏区红色重镇"——宁化革命老区印象　　069

纪念，不只是为了缅怀　　林　旋　070
超越勇气的勇毅　　熊　宇　073
纪念碑下的礼赞——记宁化红色之旅　　林文凯　075
追寻党的足迹　　江定龙　077
追寻红色历史，踏访长征足迹　　郑渝玲　079
闽北行，难忘历史　　陈书涵　081
难忘的红色之旅　　王慧冰　083
永垂不朽的革命情怀——观长征出发地有感　　郑洪雅　086
追访革命足迹，弘扬爱国精神　　余丽梅　089
猎猎长风，赳赳雄心　　陈武敏　091

红色精神薪火相传，不忘初心砥砺前行　　　　　陈怡婷　094
革命热土上的时代坚守　　　　　　　　　　　　张　懿　097
光辉岁月，红色情怀　　　　　　　　　　　　　夏博宇　099

第五章　"闽东延安"的故事——闽东革命纪念馆考察感想　101

桓桓其叶，苍鹰于飞
　　——忆叶飞将军闽东所为有感　　　　　　陈　星　102
一个有希望的民族不能没有英雄
　　——访闽东革命纪念馆有感　　　　　　　石　琳　105
红带到处飘，号角震天响——叶飞在闽东　　　陈燕华　108
闽东之行，铭记历史　　　　　　　　　　　　　张建聪　110
一个闽东人对闽东革命史的认识　　　　　　　　雷丽萍　112
红色闽东行　　　　　　　　　　　　　　　　　朱　晓　115
英雄背后的无名英雄
　　——参观闽东革命纪念馆有感　　　　　　洪艳祯　117
片片红忆，永驻心田——闽东革命纪念馆有感　陈仁彪　119
纸上得来终觉浅，绝知此事要躬行
　　——有感于革命纪念馆　　　　　　　　　林智仁　121
抗日救国的峥嵘岁月　　　　　　　　　　　　　余　鹃　124
凝望历史的记忆　　　　　　　　　　　　　　　张景秀　126
在那片土地上，先烈抛头颅洒热血　　　　　　　邝胜飞　129
忆往昔峥嵘岁月　　　　　　　　　　　　　　　邓彩萍　132

第六章　"红旗不倒"的圣地——闽东革命老区百柱洋　135

英雄不朽，薪火相传——重走闽东革命根据地　江释如　136
用血汗和智慧筑成堡垒　　　　　　　　　　　　包　凡　138
洗涤心灵的闽东之行　　　　　　　　　　　　　王铭雪　141

山路十八弯，道不尽对您的珍重	唐将伟	144
金色盾牌热血铸就	邱慧敏	147
碑，永恒的纪念	王　烨	149
人间正道是沧桑		
——记新四军第三支队第六团北上抗日	夏经先	152
革命精神薪火不灭	曹怡然	154
纪念碑下的仰望	王航瑶	156
纪念碑背后的事迹	郑少彦	159
在承载历史的地方畅想未来	卢丹红	161
要有一股民族正气	张瑞丹	164
春华秋实，忘不掉他们的浴血奋战	陈榕猇	167
路漫漫　情切切	蔡远婷	170

▶ 第七章　军民鱼水情的见证——泰宁县红军街的革命遗迹　173

红色泰宁，英魂不朽	崔雯茜	174
泰宁红军街——历史的印记	李旻虹	176
星星之火——泰宁红军街考察后记	高俊伟	178
永不消失的记忆——泰宁红军街游后感	曾钰玲	180
绿然泰宁红色行——泰宁红军街之行	陈淑钦	182
满城红军魂	罗莹燕	184
在路上	苏飞鸿	186
泰宁红军街和尚书第的启示	蔡思雅	188
当太阳升起的时候	左传东	190
追溯那一段传奇——览东方军司令部旧址	翁微子	192
铁肩担道义——记泰宁红军司令部之旅	张志光	194
东方军司令部旧址考察感想	郑中正	196

第八章　共产党人的"圣地"——中国"红都"瑞金探访录　199

忆往昔峥嵘岁月　　　　　　　　　　　　　　　许锦娥　200
举旗浅唱念昔时　　　　　　　　　　　　　　　徐梦楠　203
触碰历史的情感　　　　　　　　　　　　　　　周　文　206
和谐红都，感受爱国情怀　　　　　　　　　　　张文捷　209
共和国摇篮——瑞金行随笔　　　　　　　　　　张宗榜　211
吃水不忘挖井人，忆苦思甜学习红军精神　　　　罗艺杰　214
踏上革命故土，重温红色记忆　　　　　　　　　林燕贞　216
拳拳爱国心，悠悠华夏情
　　——观叶坪红军烈士纪念塔有感　　　　　　吴宝玲　219
百年树人——望大樟树有感　　　　　　　　　　陈　程　221
踏着先烈鲜血前进　　　　　　　　　　　　　　刘聪颖　224
踏访革命旧址，邮寄红色光辉　　　　　　　　　龚宗丞　226
重走长征路——观叶坪革命旧址群有感　　　　　蒋丽莎　229
饮水思源，不忘人恩　　　　　　　　　　　　　梁艳秋　231
游沙洲坝革命旧址群——忆毛主席江西革命有感　宋　颖　233
红色西游记　　　　　　　　　　　　　　　　　刘俊英　236
瑞金之行，一路有感　　　　　　　　　　　　　黄标贤　238
红色瑞金，心灵邀约　　　　　　　　　　　　　林幸传　240
访红都瑞金，学革命精神　　　　　　　　　　　许仕杰　242

第九章　生态文明之光——八闽绿色经济发展考察　245

谷文昌精神对生态文明建设的启示　　　　　　　石艺云　246
陶瓷之都·绿色之乡——德化考察有感　　　　　廖　连　251
秦宇·畲村·三都澳——海峡西岸绿色新农村　　吴一鸣　253
美丽长泰，生态文明之花　　　　　　　　　　　李　琼　257

罗源湾的生态・区位・挑战	陈秀周	260
厦门畲族村的"生态绿肺"考察	宋欧南	265
感受岩溪镇的生态休闲之美	刘　珠	271
长泰县生态"慢活"之体验	祁啸宇	276
我眼中的平潭"大工地"	程　清	280
浅说平潭这块沃土	林玉婷	283
海西明珠——平潭	王慧婷	287

第十章　爱拼才会赢——闽台文化与精神给我们的启示　291

忠魂烈骨　万古长存	郑鹏程	292
德化精神　永传千年	张焰芳	297
中国白，德化魂	陈燕萍	300
瓷之美，闽中宝	邓　珺	302
崇德尚化，彰显瓷都之韵	栗智宽	305
与海洋文化和闽南精神零距离		
——泉州德化文化之旅有感	陈郁晗	308
既开放又保守的闽南人		
——参观闽台缘博物馆有感	李伶俊	311
海上丝绸之路的发源地——泉州聚闽台	温顺妹	313
扬帆起航的大海船——泉州海外交通史博物馆	张玲玲	315
情系闽台缘	彭宏福	317
烛古鉴今——观泉州博物馆	韩　晶	319
"闽台缘"的考察	刘莉莉	321
无法忘怀的情缘——观闽台缘有感	林白琳	324
碟岛的治沙精神——谷公魂，铭我心	曾　玲	326

后　记　329

第一章　笔架山下的古祠
——古田会议旧址感怀

仰望星空

地理科学学院09级，赖文捷

"风云突变，军阀重开战，洒向人间都是怨，一枕黄梁再现。红旗跃过汀江，直下龙岩上杭，收拾金瓯一片，分田分地真忙。"毛泽东的一首清平乐，将一段重大的历史重现。红军来到了上杭古田，给这片被历史尘封已久的土地烙上了红色的印记；就这样，无论时间怎样流逝，那座古田会议的旧址仍饱经沧桑地坐落在那里，以她特殊的方式诠释着那段令人难忘的历史……

时维九月，序属三秋，我们有幸参加了福建师范大学《思想道德修养与法律基础》课程老师组织的红色之旅，走访了上杭古田、瑞金、长汀等多处红色胜地。其中给我感受最深的莫过于上杭古田，而与之最最密切相关的就是那著名的古田会议！熟悉历史的大家一定知道古田会议的来龙去脉：1929年1月起红军向赣南、闽西进军，开创了赣南、闽西革命根据地。可是随着形势的发展和革命队伍的扩大，红四军及其党组织内加入了大量农民和其他小资产阶级出身的同志，加上环境险恶，战斗频繁，生活艰苦，部队得不到及时教育和整训。因此，极端民主化、重军事轻政治、不重视建立巩固的根据地、流寇思想和军阀主义等非无产阶级思想在红四军内滋长严重。就是在这样的情况下，12月28日至29日，红四军党的第九次代表大会在福建上杭县古田村召开。大会总结了红四军成立以来军队建设方面的经验教训，确立了人民军队建设的基本原则，规定了红军的性质、宗旨和任务，重申了党对红军绝对领导的原则，反对以任何借口削弱党对红军的领导，必须使党成为军队中的坚强领导和团结核心。从此，我们党的事业上了一个新的台阶，开始朝着正确的方向发展！知道古田会议的背景，也明白了自己要去看的就是这么一个造就了这一伟大历史转折的胜地，心中不免多了些期待和兴奋……

下了车，我们先去参观了陈列着那个时期红军留下的种种痕迹的博物馆，馆内展品小到一颗子弹，大到重型机枪，从军事用品到生活用具，各式各样，五花八门，令人应接不暇；接着我们来到了古田会议旧址，她依偎在山脚下的树林中，面对着大片的稻田，以自己独特的方式来迎接着前来参观的每一个人！言语已无法描述心中的兴奋与激动，脚步也已经赶不上心跳的步伐，握紧了相机，不想错过任何一个细节：古色古香的小屋里弥漫着的是历史的尘埃，毫无雕饰的屋檐上覆盖的是时间的青苔；空寂的祠堂里，"把思想教育放在首位""坚持党对军队的绝对领导"的声音仿佛还在回响；红四军司令部旧址与红四军政治部旧址里，简陋的陈设和烤火盆留下的痕迹见证了"反围剿"斗争的艰苦卓绝，坐在毛主席当年起草那三万余字的八个决议案的书桌前，突然有种感觉格外地强烈：土枪土炮，油灯衣扣，无一不反映出了当时条件的困苦，可就是在这么艰苦的条件下，我们党依然克服了一切障碍，摸索出了向前的道路，明确了前进的方向，确立了奋斗的目标，那是怎样的可敬和卓绝！

回到车上，我的心里还久久不能平静，突然觉得透过这个时间我们还看到了其他值得学习的东西：坚定不移的信念和知错就改的决心；这些对一个人的成长起到了至关重要的作用，一个有着坚定信念的人是可敬的，信念会告诉他学会坚持，学会不轻言放弃，学会不忘初心，让他战无不胜，无坚不摧，而知错能改的决心可以让他明知，让他用一双慧眼去审视身边的一切，"前车之鉴，后事之师"，人就是要在一次次的犯错，改正，再犯错，再改正的循环中得到成长的……放开眼光，从个人到一个班级，到一个学校，到一个地方，到一个区域，到一个国家，这其中的道理耐人寻味，发人深思，是我们的党留给我们的无尽的精神财富啊，先辈们用自己的行动诠释了那不屈的精神和顽强的信念，值得我们学习和传诵……

德国哲学家康德曾说："在这个世界上只有两种东西最能震撼人们的心灵，一是我们内心崇高的道德准则；二便是我们头顶上的灿烂星空"。而我们的党就是这样给我们造就了这么一片星空，让我们时不时地仰望星空，看看她是多么的美丽，多么的灿烂！

指导老师：郑萍

黑夜里的曙光——古田会议旧址印象

化工学院09级，刘凯琳

我们的红色之旅第二站——上杭县的古田会议旧址。

怀着激动的心情看着车缓缓地驶进这个美丽的古田小镇。下车后我们小走了一段路程，得以领略彩眉岭下，革命红色光环照耀着的小镇风光和淳朴的风情。八十年前革命面临考验，因古田会议而找到的光明就像这一路上的阳光灿烂无比。

走进旧址，即看到一块刻着"星星之火 可以燎原"的石碑，那是毛主席在条件艰难的情况下写下的对革命未来的展望。再向前走去，"古田会议永放光芒"八个醒目大字映入眼帘。八十年的风霜洗礼，革命的精神就像这八个大字鲜红夺目。我们在一块空地上留影之后便开始参观，接受古田会议带给我们的精神洗礼。

跨进会址的门槛，一种古朴的气息扑面而来。已长满青苔的天井、雕板、龙凤图娓娓讲述着八十年前的故事。进入中门，我们来到了当年的会场，横幅上"中国共产党红军第四军第九次代表大会"几个大字顿时映入眼帘。会场中的桌椅、主席台和黑板在岁月的洗礼下，已略显破旧，但依旧整整齐齐；会场中央的马克思和列宁的画像已经泛黄，但依旧清晰。这里的每一张图片、每一件文物都为时代树立了一座可歌可泣的丰碑，它们共同见证了八十年前那场重要的会议。古田会议由陈毅主持，毛泽东作《关于纠正党内的错误思想》的政治报告，朱德作军事报告，陈毅传达了中央《九月来信》并作了反对枪毙逃兵的讲话。大会总结了1927年8月1日南昌起义以来红军的建设经验,通过了毛泽东起草的《中国共产党红军第四军第九次代表大会决议案》……导游严肃而亲切的解说透着历史感,我们仿佛回到了"烽火连三月"的峥嵘岁月。

从大厅的边门进入,我们一一瞻仰了当时红军领导人毛泽东、朱德、陈毅的办公室。屋内简陋的桌椅和木床已显陈旧。毛主席当年用过的水杯、砚台也留下了岁月斑驳的痕迹。望着它们,我仿佛回到了八十年前那个战火纷飞的艰难岁月。就是在这样简陋的办公室里,以毛泽东同志为首的党的领导人曾多少次彻夜未眠,为了中国革命的前途冥思苦想;曾多少次在寒冷的雪夜里与战友们热烈地讨论着如何将马列主义普遍真理与中国革命实际相结合。无产阶级的革命者就在如此简陋、如此艰苦的条件下,以大无畏的革命乐观主义精神、深谋远略的智慧制定出党和军队的伟大纲领,让我党和我军又一次脱胎换骨般浴火重生。"天将降大任于斯人也,必先苦其心志,劳其筋骨……"正是这种艰苦的条件才孕育出了一代伟人,孕育出这次古田会议。这也是古田会议留给我们的又一个精神财富——忆苦思甜,苦尽甘来。

从会址的旧屋出来,便听到熟悉的红歌,有老师不禁跟着唱起这久违的歌。循着这动听的歌声,我们来到了台前。台上正在进行纪念古田会议80周年的演出,我们幸运地遇上了。听着一曲曲老歌,回想刚刚的所见所闻所感,不禁心潮澎湃。在那段艰苦的岁月里,红军就像在阴霾满天里见不到一丝希望和光明一样,而古田会议,就像一场及时雨,抚慰了红军们零乱的内心,就像黑夜里的一道曙光,照亮了红军前进的方向。

"……歌唱我们亲爱的祖国,从今走向繁荣富强……"离开时,演出也接近了尾声。一曲《歌唱祖国》道出了他们对祖国真挚的祝福。我们也轻轻地跟着唱着,在心里默默地对着会议旧址说:再见了,你带给我的精神财富将永远留在我的心间,并鞭策我前进。

古田会议——用短暂的几天抒写了中国共产党那段辉煌的历史。那些漫漫长夜中的点点星火,就像闽西革命老区的指路明灯,照彻了革命道路,照彻了乡亲们的心灵。让古田会议精神,在历史的浩渺星空中,永放光芒吧!

指导老师:卢红飚

追溯伟人的足迹——毛主席在闽西

物能学院09级，郑筱驰

闽西是中国红色革命的摇篮，这里见证了一个政党从摇摇欲坠到逐步稳定的历程；这里也见证了一个时代的伟人的政治生涯的开端……

1929年春，红军挺进闽西，走在崎岖山路上的战士仅背一袋小米、身着单薄的棉衣，这样的着装使他们看起来不像一支训练有素的军队。带头的是毛泽东。毛泽东此时是瘦骨嶙峋的样子，但他炯炯有神的双眼中透露出坚定的信念。战士们踩下的坚定步伐，预示着这支在崎岖的路上蜿蜒前行的队伍，将改变一个国家、一个民族的历史，虽然这条道路是那么漫长……

1929年的重阳，陈毅代替毛泽东任红四军军前委并决定攻打江东。毛泽东在临江楼上写下了：

《采桑子·重阳》：

人生易老天难老

岁岁重阳

今又重阳

战地黄花分外香

一年一度秋风劲

不似春光

第一章　笔架山下的古祠——古田会议旧址感怀

胜似春光

寥廓江天万里霜

诗中隐藏着那份若有若无的难以排解的落寞，原来伟人也有脆弱的时候。

实践是检验真理的唯一标准。

1929年12月，在古田召开红四军第九次代表大会，肯定了"农村包围城市，武装夺权"道路的正确性，肯定了毛泽东党政军权集中统一的看法。

1932年，在红军攻击赣南失利后，毛泽东再次被请出山来。为了革命的发展，他冒着巨大风险毅然请示攻打漳州。4月19日，漳州攻克。历史再次证实了毛泽东在军事上的敏锐。

……

这片热土见证了一个伟人的成长转折，这同时还是一个政党，一个民族的转折。

如今，在古田会议纪念馆内，红军第一套自己的军装，袖章依旧闪亮着它们独特的历史光辉，它们的存在，记录了当年在这位伟人的带领下，红军们为百姓消灭地方军阀的事件。在毛泽东纪念馆的一个展厅里，他穿过的袜子安静地仰卧在那里，好似它的主人不曾离去；他用过的拐杖无声地歇息着，似乎准备帮助这位伟人攀爬更高的山；他读过的书，用过的记录单词的小小卡片，静静地躺着，昭示着一代伟人点点滴滴的努力；他那穿过的打了许多补丁的夜衣仍旧挂在衣架上。还有他和孩子们在中南海的照片，照片中的毛主席亲切而平和地微笑着，似乎在告诉我们，这不是一个伟人，而只是一个普通的有着拳拳舐犊之情的父亲……

这就是一个伟人的人生：起起落落，悲悲喜喜，丰功伟绩，谈笑云烟。

指导老师：陈志

铭记·奉献

法学院 09 级，游志强

"纸上得来终觉浅，唯知此事要躬行。"唯有实践才能将所学的知识化为真才实学，唯有实践才能为社会作贡献，唯有实践才能共谱和谐乐章。红色九月，骄阳似火，福建师范大学"思想政治理论课"大学生社会实践队奔赴土楼、上杭古田会议旧址、瞿秋白纪念碑、长汀红军医院、福建苏维埃旧址、"红都"瑞金等地进行社会实践，作为实践队的一名队员，我在本次社会实践中深有体会。

据历史记载，1929 年 12 月 28 日至 29 日，红四军第九次党的代表大会在上杭县古田村召开，即著名的古田会议。该会议解决了如何把一支以农民为主要成分的军队建设成为我党领导下的新型人民军队的问题。它所确定的着重从思想上建党和从政治上建军的原则，为后来的农村包围城市、武装夺取政权道路思想的形成、发展和成功实践奠定了基础。古田会议因此成为中国共产党和人民军队建设史上的重要里程碑。

参观古田会议旧址，我的心情无比的激动，看着如此艰苦的生活环境和工作条件，难以想象我们中国共产党的第一代领导人是如何在这样的环境下艰辛地工作，他们在如此恶劣的条件下，不顾个人的利益，为了民族的将来，为了党的事业，克服一切困难，坚持自己的理想和信念，用最有力的事实证明了坚持就是胜利这一历史名言。

参观过程当中，看到扫盲夜校的一篇课文，课文这样写道：地主住洋房，我们晒太阳；豪绅吃猪肉，我们没衣裳；军阀娶姨娘，我们上战场；如要求解放，杀他个精光。课文是当时社会现实的写真。可想而知，当时的社会是如何的腐败，我们的革命战士的斗争环境是如此困难重重。想想现在，我们的生活条件是如此的优越，我们更应该好好学习，提高文化素质，提升文化内涵，将来报效祖国，回馈社会的培育之恩！

指导老师：林国著

古田会议，永放光芒

法学院09级，王信托

"红旗跃过汀江，直下龙岩上杭。"福建师大的数十位师生们踏上了闽西·瑞金"红色之旅"。我们一行诵读着毛主席的诗句，来到位于龙岩市上杭县的古田会议会址参观，学习"古田会议"精神，接受革命传统教育。

首先进入视野的是入口处石牌坊上江泽民同志1989年12月参观时欣然命笔的题词。后侧则是毛泽东同志的题词："星星之火 可以燎原。"八个大字，金光闪烁，寓意深远。"古田会议永放光芒"几个火红大字在灿烂的阳光下熠熠生辉，昭示着这里的不同凡响。这宁静、旷远的氛围使每个人都会在心中增添几分庄严、神圣的感觉。

怀着朝圣般的心情，我们走进了古田会议会址。一座不大的院子，背靠古木青山，和想象中完全是两个样子。原本以为和其他旅游地方一样，充满现代商业气息，人来人往，热闹非凡，不料却是出乎意料的纯朴，一派革命气息的简洁，同时蕴藏着些如山路般迂回的艰辛。

回顾当年在此发生的故事，故事中的人物，每个中国人都不陌生。在那个年代，这里的一群热血青年唱响了人生辉煌的乐章。以前只是在历史书上看到名字的地方，而今，却如此真实地踏在了这片热土上，我有些激动。

掩映在郁郁葱葱林木下的古田会议会址宁静而圣洁，一个砖木结构的院式平房见证了中国革命发展史上一个重要的历史片段。会址对面，有60年代新建的古田会议陈列馆。陈列品多是闽西革命文物珍品，这里是福建省收藏革命文物最丰富、规模较大的纪念馆。纪念馆的馆藏文物达到10000多件，其中珍贵文物2000多件，陈列馆展出文物400多件。

在这个面积不大的院子里，还有毛泽东、朱德、陈毅等领导人的办公室。毛泽东曾经工作过的小屋光线有些暗，室内的布局十分简单，一张正方形的木办公桌，一把椅子，仅此而已。桌上还摆着两支烟，虽然不是当年毛主席抽的，但却为这间小屋增添了不少历史的氛围。想想看80年前，他是否点燃一根土烟，顶着昏暗的光线，在这间简陋的办公室里为中国革命规划未来？斯人已去，但风范永存。正是因为伟人们那种大无畏精神才成就了共和国的千秋伟业。福建师大的同学们被眼前的场景感动了，纷纷拿起相机留下深刻的记忆。

众所周知，古田会议是我党我军建设史上的伟大里程碑。会议通过了毛泽东同志亲自起草的《中国共产党红军第四军第九次代表大会决议案》，提出用无产阶级思想建设党，通过加强党的领导和政治工作，建设一支真正的人民军队，解决了党和军队建设的根本原则问题，丰富和发展了马列主义的建党学说。古田会议决议由此成为建党、建军的纲领性文献，古田会议精神由此成为我党、我军的一面旗帜。

身为大学生的我们必须永远铭记：革命胜利来之不易，必须倍加珍惜。人民是革命的力量源泉，必须紧紧依靠群众。古田会议精神还启示我们，对于前进中出现的各种问题，要以积极的态度去解决。借鉴古田会议的历史经验，有助于增强对党的信心，有利于产生正确认识党内错误思想的新思路。正如胡锦涛1999年6月21日在参观古田会议旧址时所指出的，"强调要纠正党内错误思想，重视加强思想政治建设，这个精神至今仍有重要的现实意义"。

指导老师：林国著

红色古田,精神之旅

社会历史学院09级,李彤

福建师大的数十名师生开始了三天的"红色之旅"。我们的目的地是久负盛名的"古田"。作为一个在福建生活了近一年的大学生,对"古田"这个名字已是相当熟悉,但对它的史实却知之甚少。如今,我们怀着一颗对这片红色热土的向往之心和对革命英雄的崇敬之情,踏上了寻觅红色情结与精神源头的寻根之旅。

那天阳光明媚。我们一早乘车从龙岩市区出发,前往上杭县的古田。第一站我们来到了古田会议纪念馆,它是建在绿树丛中的一排整齐而对称的房屋。老师同学们顶着烈日登上了一层一层的石阶进到纪念馆内。馆内的陈列分为"古田会议召开的历史背景""光辉的古田会议决议""古田会议永放光芒"这三大部分,展示了"古田会议"这一重大历史事件的背景、经过、内涵及其伟大意义。所有展品都留下了艰苦卓绝的岁月印痕和顽强革命精神的烙印。棉絮纷飞的被褥,满布灰尘的煤油灯,步枪上留下的斑驳锈迹,勋章上仍锃锃发亮的金色……当我们目睹着一件件当年的革命物品时,脑海中便不断在串联历史情节,在描绘着战斗场面,而心灵一次次经受着震撼和洗礼。

当我还在回味的时候,师生们的目光不约而同地都锁定在了一个铜塑上。那人身披厚重长袄,握着毛笔伏案疾书,神情有些凝重,精神高度集中。在他的笔下,正勾勒着中国革命的未来蓝图——《星星之火可以燎原》。是的，正是因他对革命的乐观主义精神，才使得中国革命迅速发展为燎原之势。他就是毛泽东。

我们应该向这位伟人学习的东西实在是太多了，特别是我们应该学习他在危难的时候仍抱有的革命乐观主义精神。这乐观精神会让你坚定脚步，踏实奋斗，深信困难是暂时的，明天是美好的。

我们带着对伟人的景仰，带着对浴血奋战的革命英烈的缅怀之情，带着这份沉甸甸的红色记忆徒步走向了"古田会址"。斗转星移，时光荏苒，昨天和今天在这会议旧址上碰撞，两个时代在此纵横交错。

掩映在郁郁葱葱林木下的古田会议会址宁静而圣洁，一个砖木结构的小四合院平房见证了中国革命发展史上一个重要的历史片段。1929年12月28至29日，就是在这个虽简陋但建构完美的宗祠里，在党旗的见证下，在毛泽东、朱德、陈毅的领导下，会议通过了著名的《古田会议决议》，这次会议是我党我军建设历史上的光辉里程碑，是人民军队定型的标志，是党的建设伟大工程的重要开端。在开会礼堂的周边是当时领导人的办公室，陈设极其简单，只有紧靠在木窗下的方桌一张，周围添加长条板凳三把，仅此而已。可想而知，当时领导人的艰苦朴素的作风，只心系天下劳苦大众，只为革命的最终胜利奋斗不惜，其他的一切都淡然视之。

想想自己现在能在这么好的环境中学习，应该倍加珍惜才对。所以在看过领袖们的办公室后，我暗下决心，生活要一切从简，只有为崇高理想而奋斗的生活才是充实的生活。

古田会议中提出的号召仿佛还在耳边回响，我们从幽静的祠堂中出来，眼前突然有豁然开朗的感觉，一片片黄澄澄的稻子坚挺地矗立着，让人看了心里充满了踏实和喜悦。向右边放眼望去是一片荷塘，因池塘中的莲花在中午开放，所以叫"午时莲"。这莲花池清幽淡雅，使人身心爽然，悠然自得。听随行的导游讲解说，主席在开古田会议期间，经常在稻田边、莲花旁散步。休息和思考问题。的确，优美的风景是最好的"灵感激发师""身心调试员"。就像会址高挂的"古田会议永放光芒"一样,这里不仅积淀着愈久弥香的革命精神,还散发着净化心灵的乡土风情。

最后用一句话来总结这次古田一行的感触,那就是:瞻仰一次圣地,净化一次灵魂;挖掘一种革命内涵,就能铸就一种时代精神。

指导老师:林凤章

闽西行,我们在路上

生命科学学院09级,谢祈祺

古田会议会址位于福建省龙岩市上杭县古田村采眉岭笔架山下。在一片开阔的田野上,坐落着一幢庄严肃穆的祠堂,坐东朝西。这是一幢始建于1848年的单层歇山四合院式清朝宗祠建筑,原称廖氏宗祠。民国以后曾为和声小学校址。1929年12月28日至29日,著名的古田会议就是在这里召开。

有幸参与学校组织的"闽西行"社会实践活动,跟随着红军的脚步,我们师生一行32人来到了古田会议的会址。

远看会址,朴实威严,森林环绕,古树苍天,森林掩映处"古田会议永放光芒"八个红色大字十分耀眼。会址前是一片宽阔平整的稻田,据说这里曾经是阅兵场,稻浪滚滚,满目金黄。

会址是一座普通的灰瓦青石的祠堂。走进会址,才知道原来一切伟大的产生都源于平凡。简陋的书房,破旧的桌椅,漏水的屋顶,古田会址并没有我想象中的那样宏伟。如此简陋的环境下孕育出的竟然是《中国共产党红军第四军第九次代表大会决议案》,这是人民军队建设史上的一个里程碑,也是中国共产党建党建军的纲领性文件。

回顾历史,我们知道,古田会议之所以彪炳史册,在于毛泽东、朱德、陈毅等老一辈无产阶级革命家从中国的国情出发,从我们党的实际出发,围绕加强党的领导和党的先进性建设,提出用无产阶级思想建设党,通过加强党的领导和政治工作,建设一支真正的人民军队,解决了党和军队建设的根本原则问题,丰富和发展了马列主义的建党学说,为以后党和军队的建设以及革命事业的发展奠定了一个坚实的基础。在古田会议上,通过《古田会议决议》及时纠正了当时党内军内存在的一系列问题。《决议》指出,要用马克思主义的方法去作政治形势的分析和阶级势力的估量,要注意对实际情况的调查研究,由此来决定斗争的策略和工作方法。要求党内的思想和党内生活政治化、科学化。党内开展批评要防止主观武断和庸俗化,说话要有证据,批评要注意政治。反对互相猜忌,闹无原则纠纷,破坏党的团结。直到现今,《决议》对我党我军的现代化、正规化建设仍然起着重要作用。

此次社会实践"闽西行"的"古田会址"之旅,让我深深地感受到古田会议精神在新时期怎样给了闽西人民不竭的动力和无穷的创造力。闽西人又是如何充分继承了这笔弥足珍贵的精神财富,在社会主义现代化建设时期谱写一曲改革开放、艰苦创业、脱贫致富新篇章的。我们当代的大学生应继承和弘扬古田会议精神,在革命前辈的激励下,努力学习、勇于实践、敢于创新,与时俱进,为社会的发展作出贡献,为我们党的伟大事业继续前进,为我们中华民族的伟大复兴而努力奋斗!在实践和创新中充分发挥自身的科技和文化优势,提高自身的综合素质,争做新时代的文明使者。

指导老师:林凤章

那年，风展红旗如画

文学院 09 级，潘玲珊

清晨，阳光初露，我们踏上新的旅程。车在蜿蜒的盘山公路上行驶，我们仿佛被带进时空的隧道，从喧哗的城市来到宁静的山村。我们一点一点翻开历史尘封的厚土，在灰墙白瓦间寻觅英雄足迹，在青砖古祠里聆听革命回音。

那天，九月的天空褪去了她灰蒙蒙的脸，明朗的大地令我们的心情更灿烂了。福建师范大学的老师同学们踏上了闽西这片红色的热土，我们重走革命征途，感受红色岁月。

著名的永定土楼群享誉中外，此次闽西之行的第一站，我们来到了龙岩永定，体味土楼文化，感受客家风情。天空蓝得更为纯粹了些，空气中也隐约带着丝丝的甜，极目而望，远山云缠雾绕，炊烟袅袅而生。这些承载着客家人民勤劳与智慧、充满着深厚文化底蕴的古建筑群，以其最为宽广的心胸，包容了岁月滚滚而生的风尘。我们漫步土楼间，瞭望着傲然独立的飞檐，陷入了深深的沉思……

河畔的老水车停止在岁月的脚步中，院落里的鼓风机凝固于韶华的流逝里。从永定土楼的"南方小调"中我们走进那被定格在卷卷胶片里的枪林弹雨的岁月。这是闽西红色之旅的第二站——古田会议遗址。毛泽东曾以"红旗越过汀江，直下龙岩上杭"的豪迈气势打开了龙岩这片革命土地，并于 1929 年 12 月 28 日至 30 日召开了古田会议，而此次会议更因其对中国共产党和人民军队建设发挥的重要作用，成为我党我军建设历史上光辉的里程碑。

从一条小道径直而入，我们在满眼金色的稻田边，见到了这座古朴的民居，它原是廖氏宗祠，又名万源祠，始建于 1848 年，坐东朝西，结构唯美，飞檐翘角，而后在历史上又更名为和声小学、曙光小学。

推开会址大门，阳光随天井而落，照亮了大厅。党旗悬于台上，讲台、桌椅，整齐摆放于厅间。我们触摸着岁月带来的尘埃，真切地感受到这一切给我们带来的震撼。青苔斑驳的古迹，没有让历史随风而逝，革命先烈伏案工作的辛勤背影，渐渐在我的眼前明晰起来。我始终相信在他们那打满补丁的上衣口袋里，也曾抖落过一颗颗期许幸福的种子。无数人可能对他们有过不理解，探索革命的道路也必然艰险万难，但他们没有放弃。在春天，油菜花开，一抹微笑荡漾在我们的嘴边，我望着墙上伟人们的相片，心想：他们也一定许下了愿望，想借助我们的眼睛寻找当年他们所期许的幸福生活。我推开半掩的窗扉，顷而，稻香盈室，我徘徊在历史的交界点，风儿也嫣然而笑了……

也许，要不是那"古田会议永放光芒"几个大字，你很难想象在这泥泞的小道上，曾经留下了无数伟人奔走革命的足迹，你更难想象在这样朴素的居室里，无数革命先行者运筹帷幄，指点江山，决胜千里之外。虽然长岭寨的枪声已化作历史绝唱，但环顾四周，革命气息像是一壶愈酿愈香的美酒，历经百年的沉淀愈发深沉而致远。也许，要不是历史的记载，你很难想象这样恬静的小山村曾经高举起革命的旗帜，让天下贫苦人民翻了身，并在无数先驱们的指引下让这星星之火，缭绕了整片中华大地！

毛泽东诗云："宁化、清流、归化，路隘林深苔滑。今日向何方，直指武夷山下。山下，山下，风展红旗如画。"是的，小桥流水是道不尽古田别样风情的。我们脚下的每一寸土地，都深埋着那个激情燃烧的岁月可歌可泣的传说。即使你的脚步再轻飘，你都可以感受到这一片红土地散发出的独特力量，在这里接受一次心灵的洗礼。

随后的两天，我们先后抵达了中国最美的古镇之一——长汀，以及革命圣地瑞金。在长汀我们于悠悠古城墙下倾听老人们讲述当年的历史红歌。在汀州试院中感受长汀的沧桑巨变，在福音医院里缅怀英烈忠魂。在瑞金我们瞻仰了当年中华苏维埃共和国临时中央政府所在地，参观了中国共产党早期的领导人和军事将领锻炼成长的摇篮。我们在毛主席当年亲手所挖的"红井"旁伫立久久不愿离去……

巍巍冠豸山见证了那个豪情万丈的革命岁月，潺潺汀江水诉说着那一篇可歌可泣的历史华章。为期三天的闽西红色之旅在老师同学们的依依惜别声中画上了完满的句号。

我们体会到革命胜利果实的来之不易，我们缅怀英烈伟绩，不忘历史，更要面向未来，三天的行程浓缩了祖国巨大的变化。我们更深切地感受到祖国的河山处处闪耀着革命的光芒。正如民谣中唱到的："苏区政权一枝花，花跟扎在穷人家，贫苦农民有了党，红色政权遍天下。"

指导教师：吴秋兰

古田革命路，闽西实践行

传播学院09级，楚玉春

我们实践的第一站是永定土楼，它是这片神奇土地上矗立着的一处奇迹。雕梁画栋勾勒出的艺术奇葩，土墙青瓦围圈起的别样洞天。其冬暖夏凉，防火防盗的功效更是让我们对劳动人民的勤劳智慧惊叹不已。

第二天我们抵达盼望已久的古田会议的旧址——上杭县古田村。来到会址入口处，首先映入我们眼帘的是由毛泽东同志亲笔题写的"星星之火可以燎原"八个大字。在导游的带领下，同学们怀着崇敬的心情参观了这片红色的热土。这里背靠参天古木林，面向青山绿野地。左侧是当年红四军的阅兵场，西南面设有当年红四军领导人检阅红军官兵操练的司令台。正面是宽阔平整的农家稻田，右侧有一口引水井和"荷花池"，是当年毛泽东在会议期间散步、休息常到之处。步入中门，正厅是古田会议会场，主席台设于左侧。主席台由讲台、会议用黑板组成，上墙悬挂"中国共产党红军第四军第九次代表大会"横幅会标及中国共产党党旗，下方左右分别张贴着马克思、列宁画像。主席台靠外侧的墙上还挂了一只欧式壁钟。会场内四根大红柱上张贴着会议宣传标语"中国共产党万岁""反对单纯军事观点""反对机会主义""反对冒险主义"。左厢房外墙至今还保留着当年红四军宣传员写下的标语"保护学校"。整个会场布置得简朴、热烈而又庄重。由于当时气候寒冷，还有降雪，代表们衣着单薄，在会场内烤火取暖，至今会场内地板因火盆烧烤的痕迹仍历历在目。会议期间，毛泽东将右边厢房第一间作为办公室和休息室，并在此批阅文件，和与会代表交换意见。

1929年12月28日至29日，红四军第九次党的代表大会在此召开，该会议解决了如何把一支以农民为主要成分的军队建设成为中国共产党领导下的新型人民军队的问题，它所确定的着重从思想上建党和从政治上建军的原则，为后来的农村包围城市、武装夺取政权道路思想的形成、发展和成功实践奠定了基础。该会议决议的贯彻执行使中国共产党领导的军队成了一支新型的人民军队，古田会议因此成为中国共产党和人民军队建设史上的重要里程碑。

在此会议中，由毛泽东同志起草的著名的古田会议决议的第一部分——《关于纠正党内的错误思想》，是中国共产党及其领导的人民军队建设的纲领性文献，其精神至今仍有重要的现实意义。几十年来，中国人民解放军遵循古田会议决议的原则，军队建设有了很大的发展，积累了丰富的经验。在社会主义建设时期，古田会议决议对加强中国人民解放军革命化、现代化、正规化建设，具有重要的指导意义。

一件件珍贵的历史文物摆放在眼前，诉说着无尽的历史，也见证了伟大中国共产党的成长与壮大。看着艰苦的办公环境，听着导游介绍当年革命先辈坚持忘我为革命献身工作的历史故事，我们心里涌起温热的崇敬与感动。最后，我们在熠熠生辉的"古田会议永放光芒"大字前和会址前留影，表达着对革命圣地和革命先辈们的无限向往和崇敬。

风景在车窗外急驰而过，我们一路感受，一路感悟。下午，我们看到了又一处红色的风景——长汀。在这里，我们看到了土地革命时期福建苏维埃旧址，看到了中国共产党先驱瞿秋白纪念碑，看到了关押瞿秋白的狭小灰暗、高墙阻隔的囚室，看到了当年革命先辈疗养的长汀医院。破旧的屋舍，高耸的碑刻，再次让我感受到了革命条件的艰苦与革命者们精神的崇高。在此，我们遇到了一位热心收藏红色文物的叔叔。他耐心地跟我们讲解了一些革命历史事件，还在自己珍藏的军旗前与我们合影留念。我突然想，如果我们都能像他一样缅怀历史，那么，我们是不是会更珍惜先辈们创造给我们的幸福生活？怀着一颗感恩的心，我回头看着这些走过的红色土地，突然热泪盈眶。

　　回来的路上，大家在老师的带领下开始谈论此行的心得体会。我没有说太多话，但却在沉思中。当我看到当年领袖们破旧的衣衫、破陋的居室，内心被深深地触动了。如果把我们从和平温暖的今天放到那个战火硝烟的时代，我们会怎样？我们是否能在艰苦中生存，是否能在困苦中立起民族的脊梁？当我们坐在明亮的教室安心地学习，当我们吃着可口的饭菜，当我们微笑着面对初升的太阳时，我们要懂得珍惜和感恩。我们没有理由不努力奋斗，没有理由再自寻烦恼，没有理由再沮丧退缩，更没有理由不热爱我们的祖国。

　　通过这次实践，我更加懂得了珍惜拥有。我想，我们每一个人，都要在这种珍惜里好好努力前进。

指导老师：李劲松

第二章 "红色小上海"
——长汀革命事迹印象

一个洗涤心灵的旅程

数学与计算机学院 09 级，邓享裕

9 月 11 日参观完世界文化遗产——永定土楼，感受了古老的中国人的超前智慧后，我们奔赴红军重要的革命根据地——长汀。长汀县，是客家首府，是著名的革命老区和国家历史文化名城。

在这片土地上，有我们的杨成武将军。杨成武，又名杨能俊，中央军委原常委、副秘书长，中国人民解放军原代总参谋长。1955 年被授予上将军衔，曾荣获一级八一勋章、一级独立自由勋章、一级解放勋章。他从抗日，到解放战争，再到抗美援朝，作为中国共产党革命先驱，为中国人民解放作出了重要贡献。

静穆地站在杨成武将军纪念碑前，敬仰之情油然而生。他是抱着怎样的信念和意志，一心为中国解放作斗争？杨成武将军的雕像耸立着，眺望着远方，仿佛看见了新中国的未来。杨将军飞夺泸定桥，翻雪山过草地，突破天险腊子口。千百次死里逃生。站在他的雕像面前，依稀可以感觉到当年红军的不屈意志和解放全中国的决心。

旁边即是革命烈士瞿秋白的纪念碑，方方正正，庄严肃穆。瞿秋白是中国共产党早期主要领导人之一，是马克思主义者、无产阶级革命家、理论家和宣传家，中国革命文学事业的重要奠基者之一。1935 年 2 月在福建长汀县被国民党军逮捕，6 月 18 日慷慨就义，时年 36 岁。

瞿秋白如鲁迅那般，用犀利的文字来宣传共产主义，批判国民党的种种错误。即使被敌人威逼利诱，他仍不妥协。他的纪念碑高高耸立着，直插云霄，令人肃然起敬。四四方方的纪念碑，也代表着他为人方正。就算我们现在不是处于战乱时代，我们也应该向他学习，做人正直，坚定心中的信念，即使面临困难也毫不退缩。

在杨成武将军像前，我们还遇到了一个专门收藏"红色"文物的人，他叫华新辉，是乌鲁木齐铁路运输法院的庭长。他借了面当时革命时期的党旗给我们拍照，我们也了解了他的一些故事。华新辉利用休息时间，多次去革命圣地延安参观学习。在拜访老红军的过程中，他一次次受到精神的洗礼，灵魂一次次被撞击，这使他产生了收藏红色记忆作品的强烈愿望。在收藏过程中，华新辉一次次被凝固"红色记忆"的图片和实物感动。他逐渐萌发了办一个收藏展的念头，希望通过收藏品的展示来提醒人们不要忘记历史，不要忘记中国共产党艰苦卓绝的奋斗历程。几年下来，华新辉收藏的红色记忆纪念品达到了数千件。华新辉说，他花大量的财力和物力收藏，并举办红色记忆图片展览，不仅仅是个人的爱好，也是对党的热爱的真情流露和表达。在谈到今后的打算时，华新辉说，他还要办一个更大、更全的"红色记忆"展览馆，让更多人接受革命传统教育。

在苏维埃临时政府原址，大量的图片和历史文物给了我极大的冲击，让我充分感受到长汀作为革命根据地的极大魅力。一张张历史记录，一柄柄枪支，都充分体现了抗战时期的艰苦。走进展览厅，仿佛回到了过去，我们是历史的旁观者，只能感受，感叹……

长汀的福音医院是由英国人创办的。战争时期毛泽东受伤后曾在这里医治并住过一段时间，所以这里对于红色遗址考察也有很重要的意义。我们了解到当时的医疗状况，以及革命时期战士们的艰苦生活，不禁联想到他们在如此困难的环境下仍然不放弃革命决心，我们如今的困难在他们面前简直是小巫见大巫。

一天的长汀之行结束了，我们跟随者革命的脚步，踏上了前往瑞金的道路。

指导老师：陈志

长汀古城革命事迹记录

物能学院 09 级，曾玉梅

作为一个汀州府城出来的儿女，老早就体会到传承下来的革命精神。9月12号，"闽西行"的队伍，从古田前往长汀。我有幸成为其中一员，格外兴奋。

从上杭出发，经过40多分钟的行车后，我们进入了长汀，一眼望去，一池子潺潺的流水，富有唐朝气息的古城墙。墙上挂着暗红的灯笼，写上若隐若现的"百家姓"，加上三五成群的捣衣女，我们仿佛走进一幅古代画卷里。从一草一木，一砖一瓦里看不出当年战争的痕迹，更像是清末时期的一座小商城。

突然一个刹车，把我的思绪拉了回来。望向窗外，在阳光下，一座铁塔似的纪念碑并排着一塑魁梧的雕像，特别耀眼。我知道这就到了瞿秋白园和杨成武广场，我迫不及待地下车，努力往前奔，怀着崇敬的心情想前去瞻仰两位为中国革命奉献一生的伟人。想到瞿秋白爷爷在1935年长汀罗汉岭宁愿向刽子手的屠刀走去，也不愿屈服，最后英勇就义。杨成武将军也于2004年在北京逝世。突然我的脚步沉重了，步伐也慢了下来。我不免有点触景伤情。正忧伤之时，看见一位来自新疆的老党员，带着革命时期的一面党旗，站在烈日下，缅怀过去，我们不禁肃然起敬。我们走上前去，想认识这位爱国者，他拉开行李箱向我们展示了很多他收藏的革命物品，我们充满敬佩地要求和这位大叔合影，为这一股革命热情，留下印迹。

指导老师：李劲松

红色洗礼

外国语学院 09 级，林丹丹

前进、前进、再前进，我们来到长汀苏维埃政府旧址（现为长汀革命历史陈列馆）。我们走进大门，花草成排，似乎连个苔藓都没见着，又特别幽静，要知道这是长汀人们花多少精力去保护的，想尽一切可能去留住这份记忆，哪怕是一方矮墙。来到会址大厅，我们不约而同地坐在台下，我知道每个人都在屏住呼吸地聆听，仿佛可以听见 1932 年 3 月 18 日福建省第一次工农兵代表大会时《实行劳动法令》《土地问题》《军事工作》《财政经济问题》《苏维埃建设问题》的确立和颁布。接着我们随着导游继续走，看到一个写着"瞿秋白囚禁处"的牌子，我们不仅是惊讶而且更多的是沉痛。我们越过门槛，走在那条黑黑的窄窄的小道上，小道冷清而又潮湿，想到当时瞿秋白，多么希望能听见外面的情况，看见外边的天空啊。怀着沉重的心情看完了这里，我们不禁感慨革命时期的艰苦和辛酸。

革命，一路走来多少艰辛困苦，让我们这些活在这个美好年代的人特心疼。想着想着，很快到了福音医院（原为英国教会医院），看上去保存得特别好。四周围墙，地势前低后高，由门房、礼拜堂、病房、医疗室、手术室等六幢土木结构平房组成，共有房间 30 间。当时由傅连暲负责。1927 年 9 月，周恩来、朱德、贺龙、叶挺、刘伯承、陈赓等率"八一"南昌起义部队路经长汀，医院热情为起义军服务，接收了 300 多位伤员。1932 年毛泽东、贺子珍曾在福音医院治病疗养。次年福音医院搬往瑞金，正式命名为"中央红色医院",傅连璋同志为院长。医院的病房、药品、设备简单得不能再简单了。我深深感受到这座小城在革命时期的奉献,给后人树立了精神榜样。

汀州城,曾经是长征出发地,可惜没有太多时间去走完长汀所有革命老区。但这已足够,那些曾留下的精神已足以让我们去体会和学习。

长汀城一草一木、一砖一瓦、一桌一椅都深深地印上了革命先辈们的光荣足迹。历史的硝烟虽然已渐渐远去,但那段印记,留给长汀的不仅仅是无限的荣光,还是一笔无价的宝贵财富。

指导老师:林国著

红色革命旅，闽西探索行

公共管理学院09级，赵巧丹

　　一年一度秋风劲，不似春光，胜似春光。新中国便诞生在这美丽的季节里。在这易引发秋思，悲古伤今的时节，我们前去革命老区考察，接受精神的洗礼，承受灵魂的撞击。本次活动以"缅怀英烈精神，坚定理想信念，确立历史使命，弘扬时代精神"和"红土地奉献的昔与今——科学发展观引领老区新发展"为主题，旨在通过对红色革命老区历史及其当前发展状况的实地考察，使当代大学生深刻理解改革开放对老区今昔变化的影响，以及当代人对未来老区的展望。

　　9月11日早上，大家准时到达约定地点集中，怀着激动的心情，同学们踏上了闽西·瑞金红色之旅。在热闹的相互介绍以及老师真诚的叮嘱中，我们到达了第一个目的地——永定。在导游的解说之下，我们了解到许多关于土楼的知识，并深深地为客家人的智慧所折服！此次的红色之旅，我们参观了上杭的古田会议旧址、长汀红色政权旧址、瑞金红军旧址，其中令我印象最深的是长汀红色政权旧址。

　　我们来到了瞿秋白纪念碑，站在这片红色土地上，我的脑海中出现他慷慨赴死的伟岸形象。作为中国共产党早期主要领导人，伟大的马克思主义者，卓越的无产阶级革命家、理论家和宣传家，中国的革命文学事业奠基人，瞿秋白同志报道了十月革命后苏俄的情况、起草党纲、主持召开"八七"会议，最后英勇地面对死亡。毛泽东同志是这样评价他的："在革命困难年月里坚持了英雄立场，宁愿向刽子手的屠刀走去，不愿屈服。"我不禁感念：是什么样的力量支持着他在死亡面前毫无畏惧？是心中坚定的信念么？一下子，我陷入了深思之中。

在这里，我们还遇到了新疆乌鲁木齐铁路运输中级法院的法官华新辉先生，他是个红色文物收藏者。在他的收藏中有各个革命时期的图片、领袖人物的经典文章、油画、版画、宣传画以及各个时期的党章、入党志愿书、党费证、革命歌曲等，让人目不暇接。当天，他是特意来到长汀的，又收藏了一面小布朗苏维埃政府的旗帜。他说自己一次次被凝固着"红色记忆"的图片和实物所感动，于是萌发了一个办收藏展的念头，希望通过收藏品的展示来提醒人们不要忘记我党艰苦卓绝的奋斗历程。

我想，随着革命时代的远去与社会风气的变化，革命精神已渐渐地被一部分人所遗忘，像华先生这样的人已是屈指可数了。他不仅以身作则铭记历史，还尽自己最大的力量将革命精神发扬光大，帮助人们树立正确的人生观和世界观。他要用行动告诉所有人，中国共产党与中国人民血肉相连，鱼水情深，忘记历史就等于忘记人民，忘记人民就等于背叛。

接着，我们还参观了长汀博物馆，这里主要是展示一些相关的革命图片，交织的画面讲述着一段段故事。党的历史好似沉重又振奋的旋律环绕在我们的耳畔，顺手抚摸革命者走过的足迹，我们的心也渐渐沉静了下来，自豪与骄傲在我们的心中油然而生。曾经的岁月是如何艰苦，我们的革命者们是多么英勇果敢。在冲锋陷阵之时，他们顾不得儿女情长，只憧憬着用自己的身躯与生命为祖国光明的未来出一份力。抛头颅、洒热血，人生几何，死又何惧？作为一名当代大学生，回首曾经的历史，中国人民一路走来，昂首挺胸。如今我们已经长大成人，不再是祖国精心呵护的花朵，祖国把未来交给了我们，少年强则中国强，我们哪怕是尽绵薄之力，也是我们心中应有的使命。

最后，我们来到了福音医院旧址。昔日的痕迹已不复存在，而氛围却依旧凝重。老一代人的情感在这里漂浮着，理想与信念在这里交汇着，供后人震撼、沉思。

  这次的"闽西瑞金红色之旅"考察实践活动在大家的欢声笑语中落下了帷幕。在回来的路上，有位老师似乎对此次活动颇有感触，带领着我们唱起了红色歌曲《没有共产党就没有新中国》，使气氛直至高潮！回想这三天的实践活动，同学们都受益匪浅，赞不绝口，纷纷表示，如果还有机会，一定要再来参加！

指导老师：陈志

冠豸山下忆当年

公共管理学院09级，陈丹霞

9月11日早晨七点，我们乘坐的大巴准时出发，开始了为期三天的"闽西瑞金之旅"。近六个小时的旅途颠簸，本该让困倦的我们更加疲乏，然而，一路的山明水秀、旖旎风光，以及偶然发现的小木屋都让我们这些来自大山之外的孩子暂时忘却了烦恼，安静地趴在窗口欣赏着似曾相识的风景，期待着不同寻常的旅程。

到达的第一站是世界文化遗产——永定土楼。延绵低矮的山丘，潺潺而下的溪流，茂盛的芭蕉树，古香古色的水车……点缀在庄严肃穆的土楼周围，构成了一幅别致清幽的乡间美景，让我们感受到一种天人和谐的氛围。土楼内部精妙的结构更让我们叹为观止。集通风、采光、防水、抗震、隔热等功能于一身的土楼，是客家人民智慧的结晶，是当之无愧的世界文化遗产。

如果说集天地灵气的土楼净化了我们的心灵，那么接下来我们踏上的红土地——长汀，又给了我们以精神的洗礼。长汀是全国的革命圣地。在第二次国内革命战争时期，这块红土地曾是中央苏区的经济、文化中心，是中共福建省委、省苏维埃政府、省军区所在地，有"红色小上海"的别称。在那段峥嵘岁月里，汀州人民积极参军入伍，为中国红军输入了新鲜血液。长汀儿女在中国共产党的领导下，英勇斗争，不畏牺牲，为新中国的建立作出巨大的贡献。因此也素有"红军故乡"之称。这片红土地曾经浸染着千千万万革命先烈的血泪与汗水，现在册的烈士就有 6000 多名，其中就包括了著名的革命烈士瞿秋白。瞿秋白纪念碑正是我们此行缅怀的目标之一。当我站在瞿秋白纪念碑前，听着导游的介绍，不禁对这个革命斗士产生了无限的敬意。几十年前，就在这个纪念碑所在地方，年仅 36 岁的瞿秋白同志饮弹洒血，慷慨就义，将年轻的生命献给了中国的革命事业。当年就在走向刑场的路上，瞿秋白这位大义凛然的革命斗士还一路高唱《国际歌》《红军歌》，高呼"中国共产党万岁""共产主义万岁"等口号。"这是一个怎样的哀痛者和幸福者呢？"鲁迅先生说："真的勇士敢于直面惨淡的人生，敢于正视淋漓的鲜血。"瞿秋白置生死于度外，在生命的最后一刻还不忘为革命而呼号，显示出无所畏惧和凛然正气。我想瞿秋白就是鲁迅先生所说的"真的勇士"吧！他那坚定的革命信念和矢志不渝的革命精神激励着万千中华儿女投入到中国伟大的革命事业中，英勇斗争，不畏牺牲。他满腔的爱国热情也感染了我们，是当代大学生学习的英雄楷模。

参观完瞿秋白纪念碑，我们又前往汀州试院——即苏维埃旧址的所在地参观。第一次工农兵代表大会正是在此召开。走进会址大厅，发现大会两边的台柱的红漆已经部分剥落，但漆柱上的"我们的武器是列宁主义""我们旗帜是马克思主义"的标语还清晰可见。那斑驳的墙上的标语虽然已经模糊，但先辈们的满腔热情感染了我们年轻的心。后堂的小厢房是临时政府各部门的办公室。就在这仅有一张小木桌的昏暗狭小简陋的办公室里，革命前辈们克服了种种困难，兢兢业业地完成了革命伟业。作为当代大学生，尤其是 90 后的我们，似乎已经习惯地认为和平舒适的生活环境是理所当然的，常常忘记了和平与舒适是无数革命先烈艰苦奋斗的结果。

安宁和平的社会环境，宽敞明亮的教室居所，先进的家电设备，美味营养的三餐……这是我们现在的生活。我们已经远离了战火硝烟、残瓦破屋、简陋居室、吃了上顿没下顿的日子。我想我们除了珍惜现在，还要学会继承先辈的精神。今天我们不用冒着枪林弹雨在战壕里摸爬滚打，也不用在敌机的威胁下找寻革命的出路，我们爱国不用冒着生命危险。时代在变，我们的爱国方式也在随之而变。"少年智则中国智，少年富则中国富，少年强则中国强，少年进步则中国进步"，当代青少年要掌握科学文化知识，用科学文化武装自己，提升个人的综合素质，做一个于家于国都有用的人，才是爱国的表现。

此次的红色之旅让我收获颇丰，在这片红土地上感受革命先烈的英魂，找寻革命先烈的足迹，让我们踏着他们的脚印走得更远！

指导老师：陈志

红土地上的绿色实践

社会历史学院 13 级，张蕾

10月31日早上，伴着凉爽的晨风，一支由 32 名师生组成的考察队出发前往美丽的长汀县。经过了五个多小时的车程，我们终于抵达目的地。

出发之前，我特地去了解了一下长汀县的历史。长汀县，别称"汀州"，简称"汀"，隶属于福建省龙岩市，地处福建的西部山区，武夷山南麓，南与广东近邻，西与江西接壤，是闽、赣两省的边陲要冲，是福建新石器文化发祥地之一，全县有 200 多处新石器遗址。汉代置县，唐开元二十四年（公元 736 年）建汀州，成为福建五大州之一。自盛唐到清末，长汀均为州、郡、路、府的治所。2010 年末户籍人口 39.34 万人，通行闽西客家语长汀话。县人民政府驻汀州镇。长汀融人文景观与自然景观于一体，与湖南凤凰一起被国际友人路易·艾黎誉为"中国最美丽的山城之一"。2012 年长汀获"中国十大最具人文底蕴古城古镇"称号，是著名的革命老区和国家历史文化名城，是客家的大本营，是海峡西岸经济区西部的名城。正是因为曾经了解过长汀县的基本情况，所以我带着十分期待的心情踏上这一片神奇的土地。

31 号下午，在结束了河田镇的长汀水土保持宣教馆参观学习活动之后，我们又考察了风景秀丽的汀州国家湿地公园。在这里，我们看到了习近平总书记于 2001 年亲植的香樟树，樟树如今已从一株小树苗长成一棵颇有风骨的大树了。我们了解到长汀县过去水土流失非常严重，土壤十分贫瘠，从 20 世纪 80 年代起，政府高度重视，经过多年治理，成果斐然，许多荒芜的山地如今已是遍地绿荫，还有小部分土地正在治理。之后，我们来到美丽的汀州国家公园，在小雨的氤氲中，漫步在古香古色的小道上，时时能看到波光粼粼的河段，以及如星星般分布的长亭。我不禁感叹："水光潋滟晴方好，山色空蒙雨亦奇。"

了解到长汀县过去水土流失十分严重，后经过绿化改造，曾经的大片红色土地，如今变成处处青山，这种鲜明的变化，与长汀县多年来所坚持和不断践行的"既要金山银山，也要青山绿水"的绿色理念是密不可分的。事实证明，良好的生态环境将带动经济协同发展，而恶劣的生态环境不仅有碍于人民生活质量的提高，同时也将阻碍经济的长远发展。

当然，之所以称长汀为"红土地"，除了因为长汀的土壤确实是红色的，还有另一层意思——长汀县的红色文化浓厚。1929 年 3 年，红军入长汀，建长汀县革命委员会，为闽西、赣南第一个红色县级政权，苏维埃政府设于涂坊。1931 年 10 月，建立汀州市苏维埃政府于城关。1932 年 3 月，建立福建省苏维埃政府于汀州市。1933 年 9 月，分出长汀县近汀州市部分地区建立兆征县，县治设省苏维埃政府内，均属福建省苏维埃政府。正是因为长汀县有如此厚重的文化底蕴，才使得这个小城魅力四射。于是，11 月 1 日，我们参观了瞿秋白纪念馆、瞻仰了瞿秋白纪念碑。站在烈士纪念碑前，我不禁心潮澎湃、感触颇深。瞿秋白同志为中国共产党早期优秀的领导人之一。纪念馆的讲解员生动地讲解了瞿秋白同志坎坷而短暂的一生，并提到瞿秋白于 1935 年于长汀被捕并英勇就义的事迹。听到这里，我不禁为老一辈革命者不畏牺牲、勇于抗争的精神所折服。大家一边唏嘘不已，一边踏上前往长汀县博物馆的旅程。令人惊叹的是，一个县城的博物馆竟能做得如此精致。博物馆内的建筑古朴，里面陈设的物品饶有历史，体现出长汀悠久的客家文化及红色文化。博物馆院子内的两棵古柏，有 1200 多年的历史了，可谓长汀县的地标。

以上就是 10 月 31 日及 11 月 1 日这两天的主要行程，这两天在这片红色土地上的绿色实践将令我终生铭记。长汀县的文化底蕴更是让人印象深刻。长汀的水土保持工作为水土流失地区的治理提供了宝贵经验，它开辟了一条可持续发展的新道路，同时充分发挥了优秀文化对经济的促进作用。相信在全面建成中国特色社会主义伟大事业的征程上，会有越来越多的奇迹将会发生。

指导老师：杨小霞

在闽西行纪念碑前致辞

文学院 09 级，陈骏

　　时维九月，红色长汀。福建师大的师生们站在这片红色土地上，缅怀一位革命先烈：中国共产党早期主要领导人，伟大的马克思主义者，卓越的无产阶级革命家、理论家和宣传家，中国的革命文学事业奠基人——瞿秋白同志。

　　瞿秋白同志曾参加"五四"爱国运动，曾是最早向中国人民真实报道十月革命后苏俄情况的新闻先驱。瞿秋白同志于 1922 年加入中国共产党，1923 年 1 月回国后致力于马克思主义的宣传和研究工作，为党的思想理论建设作出了开创性的贡献。瞿秋白同志参加中共第三次全国代表大会，起草党纲。在第一次大革命期间，瞿秋白同志为促成国共合作、发动北伐战争作出积极贡献。

　　1925 年在中共第四次全国代表大会上，瞿秋白同志当选为中央委员、中央局成员，在 1927 年召开的中共第五次全国代表大会上，当选为中央政治局常委，在 1928 年的中共第六次全国代表大会，当选为中央委员、政治局委员、随后参加共产国际第六次代表大会，当选为共产国际执行委员、主席团委员及政治书记处成员。

　　瞿秋白同志在第一次大革命失败后的危急关头主持召开"八七"会议，确定了土地革命和武装反抗国民党反革命统治的总方针，会后任临时中央政治局常委，主持中央工作。他和战友们一道，在极其艰难的条件下为恢复党的战斗力、开辟革命的新局面建立了巨大的功勋。1935年2月26日，瞿秋白同志在长汀县水口镇小径村被国民党逮捕。面对敌人的威逼利诱，他坚贞不屈，视死如归，从容淡定，慷慨赴死。毛泽东同志这样评价他的革命气节："在革命困难年月里坚持了英雄立场，宁愿向刽子手的屠刀走去，不愿屈服。"瞿秋白同志牺牲时年仅36岁，其短暂的一生，为党和人民作出的贡献让人怀念，催人奋进。

脚踏在这片红色土地，我们可以告慰先烈的是：在中国共产党领导下，我们夺取了新民主主义革命胜利，建立了人民当家作主的新中国；我们实行了改革开放，和平崛起的中国巍然屹立于世界东方。

雄关漫道真如铁，而今迈步从头越。韶华已逝，任重道远。我们将在中国特色社会主义旗帜指引下，弘扬红色革命精神，迎接新时期的挑战，不畏艰难，勇往直前，担当重任，创新奉献，使自己无愧于先烈英灵，无悔于这个时代。

指导老师：俞志

第三章　金饶山下的传奇
——建宁革命老区感怀

艰难岁月中的乐观精神

材料学院 11 级，徐昉

昔时不识何以铸就红军铁军，览建宁红色纪念馆，今方知。

步行于纪念馆中，漫不经心，跟随在人群之后，仿佛听得不真切。正在恍惚之际，不经意一瞥，留意到一行小字，讲述了一个关于红军极其平常的小事，但细微之处依旧体现出中国工农红军的魂魄——红军精神。不禁让我心生一动。

1935 年春，闽北红军在武夷山区打游击，生活艰苦。无奈粮食不足，唯有以野草充饥，野菜苦涩，难以下咽。这时闽北书记黄利提出一个问题："什么时候最快乐？"有人说"打胜仗最快乐"，有人说"长行军休息时最快乐"。大家七嘴八舌，各抒己见，好不热闹。书记却说道："大家说得都对，不过我认为现在大家吃野菜最快乐。"众人皆笑，不知不觉锅里就见底了。

再回顾馆里陈列的展物，设施极为简陋的遗址。在那个物资匮乏的年代，面对时时刻刻的战斗，若没有惊人的毅力，怎么可以坚持下来。如果说战士们的坚硬身躯是钢铁铸造的，那么他们钢铁般的军魂正是革命的乐观主义精神。这种精神让他们克服各种艰难困苦，在敌人层层包围时勇敢突围，在茫茫雪山泥沼中临危不惧。

细微之处，凸显了工农红军的乐观主义精神，红军之魂！

将镜头拉回到现在，这对于我们来说，不正是一笔财富吗？因为乐观，没有红军过不去的坎，因为乐观，我们也可以笑对苦难与挫折。漫漫人生成长路上，能有谁走得一帆风顺呢？反省自己，时常为功课而嗟叹，而困惑，可是消极悲观对待又有何用，还不是深陷泥沼不能自拔？在艰难困苦面前，我们越是懦弱，他们越是强大。此时，我们应积极乐观地去思考，去看待。唯有乐观地从战略上藐视困难，只有不畏惧，才有希望战胜它。

环视身边的大学生们，不乏一些人对未来感到困惑迷茫，为未来的就业而担惊受怕。与其这样备受煎熬，不如换以乐观的心态去思考去计划去行动。只有付出才有收获；只有刻苦学习，才有成就。是金子总是会发光的。

是乐观让工农红军克服艰苦的环境，是乐观让他们藐视敌人取得胜利，是乐观支持着他们一步步走向胜利！用乐观去充实自我，用乐观去感染身边的人，带上"红军之魂"，让我们在人生大道上走得更平坦！

指导老师：林凤章

红色之旅——红之魂

软件学院 11 级，肖彬

"红军不怕远征难，万水千山只等闲。五岭逶迤腾细浪，乌蒙磅礴走泥丸。金沙水拍云崖暖，大渡桥横铁索寒，更喜岷山千里雪，三军过后尽开颜。"这首诗是毛泽东在长征取得胜利时所作，每当看到这首诗总让我感慨万分。在 9 月 16 日，我们踏上了红色之旅，踏上了让我魂牵梦绕的红军长征之路。

在建宁县，我们怀着对伟人的无限敬仰，来到了毛泽东、朱德的故居。终于，我可以如此近距离地走近伟人——毛泽东，感受他成长的历程、他的风雨人生。

一、平凡之美

"料是细剑留不住，终归大海作波涛"。当来到毛泽东的旧居，映入眼帘的是一个简单而干净的房间，一床，一桌，一椅构成了他的故居。看着这里的一切，我却是感慨万千，多么平凡的摆设，而它们却陪伴着毛主席走过了无数个风风雨雨。让我深深感受到：当我们在羡慕他人的先天优势之时，我们都忘了，成败是靠我们自己。须知，即使在平凡之中也能绽放绚丽之花，但需要我们有坚定的信仰与坚持不懈的精神，就像毛泽东对革命的无限追求，对人民的无私奉献一样。走到这房间的每一处，隐约听见"先天下之忧而忧，后天下之乐而乐"的豪言壮语。如今革命先辈的精神，依然长存于在这浩荡的天地之中，指引着我人生的方向。这正是毛泽东的故居。

二、朴素之美

"却嫌脂粉污颜色，淡扫蛾眉朝至尊。"毛泽东的故居清淡而朴素，没有金碧辉煌的装修，更没有豪华的设施，有的只是毛泽东那样两袖清风的浩然正气。先辈们在这艰难困苦的生活之中，为我们的将来不懈地奋斗着，为新中国的美好明天努力着。作为革命的后继者，我们要珍惜今天的幸福，更应该记住先辈们在解放之路中所拥有的情操。如果没有先辈们的生死斗争，血泪牺牲，就没有我们今天的好生活。让我们走进"长征之路"，体会朴素之美吧！

三、精神之美

"山不在高，有仙则灵，水不在深，有龙则灵。斯是陋室，惟吾德馨"。这正是毛泽东故居的写照。每当走进这里，总让人感受到长征之路的艰辛困苦。先辈们在这艰苦的环境中日夜操劳，为的是解放全中国，拯救老百姓于水火之中。在这朴素而平凡的房间里，寄托着的长征精神，是在枪林弹雨，雪山草地之间打不烂、拖不垮的铮铮铁骨；是面对敌人的屠刀与诱惑，没有丝毫的奴颜和媚骨的大无畏精神！缅怀长征之路，追忆先辈们在长征之路上的艰苦奋斗，更让我觉得身为21世纪青年应当继承革命先辈们的光辉精神。我们要坚持不懈地加强责任心、责任感的培养，为祖国奉献自己的力量。

在毛泽东的故居中，我学到了很多：平凡之美，朴素之美，长征精神。这些都将成为我一生的宝贵财富。新中国是革命先辈们在血与泪中创立的，作为21世纪的新青年，我们应当肩负起振兴中华的历史重任。"少年兴则国兴，少年强则国强"。而今，我们要让新中国复兴于世界东方，这也必将是一次充满艰辛的新长征。让我们重踏"长征路",弘扬长征精神,奉献自己的力量,去追寻金色的理想,追寻明媚的春光,追寻火红的太阳!

指导老师:李湘敏

红军精神永传承
——参观红军反"围剿"纪念园之我感

生命科学学院 11 级，闫峰

9月14—16日，围绕"缅怀英烈精神，坚定理想信念，确立历史使命，弘扬时代精神"的主题，福建师范大学思想政治理论课实践团队在福建省宁化县和建宁县进行实践活动。其中给我留下印象最深的就是建宁的红军反"围剿"纪念园。

我们在16号到达红军反"围剿"纪念园。一下车我就看到了反"围剿"纪念园的大型铜雕群——《红军颂》。它向我们诉说着"横扫千军如卷席，五战五捷破围剿"的历史传奇，再现了红军浴血奋战的场景，展示了老一辈无产阶级革命家临危不惧、力挽狂澜的伟大气魄。看到这些雕像就好像真的看到了当年反围剿时期的场景——将军指挥作战、士兵们奋勇杀敌、广大人民在后方支持……虽有伤亡人员，但大家脸上那种坚毅，让我不禁肃然起敬！我一方面敬佩他们淳朴、执着的爱国精神，另一方面也深深地感受到红军精神的伟大。

看到这些栩栩如生的浮雕，我更加理解了这种把广大人民的根本利益看得高于一切的理想、信念和坚信正义事业必然胜利的精神。红军将士为了救国救民、不怕艰难险阻，坚持从实际出发、顾全大局、严守纪律、紧密团结、依靠群众，与人民群众患难与共，最终取得胜利。

正是拥有这种义无反顾的精神，中国共产党在历史抉择的重要关头作出了正确的抉择，卧薪尝胆，用智慧和勇气走完了艰辛坎坷的长征路，带领广大人民群众走向胜利，也创造了"星星之火 可以燎原"的神话。

这次我们还参观了毛泽东、朱德、周恩来等同志在建宁的故居和"中央苏区反'围剿'纪念馆"。纪念馆里，随着导游的讲解，大家追忆着五次反"围剿"战争中，革命先烈英勇抗敌的感人事迹，感受着革命先驱抛头颅、洒热血的高尚精神，缅怀一代伟人的丰功伟绩。每参观一处，都受到一次教育、一次熏陶、一次震撼，也让我们由衷地认识到革命胜利来之不易。

通过这次学习实践，我更加懂得珍惜现在的生活，常怀一颗感恩心！因为无数先辈们为这来之不易的幸福生活抛头颅、洒热血，不畏强敌、英勇就义……虽然时至今日，战争的硝烟已经散去，昔日腥风血雨、刀枪相见的地方早已恢复安宁，但是当富足和安康令我们把前辈们的努力只看作书本上的记录时，我们又该以怎样的态度去面对这段历史？去铭记先辈呢？我想我们最该做的就是怀有一颗感恩的心去生活，去传承先辈的精神！让红军精神永传承！

指导老师：李劲松

建宁旅思　红星闪烁

社会历史学院 11 级，罗涛

> 红军不怕远征难，万水千山只等闲。
> 五岭逶迤腾细浪，乌蒙磅礴走泥丸。
> 金沙水拍云崖暖，大渡桥横铁索寒。
> 更喜岷山千里雪，三军过后尽开颜。
>
> ——毛泽东《长征》

或许感觉流转了 70 余载的岁月已经带走了往日的喧嚣与战火、苦难与灾难、悲壮与雄浑。翻过千里雪山尽开颜的战士们或已离我们远去，从前辈手中接过以鲜血换来的幸福的我们，在这阳光明媚的日子总想找寻并没有离我们远去的起点。

建宁，就是一个开端。这一站，我们来到了建宁。

这里是第五次反"围剿"的要地，是第三次反"围剿"的红军总部、红军五、九军团长征出发地之一。

此处可谓一步一景，一景一情，一情一故事。关于老一辈革命先烈的故事，关于中国共产党逐渐壮大，领导人民迈进新中国的事迹，记录在红军反"围剿"纪念馆，在这个历史的凝结地，我们深刻地感受到了老一辈革命先烈的坚韧与自强不息的伟大精神。

站在毛主席故居前，面对着庄严肃穆的毛主席、朱总司令的雕塑，他们用那睿智的眼神，坚决地眺望着远方——那不就是焕然一新的新中国吗？而此刻站在他们脚下的我们，是他们寄予厚望的新一辈。

滚滚长江东逝水，浪花淘尽英雄乎？非也！

炮火的无情，枪弹的无眼，死亡的威胁，一根扁担，一辆小轮车，一把大刀，一支长枪，虽然有人倒下，虽然前途暗淡，但依然勇往直前，不惧牺牲，前赴后继。

纪念馆墙上红军部队冲锋的浮雕气吞山河。是的，你们没有留下任何事迹；是的，你们甚至没有留下姓名，可是，你们是一支英雄的大军，刀锋所指，所向披靡。大江东去，光阴荏苒，英雄永存。

一口露天浅井，一张煤油小桌，一张薄被小床，几条简易桌凳，就是一个指挥部，就是早期的首脑中枢。不敢想象，在国民党反动派的轮番围剿下，在敌人的频频封锁下，在这种简单得不能再简单的生活状态下，缺衣少粮，没枪没炮，老一辈革命先烈就这么杀出一条血路，冲出一片新天地，奇迹般地引领一穷二白的苦难中国走向光明、走向新时代。

怀着一份沉重的心情走在这个半个多世纪前那些老前辈战斗生活过的土地，鸟语花香，苍柏成荫，如今这里已没有枪炮声，没有遍地的伤痍，也没有悲痛的哀嚎，这里有的是幸福欢笑、车来人往。我们从温室中成长起来的新一代大学生，岂知守护离我们渐远的先烈精神？以前，我们任性，我们沉浸在优越的生活中不知所以，此行，我们参观了革命遗迹之后，一种莫名的历史责任感油然而生。我们不是一无是处的九零后，我们不是只会享乐不能吃苦的九零后，我们会默默继承先辈的精神，发扬艰苦奋斗、吃苦耐劳、不怕牺牲、勇往直前的精神。我们要肩负起历史赋予我们的使命，怀着一份感恩的心，努力学习，回报社会，尽己绵力，报效国家！一人之力虽小，可是百人、千人之力将是无穷的。

指导老师：林国著

第三章　金饶山下的传奇——建宁革命老区感怀

手执红色信念，心系红军精神

文学院 11 级，蓝梓瑜

我想，我们生活在这个时代已是无比幸运了，因为我们有英勇的前辈们为我们造福。他们用生命为我们铺垫了一条光明的大道，他们用鲜血铸就了今天的辉煌，我们，站在困难面前，有什么理由屈服呢？

9 月中旬，福州的日光都回家了，只留下淅淅沥沥的雨滴滋润大地，我们满怀期待，与老师一同开始我们的红色之旅。三天的路途，为我的人生印刻了一本厚的书，首页必是反"围剿"纪念园，它在我的心上雕铸下了深深的烙印。反"围剿"纪念园全方位立体式展现了第二次国内革命战争时期中央苏区反"围剿"那段波澜壮阔的历史。走入纪念园，毛泽东、周恩来、朱德三位前辈的雕像矗立在眼前，目光注视着远方，眼神中流露出坚定和不屈。然后我们参观了毛泽东、周恩来、朱德同志的故居，一页竹席、一床薄被、一张书桌、一张椅子、一盏油灯、一顶竹帽、两支毛笔。作战室、传达室、副官室、秘书处的环境也是如此的艰苦，可是他们在这样的环境下，缔造了中华民族的奇迹，为我们开拓了一条光明的道路。在看到红军井、防空洞之后，映入眼帘的是以"红军颂"为主题的大型群雕，它再现了红军五次反"围剿"等重大历史事件，展示了老一辈无产阶级革命家英勇奋战、力挽狂澜的伟大气魄。雕塑中，我们可以看到红军们的姿势不一，有的在搀扶战友、有的在大声吼叫摆出向前冲刺的姿势、有的在呼唤战友一起往前冲、有的抱着已逝战友号啕大哭……站在他们面前，一股酸楚的味道涌上鼻头。我在想，他们是否有过和我们一样的梦想，是否也想在某个节日和家人团聚，是否也想在某个艳阳天走过悠然的田埂享受恬静时光？我想他们肯定很想像此刻的我们一样，拥有安稳的环境，拥有和平的时代。他们也不想要战场上弥漫的硝烟，我想他们肯定很希望战争是一场梦，梦醒了发现自己躺在家里的床上，屋外有父母的说话声，有兄弟姐妹玩耍的嬉笑声，有家禽的鸣叫声，还有和煦的微风掠过屋檐。可是，转眼，却是我们在享受这一切，安稳、和平、幸福，不过他们也会觉得这是一种幸福，因为他们的付出是值得的，因为他们看到了美好的未来。所以我们有什么理由不努力？我们有什么资格不好好珍惜呢？

我们拿着前辈们递过的染满鲜血的接力棒，前方，是我们要继续建设的祖国，未来，是一条看不到尽头的路途。经过此次的红色之旅，吃苦耐劳、脚踏实地、坚持不懈的精神深入我心。我深知自己肩上的责任，我不求轰轰烈烈地付出，但我不怕困难艰苦，不怕风雨雷电，我什么都不怕，只要祖国需要，我就会义无反顾，因为有一种精神在召唤我，它叫红军精神。

手执红色信念，心系红军精神，扬帆起航！

指导老师：杨林香

第三章　金饶山下的传奇——建宁革命老区感怀

反围剿精神，不灭的灯塔

教育学院 11 级，刑晓颖

　　细听导游的解说，我才了解，原来 81 年前，这里发生了一场关系中国前途命运的惨烈战斗。1934 年 10 月，中国工农红军在第五次反"围剿"失利后，8 万余人撤离中央苏区，部队在连续突破敌人三道封锁线后，于 11 月下旬抵达湘桂边境，蒋介石调集了 30 万大军在湘江以东地区（现在兴安、全洲、灌阳县一带）布下了号称"铁三角"的第四道封锁线，企图将中央红军歼灭于此。面临生死存亡的严峻考验，红军战士不怕牺牲，浴血奋战七昼夜，以折损过半的惨重代价突破湘江，突出重围，进入老山界。可以说，没有红军突破湘江的成功，就不会有二万五千里长征的四渡赤水，巧渡金沙江，飞夺泸定桥，抢占大渡河，以及爬雪山、过草地这些气吞山河、可歌可泣的革命历程，就没有共和国的建立。

　　今天，置身于当年的战场，目睹着一组组前赴后继的浮雕，我不禁思绪万千：当年，我们的战士之所以没有被气势汹汹的敌人所吓倒，没有在枪林弹雨中退缩，是因为，他们具有为天下劳苦大众谋幸福的理想，抱着这一理想和信念，他们不畏艰难险阻，不怕流血牺牲，百折不挠，一往无前，最终战胜强敌，取得胜利。"青山处处埋忠骨，战地黄花芬外香"。现在，虽然战火的硝烟早已散去，但是，革命先烈那种崇高的革命理想、坚定的共产主义信念、为人民谋幸福的人生追求值得我们学习。他们那种舍生忘死、英勇无畏的精神永远激励着我们前进。我们驱车几百里，风尘仆仆来到这里学习，重温入党誓词，目的是要继承先烈的遗志，坚定理想信念，树立立党为公，执政为民的思想，牢记我党全心全意为人民服务的宗旨，做到情为民所系，利为民所谋。

回顾过去，重温历史，了解先烈的英雄事迹，聆听革命传统，是对青少年进行爱国主义教育的有效形式，也是新时期加强和改进青少年思想道德工作的客观需要。50多年前，在八闽大地，无数革命先烈、仁人志士，为了人民的幸福、民族的解放和国家的富强，在硝烟弥漫的战场上，英勇战斗，直到流尽最后一滴血，永远长眠在我们脚下的这片热土上。正是他们用殷红的鲜血，书写了爱国主义最壮丽的诗篇。他们是中国的脊梁、民族的骄傲。我们纪念革命先烈，就是要永远不忘他们为党和人民建立的卓著功勋，永远不忘他们用鲜血和生命铸就的民族精神，永远不忘他们的遗志和追求。

我们面前这座高高耸立的纪念碑，将永远铭记着世世代代对革命先烈的思念和缅怀。

指导老师：陈志

风展红旗如画
——于建宁红色之旅有感

教育学院 11 级，陈艺彬

秋风起，又是桂花飘香时。福建师大学生政治理论实践队一行来到三明建宁这片红色土地上，开始了一次难忘的红色之旅。

建宁是一座有千年历史的小城，是省内最古老的一块陆地。站在闽江的源头，风从远山吹来，耳旁仿佛传来了那豪情的战歌，眼前仿佛看见了那猎猎的红旗。

当我们站在红军广场上，看着英雄纪念碑，听着老师的讲解，心仿佛又回到了那个峥嵘的岁月。红军广场是当年红军长征出发的集结地。当时红军反"围剿"失败后急需转移，建宁人民踊跃报名参军，当年 400 多热血的青年参加长征，后来回来的只有 20 余人。那壮烈牺牲的 300 多人以及千千万万的红军战士，为人民的解放事业流尽了最后一滴鲜血。

在反"围剿"纪念园中，当听到红军以最少的兵力赢得了第一次反"围剿"斗争胜利并活捉敌军师长张辉瓒时，我们的心情犹如毛泽东的那首词描写的那样——"万木霜天红灿漫，天兵怒气冲霄汉。雾满龙岗千嶂暗，齐声唤，前头捉了张辉瓒。二十万军重入赣，风烟滚滚来天半。唤起工农千百万，同心干，不周山下红旗乱。"这首词充满了豪情和霸气。

在民俗馆中，利用现代高新技术生动再现了当年建宁人民的生产生活和勤劳朴素的精神风貌的仿真人像颇使我们着迷。同时，我们也深切感受到，红军在前线作战，离不开老百姓在后方的后勤保障；革命的发展，离不了人民的支持；而革命的胜利更是人民智慧的结晶，人民才是历史的创造者。

参观毛泽东、朱德的旧居住址时，那简陋的居住环境不禁让我的心灵震撼。他们居住条件十分简陋，一个房间只有一套桌椅和一张床，警卫员还只能打地铺睡在地上。在这样艰苦的环境下办公打仗，不禁让我思考，支撑他们的是什么？我想，必定是解放广大人民的坚定信念和共产主义的远大理想。

曾看过的一本书，叫做《浴血坚持中的草根英雄》，讲述的是来自战斗一线的英雄人物和英雄群体可歌可泣的事迹，和这次建宁的红色之旅一样，都使我收获很多。重温革命历史，它更多的是给我们启示和铭记。"以史为鉴"，勿忘历史，才可以让我们更加理性地看清当前的世界，更加珍惜现今的美好生活。

作为心理学专业的学生，接受红色教育对我的自我成长启发很大。我从中感受到了英烈们对党对祖国对人民的无限忠诚，对共产主义理想信念的无比坚定。这是一次使我的灵魂得到洗礼升华的过程，极大地丰富了我的人生阅历。

建宁红色之旅结束了。但有一些东西是不会结束的。我明白，历史不会再重演，但精神上对真善美的追求永远不会停息。

指导老师：林凤章

百口莲塘吐清香

地理科学学院 11 级，许赞炜

在建宁县红军反"围剿"纪念园的大型铜雕《红军颂》中，前方惨烈的战争场景与战士们的勇往直前让我印象深刻，而更让我驻足观望的，是雕塑最后方的一口不起眼的小莲塘。

雕塑中几名红军战士手执铁锹，一脸认真地与老乡一起从塘中掘出一捧又一捧的泥土，丝毫不顾脏与累。铜雕描绘的是在第二次反"围剿"胜利后，总前委书记毛泽东曾亲到建宁西门了解情况，并且带领红军战士亲手为乡亲们开垦莲塘。红军撤出后，建宁共有一百口莲塘，其中由红军挖掘的有 20 口，故建宁的西门莲又被称作"红军莲"。在反"围剿"过程中，"百口莲塘吐清香"更是成为了传递红军消息、鼓舞民众情绪的一句暗号，体现了红军与民同耕的亲民作为。

红军之所以会帮助农民挖掘莲塘，便是因为莲业是建宁传统农业的重要组成部分。关于建莲来源，反"围剿"纪念园的民俗博物馆中我看到了仙女播种莲子的场景——"壁雕生莲汤"，相传西王母打翻了一碗天莲，落入了建宁西门的一口池塘中，生长起了品质极佳的莲种——建莲。显然，王母与仙女的故事不是真实的历史。据文献记载，自五代梁朝期间，报国寺前的白莲池开始种植莲子，故可推测建莲乃是中原所引进。

莲子喜温、喜日照，并且需要大量用水灌溉，且在壤土中生长极佳。建宁县地处闽西北内陆山区、武夷山麓中段，为闽江正源头。境内地势四周高，中间低，山川秀丽，土壤肥沃，四季分明，日照充足，昼夜温差大，属中亚热带海洋性季风气候区，并且有大陆性气候特点；林木繁茂，溪流密布，濉溪和楚溪两大水系贯穿全境入闽江，7—8月份每日日照时间长达7.2小时，土壤为福建特有的红壤土。故而建宁地理特性十分适合莲子生长，所生产的莲子质量极佳。

莲子质量之好引起了福建省党委省政府的重视，建宁大力推动莲业建设。我从民俗馆讲解员的口中了解到，2005年全县建莲产值7594万元，占全县种植业产值12.2%，占全县农业总产值7.8%，创造增加值5371万元，占全县GDP的3.5%。建莲产业已是建宁县特色农业的重要组成部分，已成为农业产业化的龙头和农业增效、农民增收的好项目。当年挖掘莲塘的战士们一定想不到，这个传统的产业竟然已经发展成如此规模！而那些为了保卫这片莲香抛洒热血的烈士们，是不是也为今天人民的幸福生活感到一丝欣慰呢？

像这片片白莲被红军护下的亿万生灵，是否也能够如同建莲一般茁壮生长，成为这华夏土地上的擎天之柱？

这次社会实践让我感触颇多，因红军浴血奋战而震撼，也因亲力亲为挖掘莲塘的举动而感动，还因意识到自己应肩负建设新时代使命而激动。我看着夜晚的建宁，平和静谧，飘着莲风荷香，当年的先烈们洒下了无数热血保卫了我们，才换来了如今的安静和平，他们成功地完成了自己的历史使命；而今在这个和平年代，我们的使命早已不是抛头颅洒热血的保家卫国了，而应该是脚踏实地仰望星空，更好地建设这个国家、这片土地。当然这不是喊喊口号而已，当年的红军浴血奋战、亲力亲耕，方才赢得了人民的支持，最后赢得了革命的胜利。而新时代的我们，若是能将人民的利益放在心上，真真正正地将"为人民服务"落到实处，想那华夏大地，必然飘满万里莲香！

指导老师：吴秋兰

红色使命

文学院 11 级，郭凯燕

为期三天的宁化建宁红色革命之旅开始了，我们的车绕着环山公路行驶，玻璃窗外的山水仿佛笼罩在一层薄纱之中，时隐时现。又如我们的车翩然于险境之中，看，那山像酣睡的仙人，正卧在流动着的闽江旁边做着悠远绵长的梦呢。于是不禁感叹，祖国的大好河山如此多娇，引得我们折腰叹服。

在我们还没从沿途的如画风景中清醒过来，一阵风，携带着历史的气息扑面而至，夹着历史的回声，回绕耳际。我们是到了此行的目的地之一，中央苏区反"围剿"纪念馆。建宁县中央苏区反"围剿"纪念馆位于县城区 1.5 公里处的溪口街 49 号。纪念馆占地面积约 4 万平方米，是全国首个以中央苏区反"围剿"为主题命名的专题纪念馆。我们先走进了毛泽东、朱德同志旧居。青石台阶，来来往往的旅客磨平了它的棱角，风风雨雨洗刷了覆盖在表面的烟尘，但当我们踏上那石阶时，举目前望，来往攒动的人头在这个曾经有着峥嵘岁月的地方，让我们觉得仿佛又置身于 80 多年前的革命岁月。不禁想起毛泽东的诗：

> 白云山头云欲立，
> 白云山下呼声急，
> 枯木朽株齐努力。

枪七百里驱十五日，
赣水苍茫闽山碧，
横扫千军如卷席。
有人泣，
为营步步嗟何及！

这个地方，曾经是土地革命战争时期毛泽东、朱德、周恩来等老一辈无产阶级革命家亲手创建的中央苏区之一，毛泽东率领工农红军就是在这里取得了第二次反"围剿"的最后胜利。战火纷飞的年岁里，胜利来之不易，所以我们缅怀那份来之不易的胜利果实，由衷地感谢那些为我们抛头颅洒热血，争取胜利，争取和平的革命先烈们。或许我们无法企及他们的艰苦奋斗、他们的义无反顾、他们的英勇抗争，但我们会时刻牢记，正是由于老一辈们的牺牲与奋斗，正是他们的捍卫与建设，才有我们的今天。所以，我们此行，不仅要体会到革命岁月的艰苦卓绝，回味历史的厚重与积淀，还要时刻牢记自己的使命。爱国家，爱人民，为中华之崛起而读书！

指导老师：林凤章

铭记历史·展望未来
——观反"围剿"纪念园有感

传播学院 11 级，王定

金秋 9 月，硕果累累。我怀着愉快的心情踏上了宁化——建宁革命史迹之旅。一直喜欢历史的我，这次能够亲身接触和体验革命历史遗迹，欣然之情，油然而生。

我们福建师范大学思想政治理论课实践队在反"围剿"纪念园的门口下车。高高的门牌上，刻着"反'围剿'纪念园"六个红色的大字，深深地吸引着我。它是那么的鲜艳夺目。我静静地站在原地，闭上眼睛，似乎看到了英雄浴血奋战、英勇杀敌的壮烈战场；似乎听到战场上红军战士吹响了胜利的号角声。他们那种不怕牺牲，那种勇于献身的精神，对于我们当代年轻人成长有着重要的影响。

在讲解员的带领下，我们首先参观了毛泽东、朱德同志旧居。穿过门槛，我们一个接一个地靠近这间曾经陪伴着伟人的卧室，里面的陈设是那样的简单。这是我亲眼看到的情形：在毛泽东的房间里，一张木质的床，一张泛黄的床单，一床薄薄的被单，一顶绣着五角星的斗笠，一个灰色的布袋子，是房间的全部。这样的场景让我体会到幸福生活来之不易。

让我记忆犹新的是反"围剿"陈列馆。从墙上悬挂的图片和文字，从玻璃桌陈列的文物，我了解到中国共产党在反"围剿"斗争中的艰难和困苦；"小米加步枪"的装备是如此的简陋。但是以毛泽东为代表的中国共产党人，经过艰苦卓绝的反"围剿"战争，创建了中央革命根据地，走出了一条"农村包围城市，武装夺取政权"的中国革命道路。

在第一、二、三、四次反"围剿"战争中，毛泽东、朱德、周恩来等指挥中央红军，粉碎了百万敌人的进攻，为中央苏区的巩固和发展建立了卓著功勋，为红军建设积累了丰富的经验。创造了一整套具有中国革命战争特点的红军战略战术，初步形成了毛泽东军事思想，为人民军队的建设和战略战术的发展奠定了重要的基础。

而我脚下的这片红色土地——建宁，是中央苏区的东北战略要地和反"围剿"主战场之一。在历次反"围剿"中，仅4万人口的建宁就有7000多人参加红军，有4000多人血洒战场。我们铭记这些战士们在反"围剿"战争和创建中央革命根据地斗争中所建立的丰功伟绩，将它永载中国革命史册。

历史如滔滔江水，向前奔流，永不停息；但它会在流经的地方烙下痕迹。在建宁，依然保留着那张山炮的照片，那是红军组建的第一支山炮连的缩影。在第二次反"围剿"胜利后，红一方面军利用缴获的电台设备，在建宁的青云阁成立了无线电总队。那是我们中国的第一台既可以接收情报又可以发送情报的电台。

作为广播电视新闻学的学子、未来的媒体人，从学科的角度来说，参观反"围剿"陈列馆让我学到了重要的两点。第一点是："没有调查就没有发言权"。这是摘自《调查研究》的经典语句，也是陈列馆中比较突出的一句话。众所周知，我们当今社会是一个网络媒体时代，虽然在很大程度上扩展了言论空间，提供了更多的媒体平台；但是网络媒体同时也是一个虚拟的空间，有些言论是毫无根据的，甚至是炒作。在一定程度上，我相信毛泽东这一句话足以警醒今天的传媒人。不管是报道，还是评论，最先应该做的是调查、了解事件的来龙去脉，揭露事实的真相。第二点是：走与人民群众相结合的道路。在陈列馆中，我最喜欢的一幅图画是《才溪乡调查》。画中的毛主席与人民群众亲切交流，手上拿着毛笔，稿纸上记录着人民群众的建议和意见。"走群众路线"是富有中国特色的，同时又是一条正确的路线。同时，"新闻媒体是党和群众的喉舌"，那么新闻媒体走与群众相结合的道路，有它的必然性。反映群众的呼声，倾听群众的诉说，解决群众的困难，让我们一起努力，构建社会主义和谐社会。

指导老师：李劲松

红色革命根据地之建筑与服饰探究心得

美术学院 11 级，王炜杰

建宁县，居于福建西北部。在公元前 2500 年商朝时期，便有当时先民古越族人居住。随后历经闽越王国、两晋南北朝的绥安县等时代的变迁、王朝的更替，至公元 618 年唐王朝时期大规模建镇，史称绥城县，从此发展壮大。除了丰富的自然历史，建宁县同时拥有着大量的人文历史，出过不少古时的官员政要与文人墨客。而到了现代，建宁县更作为红军革命根据地，全国重点中央苏区县之一。建宁于 1931—1934 年建立了苏维埃政权，红色革命历史更为这座悠久的千年古镇注入了新鲜的血液。

9 月 14 日至 9 月 16 日，我们来到了建宁红色革命根据地，深入革命老区，进行爱国主义和革命传统的"红色之旅"教育。怀着无比崇敬的心情和对革命圣地的敬仰，我们先后参观了宁化红军医院纪念园、红军长征出发纪念地、建宁红一方面军领导机关旧址——红一方面军总司令部、总前委旧址等红色文物单位点，而最令我印象深刻的便是"朱毛红军楼"红军一方面军总司令部和总前委旧址，毛泽东、朱德旧居。

1927 年南昌起义之后，中国共产党开始了独立领导武装斗争和创建工农红军的新时期。在党的八七会议精神的指导下，赣西南、闽西北农民举行武装暴动，进行土地革命、创建苏维埃政权的初步尝试。1929 年 1 月，毛泽东、朱德率红四军从井冈山向赣南、闽西进军，经过艰苦卓越的反"围剿"战争，创建了中央革命根据地，走出了一条"农村包围城市，武装夺取政权"的中国革命道路，开始了创建中央苏区的艰难历程。至 1930 年秋，开辟了闽西、赣西南两大红色区域，建立了穷苦人民当家作主的政权，与国民党反动政府形成了对峙之势。血与火的洗礼，铸就了"坚定信念、求真务实、廉洁奉公、勤政为民、艰苦奋斗"的苏区精神。

建宁是中央苏区的东北战略要地和反"围剿"主战场之一，在这片红土地上，留下了毛泽东、朱德、周恩来等革命领袖和红军将帅的光辉足迹，三位领导人的铜质塑像庄严地矗立在旧址前。走进红军一方面军总司令部和总前委旧址，木制结构与土制砖墙的古式建筑首先映入眼帘，与周围低矮的平房融合成一张和谐的画卷，少了一分指挥部的张扬，多了一分农家的质朴。走进屋内，简陋的红色木门仿佛诉说着当年革命的艰辛，共十余间的小房间，大小并没有多大的差别。在毛泽东的旧居内，一张木制的简陋的床，一张古朴的破旧的桌，便构成了伟大领袖的起居设施，在这狭小、简陋的青瓦白墙内，老一辈无产阶级革命家毛泽东便在这桌上的煤油灯下，写下了一篇篇引领着中国革命方向、决定着中国未来命运的光辉著作。而继续沿狭小的游廊往里走，便到了一个较为宽敞的会议室内，墙上左右挂着马克思与列宁的肖像，一张长木桌成为了房屋的核心，革命家们在此运筹帷幄、统筹全局、决胜千里，击退了国民党一次又一次的"围剿"。

紧挨着总司令部旧址的是红色革命博物馆，生锈了的长枪、长炮，破旧的军旗、军装，先烈的遗物、军照无不诉说着当年革命的艰辛。看着一件件陈列于柜中的历史物品，我们表情严肃，步伐沉重，感叹着现今生活的来之不易。而最令我深思的是一件粗布的军服和一双破旧的草鞋。军服上布满着补丁，带着那年代的沧桑，纵横交错的麻线上还遗留着针线的痕迹，即便是临行密密缝，却也难以掩藏住革命爆发力的冲击。一双破旧的草鞋上，干枯的稻草即便是缜密的编织，依旧是磨出了大大小小的硝烟的痕迹，一两块简陋的麻布相互交错，再加一根粗糙的麻绳，便是那万里长征的伊始。我们是那样近距离地接触着这段历史，不愿放过任何一个细节。我们体味着先烈们的不朽精神，肃然起敬；我们感受着这用无数先烈的热血与生命共筑起的时代，满怀激情。我们直观地感受到了这段历史，在展室里的一针一线、一砖一瓦，都映射出那段艰苦荣光的岁月，那段激情燃烧的历史。

这次探索建宁红色之旅虽然结束了，但红军的精神却已经深深地烙印在我们的心中。我们对于鲜红的党旗有了更深的理解，共产主义信仰在我们心中更加坚定。精神、灵魂、信念、理想交织萦纡于我们心头。望着行驶的那平整的柏油路，我们每人心中，都存留着无限的感慨。

指导老师：陈志

第四章 "中央苏区红色重镇"
——宁化革命老区印象

纪念，不只是为了缅怀

文学院10级，林旋

有人说，如果在错过太阳的时候你流了泪，那么，你又要错过群星了。我常想，革命圣地的故地重游，纪念，不只是为了缅怀，还是有指向未来的意义。

宁化革命纪念馆：悲昔或惜今？

一直在揣测，三明这片红土地该是什么颜色。是满目疮痍的紫红，是大难不死的铁锈红，是轰轰烈烈的辣椒红，抑或早已洗尽铅华，褪尽革命色彩的红尘。

驱车到宁化革命纪念馆，一眼就看到了几个苍劲有力的大字"红军长征出发地"，虎虎生威，不逊当年，令人热血沸腾，肃然起敬。宁化，著名的革命老区，中央21个苏区县之一，中央红军二万五千里长征的四个起点县之一，毛泽东、周恩来、朱德、彭德怀、叶剑英、张闻天等老一辈无产阶级革命家都曾在这里进行过伟大的革命实践活动。湘江战役，是刻在宁化青山绿水的军功章。在这场战役中，担负后卫任务的红五军团第34师和红三军团第18团，大部分将士为闽籍，其中一个团为纯宁化籍子弟。这支部队共计6000多精兵，为掩护中央首脑机关和中央主力红军连夜过江，突破敌人40万大军包围圈，在无险可据的江岸辽阔地带，以血肉之躯筑成"人墙"，与敌军展开殊死搏斗，除少数人受伤被俘外，绝大部分人壮烈牺牲。历史学家评论，此次战役，若无闽籍子弟兵的悲壮献身，长征的结局与中国革命史将要改写。站在这里，迎面的风吹来红旗猎猎、战马啸啸的荡气回肠，一闭眼，就能看到无数的宁化战士前仆后继，奋勇杀敌，蔚为壮观，令山河为之动容。

馆内陈列着梭镖长矛、土枪土炮、号角大刀等革命文物和众多革命烈士英勇事迹的介绍。那本《中国工农红军军用号角谱》，是全国仅有的完整的一本，堪称镇馆之宝。当时红军部队间的联络调度，就是依据此词谱进行，这是当时红军用军号吹出的"密电码"。

走出展馆，革命烈士纪念碑映入眼帘，简直是气势逼人。碑身高18米，石阶百级，全用花岗岩方石垒砌，有一种坚硬的骨气。石碑正面镌刻"革命烈士纪念碑"，背面镌刻"革命烈士永垂不朽"，碑座前是226字的碑文。

多少年前，有多少壮士一去不复返。在长征突围中，从宁化境内出发的中央红军各部队达14000人，约占中央红军总兵力的16%。在长征途中，每前进10公里，就有约3个宁化籍的战士倒下。6000多名宁化红军壮烈牺牲，列入《共和国英名录》的烈士达3000多人。他们没留下豪言壮语，没带走青春年华，他们可曾在梦中看见在他们深爱的土地上，和平、幸福、新城拔地而起，梦想成真？

倒下的战士，灰色的记忆，锦绣的前程……铭记，不只是为了在心头悬一颗苦胆，还是为了打点好伤痕，然后去乘风破浪。"雄关漫道真如铁，而今迈步从头越。"

取景留念的时候，老师特意说："把石碑后的苍松收进去些。"心下一震，仅仅是巧合吗？青山有幸埋了忠骨。满目的苍翠，点染了峥嵘岁月。凌空的枝叶，不是革命的壮志在不屈地仰天长啸吗？

宁化、清流、归化，

路隘林深苔滑,

今日向何方,直指武夷山下,

山下山下,风展红旗如画。

指导老师:俞歌春

超越勇气的勇毅

社会历史学院 11 级，熊宇

"夫战，勇气也，一鼓作气，再而衰，三而竭。"这句话的含义是：将士具备勇气，战争方能胜利，而勇气又常常难以长久。这是因为话中所谓"勇气"仅仅是由求胜之心所激发的热血，但勇气只是一时的热血，一旦生命受到威胁，或是看不到胜利的希望，勇气就如潮水般退去，故再而衰，三而竭。

但历史上有这样一群人超越了如此的勇气，"再而衰，三而竭"从未在他们身上应验。革命先烈的斗争波澜起伏，曾经风雨飘摇，数次反"围剿"，没有一次不是敌我力量悬殊，而无论胜负，我们从未因为胆怯而退却过。

双方的兵力对比是这样的：第一次反"围剿"，国民党十万军队对四万红军进行围剿；第二次反"围剿"，国民党二十万军队对三万余红军进行围剿；第三次反"围剿"，国民党三十万军队对三万余红军进行围剿；第四次反"围剿"，国民党约五十万军队对七万余红军进行围剿；第五次反"围剿"，则是一百万余人对十万余红军进行围剿。且不论双方装备如何，战争的胜负如何，仅仅是在十倍有余的敌人面前，我们仍能毫不犹豫地粉碎阻挡在面前的一切障碍，这已不是曹刿所说的那种"勇气"所能概括的精神。

在建宁的红军反"围剿"纪念园，我对这样的勇气有了初步的感知。

在纪念园的雕像群中，我看到了这样的一个雕像：他倒在地上，已经是身受重伤，然而他仍旧是怒目圆睁，手持大刀，似乎是要将那已经是软弱无力的身躯再度抬起，砍向敌人的脖颈一般。在那个年代，我们有着太多这样的人，这样注视着自己生命消逝而毫不在意的人。没有人不珍视自己的生命，没有任何一个满怀希望的人是心甘情愿走向死亡的，然而有的希望必须用生命来换取！

现在想来，曹刿所描述的"勇气"不过是一般军队的求生之道。其所求，不过是通过鼓舞，让士兵暂时忘却死亡。革命先烈所具备的精神，我更愿意以"勇毅"呼之。勇，是舍生忘死；毅，则是能历经沧桑。我们的革命先烈为什么而革命呢？旧中国的破败、人民的无望，这些与那时的国人对新的生活、新的国家的渴求之间的矛盾，早已势同水火。这种抗争的勇气，绝不会随着时光的流逝而消退。唯有胜利，才能获得安宁，因此他们无惧死亡，勇毅之心永不消退，至死不休。

光阴荏苒，岁月如梭，在如今的中国，再也看不出曾经战乱的痕迹。我时常在想，那些毫不顾忌生命的人们，是否希望已经获得安宁的后代们忘记他们，忘记那个时代，忘记曾经的屈辱？

我们当然不会忘记。我们都清楚地知道当年这里发生的一切。这就是历史，写在纸上，烙印在民族的记忆中，无论是屈辱或者荣耀，这就是我们民族曾经走过的道路，路的前方是现在，是我敲击出这些字的时刻，但这不会是路的终点，我们都知道，还需要走很远。

指导老师：吴秋兰

纪念碑下的礼赞——记宁化红色之旅

管理学院11级，林文凯

《宁化怀古·秋思》
男儿立志出乡关，万里长征人未还。
四百宁化好儿郎，随军出征赴陕甘。
国军围困百重重，穷山恶水千万万。
披肝沥胆无难色，前扑后继志气昂。
埋骨何须桑梓地，人间处处是青山。

9月的宁化已然是寒气袭人知昼冷，清晨的风平添了几许秋意；晨光熹微之际眺望晨雾朦胧的宁化小城，你会有种高唱小城故事多的冲动。还好，静谧无比的清晨使得你不敢打破这种和谐与美，宁静与温馨；唯恐自己的一丁点儿声响就会扰醒酣梦中的人儿。而自身亦在窗前久久凝望不远处矮山上映着朝晖的斜塔，还有就是为上午能瞻仰宁化子弟长征出征纪念碑而心潮澎湃。宁化城渐渐掀开迷蒙的雾罩，阳光普照之下更显小城的风姿绰约，清新可人。

我们一行于上午九点到达宁化这个满含历史、饱载故事、层出才俊的红色之地，游览了那里别具一格的红色圣地，瞻仰了宁化子弟长征出发地上矗立着的纪念碑。四百好儿郎，出征几人还？一朝归故里，相顾泪千行。这就是导游所说的四百多名宁化健儿踏上长征之路，仅20多人回归故里的史实。宁化人民在新民主主义革命中作出了巨大的贡献；他们在民族大义、国难当前时显现了大无畏精神，可亲可敬。我们唯有拜服于革命先烈们的纪念碑下，静静地寻听历史的回声，崇敬之心油然而生。所谓仰之弥高、思载千古，我们唯有继承和发扬他们的优秀品质，投入到社会主义现代化建设当中去，才无愧于他们用热血牺牲换来的幸福生活。宁化人用行动和牺牲诠释了长征途中的不屈不挠。八万红军勇将士，跋山涉水危转安。陕甘会师真喜事，但悲不见亲战友。他们是历史长河里闪耀的群星，照亮了我们前行的步伐，我们由此不再踌躇和彷徨。雄关漫道真如铁，而今迈步从头越，一腔碧血勤珍重，洒去犹能化碧涛。先辈们有何等的气概！我们作为后继者，也应为祖国的安宁、人民安康而肝脑涂地，在所不惜。

从1934年10月到1936年10月的整整两年中，中国工农红军离开了闽浙赣根据地，进行了二万五千里长征。长征是中国共产党领导的人民军队创造的英雄壮举，是人类战争史上的奇迹。长征以世所罕见的艰难困苦铸造了举世闻名的长征精神，成为中华民族百折不挠、自强不息的象征。

在漫漫长征路上，不仅有枪林弹雨，还有急流险滩、雪山草地，更有饥饿、寒冷、疾病等难以想象的困难。"红军不怕远征难，万水千山只等闲"，面对各种险恶的环境，红军广大干部战士表现出压倒一切敌人、战胜一切困难的革命英雄主义气概。红军靠着英勇牺牲、不屈不挠的意志，冲破了敌人的一道道封锁，成就了新中国。我们每一个中华儿女都要铭记这段历史，接下历史责任之火炬，为中华民族的伟大崛起奋斗。

今天我们正在进行的社会主义现代化建设是新的长征。在新长征的路上，我们应继承和发扬长征精神，把这份宝贵的精神财富变成推动我们各项事业前进的力量。作为一名新时代大学生，我们要把长征的精神当作学习动力，珍惜今天的大好时光，全面发展，成为有用的栋梁之才。

日已西斜，我们已到达下一站建宁，宁化之旅、久久难以忘怀。

指导老师：林凤章

追寻党的足迹

文学院 10 级，江定龙

这次我们的社会实践是去闽北的革命老区：宁化和建宁。宁化具有丰富、灿烂的红色文化积淀，是红军万里长征四个起点县之一，是第二次国内革命战争时期中央苏区和闽浙赣苏区的重要组成部分。而建宁也同样有着浓厚的革命历史文化，是第二次国内革命战争的根据地，也是著名的反"围剿"斗争的发生地。因此，这次的红色之旅将会带领我们进一步了解那段共产党人在闽西这块红土地上所发生的红色事迹。

个人觉得这次去追寻红色足迹的所有同学当中，我是最有感触的。因为对于我来说，"苏区""红色"记忆、革命根据地都是非常熟悉的。我的家乡是"红色故都""共和国摇篮"——瑞金。我对这次的闽西红色之旅充满着期待。我希望自己能够在那里找到不一样的革命记忆，不同的精神感受，更高的思想熏陶。

当我怀着无比崇敬的心情走进宁化北山革命纪念园，"红军长征出发地"七个大字映入眼帘，它似乎有什么魔力一样，顿时把我吸引住了。宁化作为长征四个起点县之一，为长征作出了巨大的贡献。因此，看到这七个大字，我不由得肃然起敬。听讲解员介绍，当年红军长征时几乎每家每户的青壮年都参加到这个队伍当中，有 6000 多名宁化儿女倒在二万五千里的长征路上。尤其是在著名的湘江战役中，担任后卫任务的红五军团 34 师（绝大部分都来自宁化），他们与敌军浴血奋战，几乎全部壮烈牺牲。

是谁用大好的青春换来革命的胜利？是谁用自己的生命和鲜血在中国革命史上写下了光辉而悲壮的一页？那就是我们的宁化儿女啊，他们的事迹我们永生难忘。

两天的红色之旅稍纵即逝，我受益匪浅。我接受了党的历史教育，了解了党的奋斗历程，体验了共产党人艰苦的生活环境。这些宝贵的经历我们将永恒铭记在心。无论在今后的学习、生活还是工作中，共产党人的优良传统、高尚品格都会时刻提醒我们保持一种积极向上的精神，用乐观的心态去处理遇到的事情。这就是社会实践的独特魅力所在，它能够教会我们在书本上学不到的知识。感谢这次社会实践！

指导老师：俞歌春

追寻红色历史，踏访长征足迹

教育学院 10 级，郑渝玲

古人云："九月筑场圃，十月纳禾稼"，收获的季节是农民的节日，当辛勤劳作换回累累硕果时，兴奋自然溢于言表之中。9月，我们踏上红色之路，收获一生中宝贵的财富。

"苦不苦，想想长征二万五"已经成为世俗的谚语，而宁化县革命纪念馆是寻找红军足迹的重要之地。馆门两旁有"中共苏区乌克兰、红军长征出发地"十四个大字驻于红墙之上，遒劲的笔力展现昔日红军的非凡气概。此地的一草一木已随时间而变，我们无法目睹红军在此踏上长征第一步的历史一刻，但长征精神，永生不灭。时间可以改变任何形态的物质，却难以磨灭内在的精神意识，除非我们自己选择放弃，让精神随时间而逝。展览室内的珍贵的照片和各种战斗用品，在灯光下熠熠发光。从1929年3月至1934年7月，毛泽东、朱德、彭德怀等开国领袖先后在宁化苏区从事革命武装斗争活动。泉上土堡战役、五灵山战役、延祥阻击战，这些已成为文字和照片。曾经激烈残酷的战争在如今只是馆内墙上静静的文字介绍。明亮安静的展览室中，面对红军历史我们内心无法平静。这支救国救民的队伍，在十年内战，八年抗战中，筑起永垂不朽的英雄纪念碑。在第三展览室内，陈列的是宁化当地的烈士名单，人数不下千个。他们是默默的英雄。在近代中国的革命史上，这样的英雄又何止千个，有些甚至连姓名都未及确定，便已为革命献身，没留下任何功名伟绩，但在历史上铸起永恒的无名丰碑。

　　建宁，与宁化同样具有红色气韵的县城，是红军第二次反"围剿"的终捷之地。位于建宁县城的反"围剿"纪念园留有当时的军队旧址和领袖旧居。"毛泽东朱德同志旧居"是一座两层的小木屋，设备简陋，集卧室、备战室、办公室为一体。有游览者羡慕小屋的宁静幽僻，虽简陋，却整洁，不禁令人心生返璞归真之感，颇有隐士居所的韵味。但这一切都要基于当前的时代。在炮火连天的年代里，小木屋处于枪林弹雨中，它的瓦砾被震碎过，它的泥壁摇晃过，甚至连横梁可能都是劫后余生。小木屋没有铜墙铁壁，但领导者就在这里指挥，挡住敌军的猛烈进攻，取得第二次反"围剿"的大捷。

　　园内广场上 70 米长、7 米宽的巨型雕群，再现红军作战时全线配合的战况。从前锋部队到后勤部队，"团结"这一主旋律始终贯穿其中。陈列馆内展示了红军从第一次进行反"围剿"斗争到胜利会师的全程历史事件。首套军装、军用枪弹、长征时的用具、粮票、纸币……作为革命历史的见证物，列于馆内。建宁民俗馆中，展有各色模型，展现建宁的风土人情。从农耕经济开始，各种鲜明灵动的人物模型、用具模型，散发着古香古色的传统民俗风情。一条仿古街道虽不过百米，却给人以身临其境之感，令人流连忘返。建宁文化如此迷人，除本身的魅力外，更重要的是它得到有效的保护和传承。中国是个拥有五千年文化渊源的文明古国。各民族、各地区的民俗风情各具特色，关键是我们能否传承其精华，发扬其特色。文化，作为民族立于世界之林的灵魂，一旦丢失，便难以寻回，失去灵魂的民族就失去了跻身世界民族先列的底气。千年文化，流传不断，已是世界的奇迹，如何传承这一奇迹，创造另一奇迹，是中国人面临的共同问题。

　　从起程到归程，我们一路伴着笑语和期待，度过了充实的三天。从宁化到建宁多方位的体验将成为每个人难以忘怀的一段美好时光，成为一生中最有意义的收获！

指导教师：卢红飚

闽北行，难忘历史

经济学院 11 级，陈书涵

2012 年 9 月 14 号，伴随着细雨，由 19 个学院 35 个同学组成的闽北行社会实践队如约出发，经过约 5 个小时的车程，最终到达宁化，开始了我们为期三天的社会实践。

我们最先参观的是民俗陈列馆，场馆建设遵循"复古"和"民俗"原则，以传承保护、弘扬宣传优秀传统民俗文化为主旨，以复古仿古建筑物为交流和展示平台，陈列场景通过采用声、光、电等高科技手段和喷绘物、近景人物塑像与民俗实物相结合的表现手法，营造出古朴的民俗氛围，集中体现了建宁地域特色和文化特质，形象再现了建宁民俗民风和苏区人民生产生活的风貌。

进入反"围剿"陈列馆，首先映入眼帘的是军事画家郑洪流所作的主要反映第二次反"围剿"胜利的大型油画。这幅作品是郑洪流在 1957 年亲自带一个士兵到建宁实地考察后所作的，现在是无价之宝。看着这幅油画，我们读到的是不再重现的历史，是历史在画布上的瞬间定格。

最令我震撼的是走出陈列馆眼前出现的大型青铜群雕《红军颂》。整件大型雕塑作品展示了不同人不同的状态，有冲锋向前的士兵，有救助伤员的场面，有当地人民生活中的场景，等等。我仿佛穿越时空，进入了作品中的人物的世界，身临其境地感受着他们的生活。正是他们为国家牺牲的大无畏精神，才有了我们现在的幸福生活，每一段历史，无论屈辱抑或是光辉；每一场战役，无论是成功还是失败，都应该被我们记住。

参观完反"围剿"纪念馆，历史仿佛历历在目。重走革命路，我们重温着革命先烈英勇抗敌，顽强斗争的感人历史，感受着革命先驱抛头颅、洒热血的高尚精神，一同缅怀一代伟人的丰功伟绩。

三天的时间很快过去，但离开不是结束而是开始，我们就从这里开始继续重温历史，回顾那些回不去但该被我们铭记的日子。我想我们要做的应该是永远记住那些难忘的岁月，不忘那一段段不能也无法忘却的历史。

指导老师：吴秋兰

难忘的红色之旅

软件学院 11 级，王慧冰

一分耕耘，一分收获；一滴汗水，一分果实；一份努力，一份惊喜。

9月14日的早上，我们踏上了为期三天的行程。这个早上，雨下的不大不小，只是足以将我们的鞋子淋湿。当时，我在想，这是为了事先酝酿我们的情绪，让我们带着有点庄严的表情踏上这"红色之旅"吗？不过这一上车，温暖的气息、陌生的气息便开始交错着，然后领队老师开始了讲解，让我们对这三天的行程有了初步的了解。接下来的环节便是我们这些来自各个学院的同学的自我介绍与互相认识，然后，实践活动正式拉开帷幕。

我们的第一站，宁化天鹅洞。宁化天鹅洞群已被国家正式批准为国家地质公园，成为福建省第三家国家地质公园。魅力十足的天鹅洞群主要以它的喀斯特地貌岩溶奇观为最，天鹅洞是洞群中最具代表性的溶洞之一，分为上中下3层、前后7个洞厅和49个主要景点。神奇的溶洞，让我们惊叹不已。宁化天鹅洞群被批准为国家地质公园后，奇特的胜景和内涵丰富的人文景观将得到进一步开发，对其形貌独特的地质遗迹和源远流长的客家文化的研究保护都具有重要意义。此地一游，让我们不免对大自然的力量产生惊叹，竟然可以形成如此美妙神奇的东西，明白了大自然的伟大的同时，更加想告诉自己的是，美好的东西总是需要我们去保护的，不加以珍惜，那么也许失去了就不再会拥有了。

然后，下一站，我们的目的地，石壁客家祖地。"北有大槐树，南有石壁村"。石壁是客家摇篮、客家人的祖地。真是未到其地便能感觉到客家的气息。客家因从北方中原地区南下迁徙而产生，迁徙给了客家人坚韧的品性。尽管所处环境位于偏僻的山区，但是勤劳的客家人在自己的土地上创造了属于自己的历史。特别是近现代以来，涌现了洪秀全、何子渊、叶挺、叶剑英、朱德等杰出人物，为推动社会进步作出了卓越贡献。参观客家祖地，走一圈看一圈下来，客家这个概念已经深深地印在脑海里了，客家人兼容并蓄、为我所用的博大胸襟和务实态度，客家话的渊源，客家优良的文化风俗。而宁化石壁在客家发展史更是起到了很重要的作用，是客家大多数姓氏渊源和始祖所在地，是孕育客家闽系摇篮的中心地域，客家裔孙是由此地播衍世界，与世界客家人血脉相连。实地的参观是最直接的教学方式，看到了，接触了，接受这种东西就变得如此简单。

最后，在宁化的最后一站，宁化长征出发地之一——红军广场。记得很清楚的是，我们的车从广场旁边开过的时候，那鲜红的五角星早已夺走我所有的注目。下车站在广场上的时候，三位斗志昂扬的红军摆着整军待发的姿势凝固在那一刻，而那一刻，我切身体会到了当年红军长征的激情与心酸。广场的背面记录了摘自《毛泽东选集》这样的一段话：一九三四年十月，中国工农红军第一，第三，第五军（即红军第一方面军，亦称中央红军），从福建西部的长汀、宁化和江西南部的瑞金，于都等地出发，开始战略性的大转移。红军经过福建、江西、广东、湖南、广西、贵州、四川、云南、西康、甘肃、陕西等十一个省，走过终年积雪的高山，越过人迹罕至的草地，历经艰苦，击溃敌人的多次围追堵截，连续行军两万五千华里（一万两千五百公里），终于在一九三五年十月，胜利地到达陕西北部的革命根据地。

看到这段话的那一刻，眼前的景象似乎都回到1934年，红军们整军待发的场面，他们勇往直前，不畏艰难险阻的场面，眼前不再是高楼大厦，而是几近废墟，唯有零星的矮房。这种身如其境，然后加上文字，让我们真实地感觉到了长征的味道的感觉，是我们读课本、看图片、看电影所感受不到的。坐在教室，不管看的书将长征描述得多么心酸、多么艰难，我们还是只会觉得长征的年代离我们是那么遥远，就像已经把它放在了古代，体会不出其中的意义，而只有你站在当初他们所站的地方，然后用心去领会，才有真实的体验。

本次的实践活动，为期三天，在我看来确实是给我上了一堂很有意义的课。政治历史这些科目，很早就开始在学，但是，那时候的学习，更大的成分，是在为了成绩去背这些东西。大学了，专业的原因，我似乎感觉文科的知识离我有点遥远了，看过、背过，似乎没有用心去领会，去记忆。而这次实践，将这些很重要的东西很自然地灌输到我的脑海中，有一些可能已经忘记的意识，在实践中重新找回。在我看来，这次的实践教给了我很多，民族的意识谁都应该有，历史也不是用来背的，而是用心去记的，记住历史的成功来激励自己，记住历史的失败来避免自己的失败。人的一生，精神境界是很重要的，我们如果没有该有的民族意识、国家意识、社会意识，那么我们的人生是不圆满的，我们人生的方向是不坚定的。本次的社会实践已经结束，而其给我带来的一些体会与感受将继续激励着我。

指导老师：吴秋兰

永垂不朽的革命情怀
——观长征出发地有感

经济学院 11 级，郑洪雅

古人云：人固有一死，或重于泰山，或轻于鸿毛。

岁月无情，人间有爱。宁化，一个让历史永远铭记的地方，一个让一代代人心生敬意的县城，它浸染着红军的热血，见证了红军英勇作战慷慨激昂的革命历史情怀。虽然红军长征已经过了数十载，但是宁化的幽幽山水，哺育了一代又一代满腔热血的华夏儿女。"有的人活着，他已经死了，有的人死了，他却活着"，正如我们的红军，他们永远活在人民的心中！

在福建师范大学建校即将 110 周年之际，全校性的思想政治理论课大学生实践活动也如期而至。也许是苍天给了我们一个小小的考验，在我们踏上前往宁化的路途时，天空下起了滂沱大雨。但是这丝毫没有影响到我们探访红军足迹的心情，反而更加坚定了我们前进的步伐和决心！车在快速地前进着，窗外连绵起伏的山峦一闪而过，雨滴拍打车窗的声音清脆而响亮，仿佛是在为我们吟唱离别时忧伤的歌谣，透露出一点一滴的依依不舍！车内则是一片热闹祥和的场面，在陈志老师的组织下，我们大家开始自我介绍，有的已经开始玩起了游戏，不一会儿大家就打成了一片！

经过了几个小时的车程，我们终于到达了心中渴望已久的目的地——宁化红军长征出发地之一红军广场。下车后首先映入我们眼帘的是红军广场中心地段的宏伟纪念雕塑。毛泽东曾先后三次来宁化，朱德曾在县衙门口召开群众大会。宁化是中央苏区县,是中央红军活动的重要区域,1934年10月,在第五次反"围剿"失利后,中央红军分别从宁化、长汀和江西的瑞金、于都出发,开始二万五千里长征。据不完全统计,第二次国内革命战争中,当时只有13万人口的宁化县先后有2万多名青壮年参加了工农红军,有据可查的就达13777人,占中央红军总兵力的十分之一。宁化籍红军将士绝大部分牺牲在长征途中,长征每前进10公里,就约有3名宁化籍的红军战士倒下,新中国成立后健在的宁化籍老红军仅28人,其中少将3人。宁化扩红支前运动始终走在中央苏区县前列,出现了"妻送夫,父送子,兄弟、父子双双当红军"的感人场面,成为中央苏区兵源、粮源、财源保障最有力的苏区县,被中央苏维埃政府称为中央苏区的"乌克兰"。宁化红军长征出发地纪念广场由宁化县及晋江市委、市政府作为两地精神文明结对共建首批合作重点项目共同投资建成(晋江市捐助建设资金100万元)。它的落成,对巩固宁化"红军长征出发地,中央苏区乌克兰"的历史地位,提高宁化知名度和影响力,激励后代人奋发向上,将产生积极而深远的影响。

21世纪的今天,如果要问我红军留给了我们什么,我会毫不犹豫地回答是他们那忠贞不屈的人格操守和永垂不朽的革命情怀!国难当头,他们不曾放弃、没有软弱,担负起了振兴中华的重任,使新中国屹立于世界的东方,将爱国热情诠释得淋漓尽致。而我们今天面对世界的经济政治文化竞争,应该发扬和传承红军精神。"少年智则国智,少年富则国富,少年强则国强,少年独立则国独立,少年自由则国自由,少年进步则国进步,少年胜于欧洲,则国胜于欧洲,少年雄于地球,则国雄于地球。"梁启超的一语惊醒梦中人,让我们当代青年有了更明确的目标和责任,为中华民族的崛起而奋斗!

置身于红军广场,仿佛再一次见证了工农红军浴血奋战的场景,面对无数的英雄烈士走在作战的第一线奋勇杀敌,我的心情就像那波涛汹涌的大海久久不能平静！历史镌写的那段血雨腥风是无声的黑白电影，播放着一幕幕永恒的画面。是他们用不屈的鲜血和铮铮的铁骨换来了祖国人民今天的幸福生活。

低头凝视红军广场，我们看到了红军坚定沉重的步伐；

抬头仰望星空，我们感受到了红军永垂不朽的革命情怀；

延续红色经典，共创盛世中华！

指导老师：林国著

追访革命足迹，弘扬爱国精神

光电学院 11 级，余丽梅

缕缕秋风，绚绚阳光，诉不尽对革命烈士的无限深情，道不尽对革命烈士的无限哀思。怀着一颗感恩与激动的心，跟随着老师们同学们，我来到了红军长征出发地之一——宁化县。

当清晨的阳光穿破云层，照耀着这片革命热土时，我们乘着车便来到了红军长征出发地——红军广场。一想起长征这个词，心中便感慨万分，"长征是历史记录上的第一次，长征是宣言书，长征是宣传队，长征是播种机。"史无前例的二万五千里长征，以其惊天地，泣鬼神的伟大壮举，不仅在中国革命的历史上踏出了一条不灭的长路，而且在一代代中国人的心中也留下了一个个深深的印记。当站在这片革命热土上时，耸立在广场中央的雕塑让我久久仰望着，注视着，对那些革命烈士敬仰着。这个雕塑由四条拔地而起的棱柱组合而成，听导游说它意喻着中央主力红军长征在全国的四个起点县。棱柱塔顶的红五星，是中国工农红军的帽徽，她默默地注视着这片红土地上的沧桑巨变，静静地诉说着风云际会的悠悠历史。塔底基座上的铜雕，再现了宁化英雄儿女参加红军，从长征走向革命胜利的壮丽景象。在纪念塔身背面的碑文，镌刻着《中国现代史》《中国闽赣边区史》《毛泽东选集》等书中关于红军长征起点的记载。导游还给我们讲了红军长征的一些历史：1934 年 10 月国民党对中央革命根据地进行第五次"围剿"，中央红军主力被迫撤出苏区，红军部队从周边各县汇集到宁化城区，然后经宁化往江西瑞金进发，开始二万五千里长征。

聆听着历史沉重的脚步声，我的心情无比的沉重。半个多世纪前，轰轰烈烈的土地革命风暴席卷武夷南麓，世世代代当牛做马，受尽地主欺凌、压迫、剥削的劳苦大众，终于挺直腰杆，拿起刀枪，推翻了统治阶级，翻身做了主人。当红军被迫进行两万五千里长征时，宁化儿女坚信红旗不倒，漫漫长征路上，留下了宁化儿女不畏艰难的足迹，写下了一曲曲可歌可泣的战斗诗篇。我可以体会毛主席当时写下《如梦令·元旦》"山上山下，风展红旗如画"时那种胜利的喜悦之情，我也感受到宁化客家儿女，以勤劳和智慧力量改造山河，以开拓创新精神创造未来的风貌历史。

列车缓缓地前进着，马上就要离开这片红土地了，看着窗外红土地上金浪翻滚，稻花飘香，充满着希望，我看到了充满朝气勃勃的客家儿女们正迈着坚实的步伐走进新时代。

指导老师：郑萍

猎猎长风,赳赳雄心

教育学院 11 级,陈武敏

曾经有人问我,和平意味着什么,我的回答是和平意味着繁荣、稳定,意味着安居乐业,意味着人们能吃饱穿暖。在思修课的实践中,我发现之前对和平的解读有些理想化了。和平不是天下大同,可能只是用无数人的鲜血换来的一定时期的和平。在蔚蓝天空下,看似平静无波,但是暗中却波涛汹涌。如果所有人都麻痹了,如果所有人都忘却曾经的艰苦和过去的血泪,那么迟早有一天我们将被侵略、被奴役。

抵达红军长征出发地之一的宁化红军广场时已是黄昏了,天色渐渐暗了。一行人历经数小时的车程,饥肠辘辘。广场上风有些大,这个时间这个情景,似乎恰好与当年的情景重合。猎猎长风,赳赳雄心。一万四千名红军战士怀着对人民的责任和对共产主义的热诚踏上长征之路。他们不知道未来将是如何,面对数十倍于己的国民党军队,应是抱着死中求生的心境集结在此。

红军广场上,红五星党徽高高立于倒 V 字建筑的最顶端,俯瞰着整片广场。广场上有零零散散的居民在散步,有情侣,也有一家三口。那高耸的建筑就像巨人的双腿,屹立在广场上,守护着这片土地。党徽仿佛是巨人的眼睛,静静看着和平中的宁化。这是一万四千人所期盼的和平,是一万四千颗赤子之心守卫的净土。历史已是过往,我们无法看到当时的场景,但是站在这,看着上方的党徽,却能感受到自己的渺小。不仅是身体,更是心灵,是一种精神上的渺小。也许没经历过那年代的我们,永远只能仰着头凝望平静的天空,静静地体会那怀着无比崇高理想的革命先烈们给我们的遗泽。那种信仰,只能仰望与追求,永不腐朽。

第二天抵达的是叶坪革命旧址,给我的震撼与感慨不亚于红军广场。在红军广场,是仰望着那党徽,于风中被莫名渲染上了一种悲壮,感悟到那种不惧艰险慷慨赴死的大义;在叶坪革命旧址,则是真切地目睹了条件的艰苦。

室外艳阳高照,室内却是在阴暗的笼罩下。在靠近天井的地方稍好些,会有光线经过地面跃入屋内。但是大多数屋子还是显得黑暗。没有高大的建筑,没有富丽堂皇的装修,没有圆桌,没有吊灯,只有低矮的泥瓦房、昏暗的油灯、被两只条凳架起的木板构成的床。原以为办公地点和生活的地方是分离的,但是来了才知道生活与办公是在同一间屋子里。不同于光怪陆离的现代,跟当时的单调与枯燥相比,可能相当于波澜壮阔的大海与山间小溪的差距。回想起平时觉得无聊乏味的晚会、表演,在身处于此地时却感到生活的丰富多彩。

可能正是由于我们处于信息爆炸、娱乐至死的年代,以至于对来之不易的和平感到麻木。有些人甚至期待来点战争。现在有几人有当年红军的赳赳雄心?在面对冷冽寒风时,有几人能够挺胸昂首而不是裹紧棉衣低头速离?

我想,中国梦的实现,应当是需要敢于直视危机四伏的现实同时又不缺乏头脑的勇士的。或许有人说和平年代没有所谓的危机四伏,也没有战火连天。但,这是真的吗?外有南海争端、美重返亚太战略等,内有人企图挑起民族争端分裂中国等。中国之于世界,犹如巨舰航行在茫茫大海,粼粼波光之下是无尽的未知,危机四伏,稍有懈怠,就有可能倾覆。

重走长征路,哪怕只是看看当时的装备,也可窥见条件之艰苦,生存之艰难。在如此困境之下,中国共产党能从一个不足百人的组织,发展到具备足以统一全国的力量，实为奇迹！更何况在党的领导下十三亿人能吃饱穿暖，而且是一片繁荣！若是不知历史、不见遗迹，又多少人能相信这盛世的伊始，是这些低矮的平房，是这片红土地？

  星星之火，可以燎原。
  赳赳雄心，可以夺城！

指导老师：廖志诚

红色精神薪火相传，不忘初心砥砺前行

公管学院 11 级，陈怡婷

"郎当红军莫念家，专心革命走天涯；十年八载不算久，打倒反动再返乡……"86 年前的秋天，闽西、赣南大地上，悠扬的山歌久久回荡。兄弟同参军、父子齐上阵，数万红军将士从福建的长汀、宁化和江西的瑞金、于都出发，开始了举世闻名的二万五千里长征，创造了人类军事史上的伟大奇迹，书写了气壮山河的不朽史诗。

90 年后的今天，福建师大闽北实践队一行来到曾经的"苏区乌克兰"——宁化，回望那段刻骨铭心的红色岁月，感悟那不惧牺牲、勇往直前的精神力量，探寻共产党人矢志不渝的信仰。

出发——"一切为了苏维埃！"这是一种信仰

在今天这个安宁的小县城，你或许无法想象，当年有 3000 多名将士于此出发，血洒疆场。在长征取得胜利之时，宁化籍将士仅存 58 人。

是什么力量，让父老乡亲们义无反顾地护佑红军？是什么力量，让无数英雄儿女视死如归般地投身革命、离乡远征？"一切为了苏维埃！"我们在参观革命纪念馆时，一位老者这样感慨道，"这是一种信仰"。

"没有苏维埃就没有他们啊！我和孩子们商量好了，就是断了香火，也要跟着红军干革命！"当年，贫农团的罗云然老人坚定地说。他先后将自己的六个儿子送到了战场上。最终，六个儿子全都壮烈牺牲。

群众的追求，是一种抉择，更是一种信仰。他们相信红军、相信中国共产党，坚信他们是真心为了劳苦大众打天下，这种信仰的力量超越了物质，跨过了生死。长征不仅是一次身体上的远行，更是一次信仰的远征。

铭记——"长征精神代代相传，才能发扬光大"

位于宁化县城的红军长征出发地纪念广场，占地 8000 平方米，广场上的"人"字纪念碑傲然挺立，直指苍穹。

1934 年 10 月，中国工农红军第一、第三、第五军团，从闽西及赣南等地出发，开始战略性得大转移，先后经过闽、赣、粤、湘、黔等 11 个省份，走过终年积雪的高山，越过人迹罕至的草地，历经万难，击溃百万敌军的围追堵截，连续行军两万五千里，终于在 1935 年 10 月，胜利地到达陕北革命根据地。

广场上的巨型雕塑，刻画了四位红军将士的英勇之态——或手持大刀，或吹响号角，或持枪指敌，唯一不变的，是所有人眼中那份刚毅和坚定。

临行前，随行导游欣喜地说了她近年来所观察到的一些变化：有越来越多的年轻人更加关注革命历史、回首那段红色岁月。"传承长征精神，不能只靠一代人，只有代代相传，才能发扬光大。"

离开时，我们看到一个十岁出头的小男孩，正肩披着"红色小导游"的绶带，给身旁游客讲述那段峥嵘岁月……

明日——不忘初心，砥砺前行

在宁化县淮土镇青平村这片土地上，谈及老支书罗世珍，村里无人不晓，就连十来岁的孩子，也能说出个一二来。

"罗老今年 86 岁了，是红军烈士罗家煌的儿子。"宁化县淮土镇青平村现任党支部书记罗发庆告诉我们，从 20 世纪 50 年代开始，罗老就带领村里人平土地、修水库、建拱桥、铺村路。"老婆生孩子的时候,他坚守在工地;自己生病的时候,也没离开过工地。直到现在,村里有难事,他仍然二话不说,挺身而出。"

"当年,父辈们打天下为了啥,还不是为了人民群众吗?长征能胜利,还不是因为有群众的支持吗?"罗老说,"我们现在要做的,仍然是跟党走,为党的事业奋斗,不是为了当官儿,是为了让人民群众过上幸福生活。"

"这就是共产党人的初心!这就是共产党人的担当!"从红军长征胜利至今,一代代中国共产党人,无时无刻不在进行着属于自己那个时代的"长征"。

在红军长征胜利85周年之际,我们踏上这片热土,重拾那段记忆。秋意起,我仿佛更加明白,不论是那段烽火岁月,还是如今的岁月静好,乱世与盛世之下,总有人为万家灯火负重前行。致敬,共和国的脊梁!

指导老师:陈志

革命热土上的时代坚守

海外教育学院 11 级，张懿

"韭菜开花一杆心，割掉髻子当红军；保护红军万万岁，割掉髻子也甘心"一首朗朗上口的民谣曲子，回荡在大山的深处，穿过滚滚流淌的历史长河，从我的耳畔直抵我的心房。

从宁化革命老区回到福建师大的途中，我望着窗外秋风萧索。那笔直挺立在路边的大树，纵使饱受风霜也依然固执地守着脚下的这片土地。大树那坚守百年，屹立不倒的姿态深深触动着我。恍然间，我仿佛又看见，那两万多名的宁化好儿郎们，他们为了追求中华独立而浴血奋战的身姿，看见了他们眼中的刚毅坚强，那抛头颅洒热血势必复我中华的慷慨激昂。

宁化革命老区，是中央红军两万五千里长征的四个起点县之一。长征，那条从历史书中蜿蜒出来的，比黄河还要曲折千万倍的道路，是用一双双的草鞋踏出来的艰难和希望。

"雄关漫道真如铁，而今迈步从头越"。我们得到这次来之不易的考察闽北革命老区的实践机会，怀揣着激动的心情，亲临革命老区，去感受长征的热血和悲壮，去领悟一份撼动天地的爱国情怀！

当我置身于红军广场，凝视着那颗蔚蓝天空下直指苍穹的红星。我的胸腔热血澎湃。那是多么宏伟而坚毅的历史性雕塑啊！直耸云霄的革命情怀伴着红星守护着这个时代，一同见证着这片革命热土上的沧桑巨变。而塔底基座上的铜雕则再现了宁化英雄儿女参加红军，从长征走向革命胜利的壮丽景象。

导游给我们讲起了"妻送夫,夫送子,兄弟父子双双当红军"的宁化革命事迹,带我们一起回顾了中央苏区五次反"围剿"战争中那段波澜壮阔的历史。宁化参军总数达到中央红军总兵力的十分之一。在这片被誉为"红军故乡"的红土地上,不仅留下了毛泽东、朱德、周恩来等革命领袖和红军将帅的光辉战斗足迹,更留下宁化人民在反"围剿"战争和创建中央革命根据地斗争中不朽的丰功伟绩。

是的,面对种种磨难,红军战士的眼中可能出现过恐惧,他们的心里也可能想过放弃。可是他们并没有放弃。为了千千万万人的幸福,他们任凭金沙水拍,横河铁索寒,勇翻雪山,强渡乌江。在草莽乌蒙里笑走泥丸,在战场硝烟中巧解困乱。他们不畏艰难,不惧磨难,矢志复我中华!

我想,这就是一种永垂不朽的精神!

指导教师:陈志

光辉岁月，红色情怀

环境学院 11 级，夏博宇

9月，金桂飘香，一个由 67 人组成的社会实践团队奔赴闽北革命老区去感受光辉岁月里的那些红色情怀。大约中午时分我们来到了这片红色革命土地——宁化；它是红军长征出发地，中央苏区县，苏区的"乌克兰"，红色的堡垒，三明的"将军县"。

刚刚下车，对面迎来的便是北山革命纪念园。北山革命纪念园坐落于城区的北山公园内，面积 5 万平方米，它集古宁化微缩风景和革命历史文物于一体。走进这里，映入眼帘的便是一片浮雕，雕刻精细，栩栩如生；既有革命战士吹号角，扛大刀，举长枪上前线的英勇壮烈的战斗场景，又不缺乏当地人民群众为红军送衣，送粮以及年迈老人推车向前线运送物资的画面，可见红军与当地人名群众的情谊是多么的深厚。

紧接着便是一张张陈旧而散发着暗淡光晕的黑白硬像素照片，历经 80 余年风雨，依旧可见当年革命之艰辛；照片上的每一个人都像是在向我们诉说着老一辈革命党人的光辉事迹。他们是崇高的、无私的、大无畏的；他们为革命事业作出了巨大的贡献。可以说没有当时他们为革命事业的努力和奋斗，就没有今天的新中国。

继续向前走，便是点燃星星之火的数个起义暴动的事件的展区，其中以西南五乡暴动为代表；在此期间，我军为打破湘赣两省敌军的联合会剿，1929 年 3 月至 1931 年 7 月，毛泽东、朱德率红四军三次进入宁化，传播革命思想，点燃星星之火，引发了著名的宁化西南半县农民武装暴动。回望气宇轩昂的毛泽东《如梦令·元旦》的雕像，此像再现了1931年毛泽东率红四军在宁化写下《如梦令·元旦》词篇时，那战马啸啸、红旗猎猎的动人场面；再现了革命党人对开辟革命事业的信心以及乐观豁达的情怀，坚信革命事业必将取得成功的坚定信念。往前走去则是梭镖长矛、土枪土炮、号角大刀等革命文物和众多革命烈士英勇业绩的介绍，这一切无不令人肃然起敬。

走出纪念馆，向前仰望，那是一座高高矗立与周围松柏交相辉映的革命英雄纪念碑；它是一种象征，一种革命精神的象征。当时宁化11万人口就有1.3万人参加红军，到新中国成立后活着的红军只剩下928人。可以说，宁化人民为中国革命所做出的牺牲是巨大的，为新中国的建立立下不可磨灭的功勋。历史不会忘记，共和国不会忘记，全国人民不会忘记宁化的烈士们！

指导老师：陈新星

第五章 "闽东延安"的故事
——闽东革命纪念馆考察感想

桓桓其叶，苍鹰于飞
——忆叶飞将军闽东所为有感

文学院 14 级，陈星

叶，于片片苍翠里尽享岁月芳华，何以有桓桓武貌？

那是信念于心的果敢，执着梦想昂扬；

鹰，于滚滚黑云中仍能驰骋纵横，何致此巍巍可畏？

那是心有所向的赤诚，带着睿智翱翔。

脚踏当年风云激荡的热土，置身如今绿叶怀抱的闽东，我心若飞，思我叶飞将军……

一个个古老的村落，一面面斑驳的老墙，一间间破朽的屋宇，如同一幅幅绵延的画卷，展现着他的战火青春，书写着他的传奇经历。叶飞，一位归国华侨，一名青年学生，一个清瘦小伙，就在这里，在闽东的偏僻山村里，开启了他波澜壮阔的革命生涯。我心怀敬意，行于此间，观福安，走屏南，如随将军一同进入那战火纷飞的年代。

福安——三载游击艰与苦，廿岁青年智并诚

这座以"敷锡五福，以安一县"得名的城市，给人以"福"的红火之感，致人以"安"的吉祥之意。而走进她，竟又赠我以红色的记忆，去追念当年那些为革命而奋斗的英雄们。于是，我们来到了闽东革命纪念馆，

第五章 "闽东延安"的故事——闽东革命纪念馆考察感想

回溯往昔那段峥嵘的岁月。在呈"回"字形的展厅里，每一段历史都令人震撼，每一位英雄都为人敬仰。而有一位将军，他没当过士兵，也没上过军校，却在弱冠之年桓桓赫赫，勋封闽东。他，就是叶飞。14 岁，加入共青团，少年立志踏上革命征程；18 岁，以福州中心市委特派员的身份到闽东领导工作；19 岁，组织工农自卫队发动"霍童暴动"，缴枪上百，成立闽东工农游击第三支队；20 岁，创建闽东苏维埃政权，建立以福安为中心、人口达一百多万的红色根据地。在这段最灿烂的青春岁月，他想到的是国难当头，他选择的是献身革命；在这段最迷茫的人生光景，他没有彷徨犹豫，没有庸庸碌碌，有的只是辉煌事迹与累累功勋。斯人伟业，更引吾辈深思。同处 20 岁的青春岁月，我们志在何方？我们又在走向何方？是随波逐流，还是立志笃行？是挥霍光阴，还是奋发向上，只争朝夕？"少年强则国强"，倘若我们不能坚定信念，勤勉奋进，又何以强国兴邦，又何以立足于世界民族之林？

感念间，我们又辗转至溪柄镇柏柱洋。这里集中了"中共闽东临时特委""闽东苏维埃政府""红军独立团部"等革命旧址。饱经风霜的古厝，曾见证了叶飞将军组织武装斗争的热血经历，更展现了军民相依的深厚情谊。上世纪 30 年代，在闽东党组织与上级党组织失去联系的严峻形势下，叶飞当机立断，决定福安、连江两个中心县委实施统一领导，成立了闽东特委，并开始着手建立强有力的武装。1934 年 9 月，闽东特委成立了红军闽东独立师，坚持闽东游击战争。在敌军十万之众即将大举进攻之际，在敌我力量悬殊、尽失党组联系的艰苦条件下，叶飞提出了"变苏区为游击区"的战略决定，率独立师成功突围国民党军，各自为战，分散游击，虽食不果腹，艰苦卓绝，仍披肝沥胆，浴血坚持。

四年"失联"，三年艰苦，非其赤胆忠心，大智大勇，革命的火种又岂能存留？那是一位青年的理想，是一代将士的气节，更是一个国家、一个民族的精神和未来！于今追昔，唯继先辈精神，方不负历史，得浩然而前行。

屏南——统一战线促国共合作，举军济抗日危亡

次日，我们一行人来到了新四军北上抗日纪念碑的所在地——屏南县棠口乡。一块高大的浮雕纪念碑巍然矗立，碑身镌刻着一个个冲锋陷阵、英勇抗战的战士。他们狂奔着，怒吼着，耳畔萦绕着冲锋的号角，眼里闪现着必胜的决心，驱狼斩虎，虏阵崩摧。我仿佛看见了叶飞将军当年挥师北上的雄壮英姿，可谓神威万里，气贯长虹。日寇侵华后，从《为抗日救国告全体同胞书》到《第八路军总司令朱德、副总司令彭德怀就职通电》，叶飞审时度势，一次次改变策略，正确决断，积极谈判促成了国共合作，与国民党福建当局达成了改编协议，一致抗日。1938年2月14日，时任新四军第三支队第六团团长的叶飞，率领着由闽东红军独立师改编的新四军第三支队第六团1380多名闽东健儿从这里开赴抗日前线，闽东武装正式走向了抗击外敌的新战场。霎时间，军旗猎猎，溪水涛声仿佛也萦唱着阵阵不朽的赞歌。而此时，他才24岁。

"恰同学少年，风华正茂；书生意气，挥斥方遒。" 24岁的他，已统率千军，驰骋疆场；24岁的他，已运筹帷幄，决胜千里。而24岁的我们，又将如何？正青春，在路上，我们似苍翠欲滴的新叶，又若切望展翅的雏鹰。唯忠，唯智，唯对理想的执著，有朝一日，我们才能像叶飞将军一般，桓桓然如鹰搏击长空，气吞万里。

叶桓桓，鹰于飞。忠勇叶飞，彪炳千秋！

指导老师：杨林香

一个有希望的民族不能没有英雄
——访闽东革命纪念馆有感

软件学院 14 级，石琳

2015 年 9 月 2 日，习近平主席为抗战老战士老同志等颁发中国人民抗日战争胜利 70 周年纪念章并发表了重要讲话，讲话中他说道："'天地英雄气，千秋尚凛然。'一个有希望的民族不能没有英雄，一个有前途的国家不能没有先锋。"最初我对习主席的这番话的理解仅停留在字面上，并未深究，然而隔天的闽东之行，却令我醍醐灌顶！

2015 年 9 月 3 日，在抗日战争胜利 70 周年之际，我有幸加入闽东实践队，跟随思修老师和一群意气风发的有志青年一起来到闽东革命纪念馆。踏入馆内，放眼尽是红色，红色幕布、红色地毯、红色印章，还有红色英雄！那一排排布满一幕又一幕墙的是一位又一位的革命烈士，这一刻，我感觉红色血液在我的身体里不安地蹿动着，我不禁怔在那里，"这些都是年轻的生命啊！"老师的叹息从后方传来，我走近细看，这些烈士中很大一部分都英年早逝，二十几岁的青葱年月就此消逝在岁月的长河里。在那个革命动荡的年代，或许他们从未接受过教育，或许他们也曾徘徊迷茫过，但是他们最终勇敢地站了出来，成为中华民族的脊梁，为中华儿女撑起了一片天。

在纪念墙上，一位眉眼温婉的年轻女子引起了我的好奇。通过闽东革命纪念馆、柏柱洋纪念馆展示的资料，以及我在网上查阅到的资料，我不得不为这位巾帼女英雄所折服。她，曾是中共闽东临时特委组织部部长，1937年任中共中央组织部副部长的曾志，这位看似平凡的女性，是什么，让党中央对她委以重任？

心怀大爱，她将爱播撒人间

1929年1月，因工作需要，刚生下儿子才26天的曾志就要随着红四军主力转战赣南，因为孩子不能随部队转移，曾志压抑住自己对儿子的深深眷恋，毅然将孩子交由别人抚养，从此母子俩一别就是24年。曾志，她是一位柔情似水的母亲，更是一位坚定刚毅的战士！

心系百姓，她全心全意为人民服务

1934年初，曾志主持制定闽东苏区分田大纲，领导由点到面的分田运动。从此，轰轰烈烈的分田运动在全区以梅花型、波浪式向前推进。这次土地革命运动，采取抽多补少、抽肥补瘦等政策，深受农民欢迎，到处呈现出分田分地忙碌的喜人景象，大大激发了广大农民参加革命、支持革命的巨大热情。作为一名中共党员，曾志不仅以实际行动为人民谋福祉，更赢得了百姓的拥护与爱戴。

心照情交，她与闽东百姓患难与共

1934年冬，国民党军进攻闽东红军游击队，国民党军像鹰犬一样在苏区四处围捕闽东苏区的领导人。时任中共福霞县委书记的曾志，刚转移到岭面山区养病，便遇上国民党军，由于行动困难，她只能拄着拐杖挪步前行。这时候，福安县的一位畲族妇女蓝金妹正抱着孩子离家躲藏，看到曾志，她毅然决然地将怀抱的孩子藏在路边草丛中，背起曾志就跑，一口气把曾志背上深山藏起来，而后她才返回找孩子，所幸孩子平安无事。1983年12月5人，曾志回忆到这一段历史时深情地说："在革命战争的艰苦年代，闽东群众掩护了许许多多的革命者，他们像蓝金妹这位妇女一样，冒着生命危险保护着我们。"

其实，曾志同志正是抗战时期中国共产党人的写照，正是因为他们把国家、人民看得比自己的生命还重要，才会无所畏惧，所向披靡，成就了像曾志与蓝金妹这样数不胜数的军民鱼水情。正是因为我党有许多像曾志一样的英雄，才能领导中华儿女赢得抗日战争的伟大胜利，进而大大推进世界反法西斯战争的伟大胜利。

2015年9月3日，习近平主席在抗战胜利70周年纪念大会上发表讲话时引用了一句古语："靡不有初，鲜克有终。"这是文化穿越3000年历史烟尘的庄严提醒，语重心长地警示着我们：实现中华民族的伟大复兴，需要一代又一代人为之努力。一个有希望的民族不能没有英雄，现世安稳，但作为当代大学生的我们，仍应誓死守护革命先烈为我们打下的江山，并加强自身综合素养，为祖国的建设添砖加瓦！

指导老师：林国著

红带到处飘，号角震天响
——叶飞在闽东

社会历史学院 14 级，陈燕华

　　70 年前，中国抗日战争胜利了，无数华夏儿女为之欢呼！2015 年 9 月 3 日至 9 月 4 日，正值中国抗日战争暨世界反法西斯战争胜利 70 周年，我校各院共 29 名学生参加了校思想道德修养与法律基础教研部组织的"闽东行"红色之旅——"福安—屏南革命史迹考察"活动，此次活动我们参观了福安红军村、闽东革命纪念馆、闽东苏区纪念馆、"新四军六团北上抗日纪念碑"、"新四军第三支队第六团团部旧址"。在这里我们窥见革命先驱的足迹，感受到激荡的革命号角。

　　我们一行人参观了福安闽东革命纪念馆和"闽东延安"柏柱洋和红军村，漫步其中，抚触历史，仿佛穿越时空隧道，一幅幅波澜壮阔的闽东革命斗争史画卷在眼前徐徐展开。1932 年，年仅 18 岁的叶飞被派遣到闽东工作。1934 年，他和马立峰、詹如柏、曾志等同志利用"闽变"的有利时机创建了闽东苏区，开展了轰轰烈烈的土地革命，开创了"五百里红色苏区"。在闽东纪念馆内展出了当时的旗帜、印章、衣物斗笠、文件，以及土枪、大刀、红缨枪、手榴弹等革命武器，保留着叶飞使用过的手电、马灯、脸盆等用品。柏柱洋中共闽东特委旧址还保留着叶飞、曾志、詹如柏的卧室。虽然展品褪色或锈迹斑斑，却把人们的思绪带入 70 年前革命斗争的风火岁月中，让人们了解当年革命的艰辛与斗争的残酷。

第五章 "闽东延安"的故事——闽东革命纪念馆考察感想

红色苏区的一草一木、一砖一瓦都让我们内心产生震撼，产生浓浓的爱国热情。叶飞和其他同志在这样艰难困苦的生活之中，为了中华民族的未来奋斗、流血……后来闽东苏区的鼎盛发展惊动了蒋介石，他立即调集重兵"围剿"。如今还能看见国民党反动军队在叶飞卧室门外墙上留下"拖枪来归者，杀匪首者，一律重赏"的标语，散发着一股恐怖气息。苏区受到重创，闽东特委工作瘫痪，剩下叶飞和阮英平两个人了，但叶飞不屈不挠，他重建闽东特委，继续领导军民同敌人展开了英勇巧妙的斗争，不仅恢复了部分老区，而且开辟了闽浙两省20多个县的游击根据地。1938年2月，国共合作抗日，叶飞又率领由1300多名闽东红军改编成为的新四军六团，告别闽东故土，奔赴抗战的最前线，屡建奇功。叶飞和部分同志后来到沙家浜养伤，在阳澄湖坚持斗争，成了电影《沙家浜》的原型……参观完特委旧址、叶飞故居，复杂的情绪涌上心头。我为今天的和平而感激，为敌人的无情杀戮而愤怒，为烈士的牺牲而沉痛，同时我也为叶飞同志的大无畏精神、敢于担当精神而叹服。

如今，在柏柱洋斗面村的村委会门前，耸立着闽东临时特委、闽东苏维埃政府和共青团、妇联成立的四块纪念碑，碑后建有一座由叶飞题名的"中共闽东特委纪念亭"。从1932年8月初来福安，到1938年2月率新四军六团离开屏南县，叶飞在闽东只不过五年半的时间。可是，这是他最艰苦最难忘的日子，在经历了大大小小的变故，叶飞创下了光辉的业绩，也谱写出血与火的传奇。

海子曾说过："要有最朴素的生活和最遥远的梦想，即使明天天寒地冻，山高水远，路远马亡。"我从这次考察中汲取新的希望和鼓励，时刻铭记"红带到处飘，号角震天响"的红色力量，珍惜今天的和平生活，相信在平凡的环境中创建非凡的人生，给自己树立一个更明确的目标，不随波逐流，不浑浑噩噩，激发自己的热情，敦促自己更加努力，终有所成，为祖国的建设贡献自己的力量！

指导老师：杨林香

闽东之行，铭记历史

物能学院14级，张建聪

  1945年8月15日，日本无条件投降。在这一天，抗日战争以中国人民的胜利和日本法西斯的失败而告结束。历史会永远记住这一天。岁月的脚步匆匆走过70年，黄河边上的硝烟已随风飘散，历史仿佛已经远去。但是，卢沟桥头的那场战争留下的教训却是刻骨铭心的。对于中华民族来说，那是永远的国殇，永远的奋争，也是永远的追思。

  在我国举行抗日战争70周年暨反法西斯战争胜利的阅兵庆典之际，福建师范大学马克思主义学院的老师们带着我们29名14级的同学走进闽东革命老区开展为期三天的红色之旅社会实践活动。在这三天里，我们怀着一颗颗对先辈们的无限敬仰和对历史的沉痛追思之心进一步了解了在闽东的那段抗争岁月，学习了对革命先烈英勇无畏的爱国精神，也深刻感受到了如今的幸福生活来之不易。而令我印象最深刻的便是骁勇善战的三野"悍将"——叶飞。

  叶飞1914年出生于菲律宾吕宋岛奎松省一个中菲混血家庭。叶飞回到祖国之后，进入了一家私塾读书。一次，老师问在座的同学："你们为什么上学？"有的同学说为了学会做买卖、能记账；有的同学回答为了识字下南洋，挣钱。而叶飞的回答是："为了要像郑成功一样为国家干大事！"这不禁让我想到了另一幅画面，那便是周恩来总理在课堂上说出"为中华之崛起而读书"的振奋人心的画面。正是有这样一批胸怀大志，勇于奉献，具有强烈的爱国主义精神的青年，中华民族才得以永远屹立于世界民族之林。我们幸运地出生在一个和平幸福的年代，没有战乱之苦，没有饥饿之扰，但是却有那么多的青少年似乎失去了追梦的勇气，没有目标，没有梦想，循规蹈矩，麻木地生活在了无风雨的温室里，走在大人们为自己铺好的平坦大道上，不愿迈出追梦的脚步，不愿探索自己的一方天地，更谈不上愿意为祖国做一些奉献。呜呼！悲哉！

叶飞是坚忍的。在刚接任福安中心县委书记，就被下派到宁德巡视工作时，他忍了；在结束宁德的巡视，回到福安不久就在狮子头客栈遇刺，他忍了；在激情燃烧的岁月，与曾志友好受到党内批评时，他忍了。但在闽东革命面临生死存亡之际，他打破坚忍，毅然决然地站出来，率部转战于屏南、福安、寿宁、霞浦、福鼎等地区。他先后与阮英平、范式人、许旺、郑宗玉等部会合，并接连打了几个漂亮的战斗。在这一特殊而关键的时期，通过叶飞的"穿针引线"，将在各地独立坚持斗争的革命武装力量串联整合起来，并使各地领导人统一了思想认识。这就为后来"含溪会议"和"楮坪会议"的召开，做了必要的准备；为闽东特委的重建，闽东红军游击武装力量的重聚，奠定了思想和组织的基础。

叶飞在闽东的五年，是他人生重要的五年，精彩的五年。他在闽东经受了无数的磨炼和考验，也成就了后来的伟业和辉煌。特别是他在闽东革命的几个关键节点上，表现出了顾全大局的优良品格、坚韧不拔的革命意志、敢于担当的历史自觉性、善于学习勤于思考的工作作风。而这些优良品格正是我们当代青少年需要学习和发扬的。

两天的红色之旅是短暂的，但它给我们的震撼却是巨大的。过去，革命先辈用鲜血为我们开辟了一条康庄大道。如今，我们要传承和发扬革命先辈们优秀的品质，肩负起祖国的未来。

指导教师：廖志诚

一个闽东人对闽东革命史的认识

外语学院 14 级，雷丽萍

也许这是缘分，让我生在闽东；也许这是责任，让我认识他们；也许这更是一种使命，让我传承他们，传承他们在这片红色热土上留下来的精神。

我是一个闽东人，在福安生活了二十年，可我却不知道有这么一段历史，曾轰轰烈烈地发生在这片土地上。我望着那闽东革命烈士纪念碑，却不知道有这么多先烈们为了我们今天的和平与幸福曾前赴后继、最后壮烈牺牲。我深感愧疚，才明白闽东革命纪念馆的意义所在。

回想起14岁那年在馆前宣誓入团，唱团歌，立志长大后加入中国共产党。到如今再次踏入馆内我才深刻地体会到，那段红色历史早已深深地植根于这片土地。这次我是如此的庆幸能够重返故土了解这段革命斗争的历史，看看先辈们是如何在这片土地上开辟苏区。

闽东革命纪念馆收录了早期闽东从辛亥革命到解放战争后的闽东地区新发展的近一百年历史。首先，映入眼帘的是贫苦人民曾穿过的衣物，透过这些藏品我仿佛看到了当时被地主百般欺压，深受苦难的闽东人民。那一件件陈列的文物告诉我，他们也曾反抗过，只可惜缺乏科学理论的指导，最后都失败了。

幸运的是，中国共产党诞生了，使得马克思主义迅速传播，闽东人民

第五章 "闽东延安"的故事——闽东革命纪念馆考察感想

加入了大革命的浪潮中。1927年中共古田特支与国民党左派在福安等地成立了国民党县党部,两党合力与闽东人民一同促进了闽东反帝反封建革命形势的发展。

在这次实践中,听了很多故事,了解了很多老革命家,但最让我动容的却是善良淳朴的畲族人民。叶飞、曾志等老一辈革命家都曾高度赞扬我们畲族人民。"在闽东三年游击战争最艰苦的年代,畲族人民作用很大。第一,最保守秘密,对党很忠诚;第二,最团结。"这是叶飞在1986年回访闽东苏区时曾写下的题词。在此,作为畲族子女的我感到十分的骄傲与自豪。原来在这片畲族最大的聚居地上,我们畲族的先辈们不仅参与革命斗争,还为保护当时的革命者们作出了巨大的牺牲。特别是我在柏柱洋看到"畲嫂救曾志"的故事时,更是深有体会。

故事是这样的:一位年轻的畲族妇女,为了躲避国民党军队的骚扰离家躲藏,半路上遇到了行动困难的共产党员曾志时,她毅然将她怀抱中自己的孩子放在草丛中,背起曾志就跑,事后才返回寻找孩子。幸运的是草丛中的孩子被路过的老人所救。故事说到这里,我被这位畲族妇女深深地折服了。为救共产党员她竟然连骨肉都可以舍弃。她的大义凛然,影响了更多的畲族子女,她不畏牺牲的精神远比作为一个母亲的伟大更令人钦佩。曾志在1986年同叶飞回访闽东时写下了这样的题词:"发扬畲族聚居地的老区人民精神,建设社会主义兴旺富裕幸福的新农村。"

此次闽东之行,我应该算是特别的一个。首先,我是地地道道的闽东人,在福安出生、成长,我还是畲族后代,这一系列的特殊身份,让我在这次的实践中有更不一样的体会。听着讲解员的介绍,志愿者的叙述,我有一种发自心底的民族自豪感,我是闽东人,我骄傲!我是畲族人,我骄傲!

钟大湖曾说过:"在革命最艰苦的岁月。畲族人民作出了巨大牺牲,作出卓越贡献,为畲族历史写下了光辉的一页,畲族的优秀子孙当继承光荣传统,为振兴中华再谱新篇。"我想我将会以此勉励自己,刻苦学习,认真工作,为祖国效力,为社会作贡献。

在此感谢老师给我这次机会,让我走进历史重新认识福安——这座被称作闽东延安的小城。让我对这片土地有了不一样的感情与责任。

指导教师:陈志

红色闽东行

数学与计算机学院 14 级，朱晓

到达了福安闽东革命烈士纪念馆，自己不禁感慨，终于踏上了这个憧憬已久的圣地。下车后环顾四周，革命烈士纪念馆首先映入了眼帘。建筑的肃穆和大气顿时令我肃然起敬，纪念馆外观整体建筑汇集了民族传统和现代建筑艺术，富有时代特色，外观庄重典雅。除了外观的宏伟，她是有自己的灵魂的，那并非是一座纯粹的纪念馆，这里蕴含了无数个故事，记载了一段峥嵘的岁月，谱写了一段段不朽的历史与传奇。

烈士陵园坐落在一个小山丘上，那一圈栅栏早已无法阻挡满园的绿意，灌木丛也异常的繁茂，环绕在园子的周围。沿着青石板楼梯，我们走进烈士陵园，一种无法言说的肃穆与敬畏油然而生。锈迹斑斑的铁门，上面写满了岁月的沧桑。年代久远的松柏，像一个个威武的卫士，守护着无数英烈的精魂，用沉默展示着骨子里的不屈。满目的翠绿，洋溢着一种别样的生机，或许是曾经革命烈士的鲜血，永远流淌在每一个细枝末节，赐予了这片土地生机。革命烈士纪念碑，巍峨地矗立在烈士陵园中央，几十年风风雨雨，给纪念碑留下了岁月的痕迹，略显苍老而陈旧，但是依旧浅唱着一首不屈的赞歌。"闽东革命烈士纪念碑"上的题字苍劲有力，气势恢宏。在沉默的土地里，埋葬了无数英雄的躯体。烈士的精魂，永存人间。在园中踱步，嗅着满园的泥土清香，我顿时耳目一新。怀想起若干年前的沙场，金戈铁马，烽火连天，硝烟弥漫，满目疮痍。曾经的那些勇士，正值壮年，风华正茂，原本是人生中最华丽的日子，但是他们为了自己心中的信仰，为了中华民族告别了自己的家人，用滚烫的热血浇灭了敌人嚣张的焰气，用自己的青春换取了革命的胜利。这片先烈曾经用鲜血浇灌的革命根据地，如零星的火花，迅速地蔓延，燃烧到大江南北的每一个角落。如果没有那些英烈，或许如今高楼林立、钢筋水泥密布的城池还是一片废墟。如果没有他们，如今的繁华与兴盛，只不过是一个幻影，如果没有他们，如今这个偌大的社会里，不会有和谐。所以说，是他们，给了我们一个美好的年代；是他们，给了我们一个崭新的未来。夕阳的余晖斜斜打在地上，我不禁再次追忆起那段星星之火可以燎原的流金岁月……

伴着夕阳的最后一抹鲜红，我们踏上了归途。车子里安静了很多，或许是革命烈士纪念馆和烈士陵园给了大家太多的感触。比起一堂思修实践课，这更像是一场思想的洗礼。我们不仅更深刻、更理性地去认识了一段历史，追忆了一段艰苦的岁月，而且从某一个深层次，反思了自己。如今大好的和平年代，身边的一切过于安逸，认为很多东西来的是那么理所当然，甚至很多时候还会抱怨。通过这次实践课，我深切感受到了我们这个年代里的幸福所在，重新给了自己一个定位。感谢学校和老师能给我们这样一次机会，让我们亲身来到革命圣地，为我们提供一个平台，感受书本上没有的独特文化。只有切身体验过，投入过真实的情感，才会有最深层的收获，而不是浮在其表面。历史，我们不能忘记。

历经 90 年的风风雨雨，中国共产党开创了一个崭新的时代，用最短的时间带来了翻天覆地的变化，在历史上谱写了一曲华美的篇章，这可以说是一个传奇。在缅怀革命烈士的同时，我们更要去展望未来，更要发扬老一代革命先辈那种不断奋斗，艰苦创业的精神，积极响应党的号召，珍惜所拥有的大好环境，做好自己的本职工作，去奋斗，去拼搏。最后在建党 90 周年之际，祝我们的党生日快乐，欣欣向荣。

指导老师：林国著

英雄背后的无名英雄
——参观闽东革命纪念馆有感

外国语学院 14 级，洪艳祯

有一种英雄，他们既无拿破仑的英明，也没有他那些丰功伟绩。可是把这种人的品德解析一番，连马其顿的亚历山大大帝也将显得黯然失色。——题记

今年 9 月 3 日，恰逢抗日战争胜利 70 周年纪念日，我有幸加入校闽东实践队，随老师同学们一起探访新四军北上抗日革命足迹，参观闽东革命旧址、纪念馆，以此来瞻仰众多为了和平而浴血奋战的革命先烈们。一路上，我看了许多在炮火中遗留下来的根据地，走过多条战士们曾走过的木桥小道，也听了许多革命时代的英雄故事，可谓收获颇丰。但其中令我印象最为深刻的还是参观闽东革命纪念馆时看到的那些英雄背后的英雄故事。

到达闽东革命纪念馆时，微风送爽，晴空万里，一扫几天来的阴雨连绵。在蔚蓝天空、绵绵白云的映衬下，五星红旗迎风正骄傲地飘扬，闽东革命纪念馆显得格外庄严而肃穆，我的心中不禁涌起一股敬畏之情。步入馆内，里面陈列着许许多多战士将领们遗留下的炮弹手枪、文具背包、生活用品等。我一件件地仔细看过去，脑海中便能想象出 70 多年前他们身着军装，挺直腰板在炮弹连连的艰苦环境下的场景；想象着他们一边眉头

深锁思考战争形势，一边牵挂家中父老子女；又或者，他们正得闲与战友聊天，开心地憧憬胜利的到来……我就这样想象着关于他们的日常生活的种种小细节，忽然觉得他们在我心中的形象渐渐变得亲切可爱起来。我想，在这一刻，他们于我，已不再是抽象的英雄英烈，而是一个个有血有肉有感情的勇士！

除了这些零星物件，馆中也有众多记叙每一位英雄英烈的专栏，这些也同样令我感触颇深。可以看到专栏上一张张照片中，这些所谓英烈的脸上还仍旧荡着青涩，他们大多也只是二三十岁意气风发、年轻帅气的小伙，当然也不乏貌美的姑娘。究竟要有多么强烈的爱国信念才能让处在花季的他们视死如归？在这一刻，爱国于我，不再只是简简单单的一个概念，而是一份有着千斤重的英雄担当！

我觉得一场战争的胜利，除了要有卓越的领导者外，那些浴血奋战、冲锋前线的战士也不可或缺，广大民众的支持同样是不可少的。曾记否，"无名英雄"蔡威以惊人的毅力和聪明才智破译了国民党军队的大量情报，在"看不见的战线上"屡建奇功，为红军长征的胜利作出了历史性的贡献；曾记否，为救领导，老百姓九家联保，使七个党的领导人脱离虎口。自己却被敌人杀害，壮烈牺牲；曾记否，沈冠国，在一次战斗中承担接应任务，由于敌情变化，身陷重围，弹尽粮绝，毅然冲进敌群，赤手空拳与敌搏斗，为国捐躯……

这些人，他们没有轰轰烈烈的事迹，但他们却用自己微薄的力量去为同伴争取机会，为国家争取光明。我想，倘若没有了他们这些看似平凡的普通人，也许历史将被改写，一切的辉煌也都将不复存在。这样看来，这些无名英雄也同样伟大，同样值得被铭记，不是吗？

指导老师：吴秋兰

片片红忆,永驻心田
——闽东革命纪念馆有感
美术学院14级,陈仁彪

我的身边从来不缺少有关于革命的故事,然而我总是觉得它们离我太遥远,直到我有幸参加了此次的"闽东革命史迹之行"实践考察活动,我对革命故事有了新的感受。

2015年9月3日,我们到福安这个革命老区考察。第一站是"闽东革命纪念馆"。"闽东革命纪念馆"占地面积1500平方米,它由叶飞同志亲笔题字,展出闽东地区新民主主义革命时期的革命文物300多件,是闽东革命根据地文化的集中展示地,承载着闽东革命传统、闽东革命精神以及闽东改革开发的时代精神等先进文化。它是座反映闽东地区革命斗争史和闽东苏区老一辈革命家活动的专题性纪念馆。

一下车,我就迫不及待地进入馆内,很快就被里面的各种珍藏吸引了。漫步展厅,抚触历史,仿佛穿越时空隧道,一幅波澜壮阔的闽东革命斗争史画卷在眼前徐徐展开。这里陈列着老一辈无产阶级革命家的照片、家书、传单、书、刊、佩刀、印匣、印、衣服、台灯、砚台、墨盒、矛、戈等革命文物。印烙着风雨沧桑,见证了血雨腥风,更升腾着中华民族生生不息的民族魂魄。这一切都真真实实地摆在我的面前,我不禁思考,先烈们为了革命的胜利究竟流下了多少的血与汗啊!

馆内数不清的先烈照片和简介,每一个都让我久久驻足,用来记录他们生前事例的每个字都泛着红光，仿佛透着鲜血的味道，这是沉甸甸的血与泪，他们走出了故事，直接进入了我的生活，这一切显得如此真实，我仿佛回到了当年的艰苦岁月。

仿佛一颗子弹从我耳边呼啸而过，伴随这一声闷响，战士马立峰倒下了。从他逐渐暗淡的眼神中我看见了他的一生。马立峰生于1931年4月，他组织秘密农会，开展减租抗债斗争，取得了胜利；6月他发动柄溪群众向地主、粮商开展声势浩大的"平粜""赊借"斗争，又获全胜，成立了中共柄溪区委会。8月，他亲赴福安西区，同穆阳党支部一起，领导群众开展抗捐抗税斗争。1933年初，他在棠溪被捕，面对威胁与诱惑，他轻蔑地一笑置之。1935年2月8日，他因为遭叛徒陈奕弟、游阿乐突袭而中弹倒下。

他们都只是普通的人，但他们却做着不普通的事，他们用自己的肉体和鲜血，为我们铸造了一条通往光明的大道，没有他们就不会有我们如今的美好生活；没有他们就没有如今的和平年代；没有他们，我们可能还在封建势力和列强的奴役下。因此，不要忘记我们有如今的美好生活是先烈牺牲换来的。当代的我们唯有勿忘恩情，抓紧学习，成为栋梁之材，才能不辜负英雄先烈们的牺牲。

指导老师：吴秋兰

纸上得来终觉浅,绝知此事要躬行
——有感于革命纪念馆

传播学院 14 级,林智仁

红色 9 月,骄阳似火,百年学府福建师范大学"思想政治理论课"大学生社会实践队奔赴闽东,开展为期三天的革命史迹考察。

参观完烈士纪念碑后,我们来到了此行的第二个地点——位于福安市的闽东革命纪念馆。在当地一位老师的带领和讲解下,我们了解到了不少关于这座纪念馆的历史信息,这座纪念馆是于 1984 年 7 月 1 日正式破土动工,1986 年建成,而屋檐下镌刻的"闽东革命纪念馆"七个苍劲有力的烫金大字是由前全国人大常委会副委员长叶飞亲笔题写。

斗转星移,时光荏苒,站在纪念馆的面前,很想回到当年激动人心的"五四时期",仿佛可以看到革命先烈们在国家民族大义面前毅然放弃个人利益,投身革命事业,浴血奋战的壮举,他们共同开创了闽东抗战的新局面,真可谓可歌可泣,令人感慨。

刚进入展馆,映入眼帘的就是一幅大型浮雕《前仆后继,红旗不倒》,壮观异常。顺着浮雕往右走,就正式进入了展馆。独特的回字形结构的展厅,仿佛在诉说着那段惊天地泣鬼神的历史史诗。整个展厅共分为五个部分。分别是"中共闽东地方党组织建立,反帝反封建怒潮掀起""工农武装割据,创建闽东苏区""三年游击艰苦卓绝,党政军民风雨同舟"以及"致力团结抗日,坚持自卫反击""全面发动游击战争,配合大军解放闽东"，以时间为轴，力图将当年的历史真实还原，在了解过去与珍惜现在之间寻找最合适的契合点。

而其中令我印象最为深刻的无疑是那幅"十字架上的英雄凌福顺"。画面中的烈士，被绑在一棵大树上，身上是依稀可见的伤痕，双手和双脚，则均被敌人残忍地用钉子钉上。然而从英雄坚毅的眼神中，我看不到丝毫的害怕和恐惧，有的只是对国家对人民对信仰的坚定与不可动摇。这从他在遇害前留给敌人的最后一句话"我凌福顺会绝代，但革命不会绝代"也可见一斑。一个在精神和思想上将国家和民族的利益置于最高地位的共产党人，又怎么会对敌人肉体上的折磨和施暴感到畏惧呢？从年仅24岁就立下战功赫赫到不幸被捕、英勇不屈直至被敌人残害致死的凌福顺身上，我能感受到一种强大的革命大无畏精神，也正是这种精神，一直以来鼓舞着无数中国共产党人继往开来，为国家富强、人民安康而矢志不渝地奋斗下去。

参加红色考察，瞻仰革命圣地，带给我精神上的极大冲击和鼓舞是不言而喻的。将这种精神转化为学习工作，建设祖国的动力，更好地将这种精神传承下去是我对自己许下的承诺。

然而除此之外，我想从自己专业出发，谈谈些许感受。作为一名传播学院的学生，在此次考察之行中，我亲身体会到了传播的巨大力量。在当时屏南部队集结期间，众多青年争相报名，希望通过参军实现自己投身革命的心愿。究其原因，一方面是对国民党在国内国外问题上的极度失望；但更重要的是另一方面，对共产党员不遗余力积极传播先进科学的观点以及将人民利益置于最高地位的理念的积极回应。可以试想，在当时那样的恐怖时期，面对着来自战争的摧残和巨大压力，要不是对共产党和未来充满信心，又怎么会出现国民党认为是不可思议的"参军潮"呢？而这样局面的出现，无疑离不开传播二字，传播革命理念，传播共产党政策，在民众中掀起惊涛骇浪的效果似乎也是可以提前预见的。

然而传播的力量绝不止于此，在当今社会，传播依然是发挥着不可替代的作用。比如将纪念馆设为爱国主义教育基地，积极扩大"红色之旅"的影响力，这也同样是在借助传播的力量。

而从专业方面来说，就读新闻专业，将来就是立志成为一名优秀的新闻媒体工作者，坚持履行"党和政府的喉舌"的重任。所谓"铁肩担道义，妙笔著文章"，讲的就是要将新闻责任和新闻技能很好地结合起来。以更强的专业能力更好地服务国家和人民，我想这虽然远远比不上当年革命战士们为国家抛头颅、洒热血的豪情壮志，但这也是对他们致以最高敬意的一种最好的回应和表现形式。从这一点上看，这一次的考察之行，带给我的收获将是终生受用的。

"纸上得来终觉浅，绝知此事要躬行"，通过此次闽东革命考察，我感受到了从书本上体会不到的革命党人的伟大情怀和英雄壮举，这样的精神将不会消逝，而我们对他们的敬意也将超越时间的考验，永不风化。

指导老师：郑萍

抗日救国的峥嵘岁月

教育学院 14 级，余鹃

时维九月，百年师大的 60 多位师生们踏上闽东革命纪念馆之旅。在那里珍藏着无数革命烈士的遗物，还有许多珍贵的照片，一张张泛黄的老照片，一件件破旧的遗品。透过这些遗物，我仿佛亲身见证了英雄浴血奋战的那段峥嵘岁月，见证了烈士们英勇杀敌的悲壮战场。

去闽东革命纪念馆大约要四个小时的路程。车在一座座山中穿行，连绵不断的小山此起彼伏，车内也是欢声笑语，师生们看到窗外的美景都感叹不已，更对下午的纪念馆充满了期待。

到纪念馆已经是下午 4 点了，大家一下车就兴奋不已，"终于到了今天的目的地了"——闽东革命纪念馆。一进馆内就被巨大的雕塑所震撼，画上伟大的人民大众在红旗的带领下，英勇冲锋。最中间的那位妇女挥扬着坚硬的右臂，硬朗的身子摆脱了柔弱女子形象的束缚，她像是在号召大家为人民自己的命运搏斗，为人民中国的新生搏斗。

不知怎的，心中有种莫名的情绪在涌动，透过这雕像，仿佛看到那些先烈们为了我们今天的幸福生活而拼死沙场。德国考古学家西拉姆曾经说过一句名言"要想看清未来的 100 年，人类必须了解过去的 5000 年"，在讲解员的带领下，我们开始慢慢地回顾曾经的岁月。

漫步展厅，抚触历史，仿佛穿越时空隧道，一幅波澜壮阔的闽东革命斗争史画卷在眼前徐徐展开。这里陈列着老一辈无产阶级革命家的照片、

第五章 "闽东延安"的故事——闽东革命纪念馆考察感想

家书、传单、书、刊、佩刀、印匣、印、衣服、台灯、砚台、墨盒、矛、戈等革命文物，印烙着风雨沧桑，见证了血雨腥风。

闽东革命纪念馆馆藏品有从马列主义传播到轰轰烈烈大革命，从工农武装割据、创建闽东苏区到坚持艰苦卓绝的三年游击战争，从奔赴民族解放战争的战场到解放福建期间曾经在这块土地上战斗过的陶铸、叶飞、粟裕、曾志、范式人、杨采衡、陈挺、左丰美等老一辈革命家的照片。

我想，那些遗留下来的印烙着风雨沧桑的珍贵文物不光记录与承载着历史文化，更是多年后成为我们这些新时代年轻人的精神榜样。

通过讲解员的讲解我还了解到，早在1924年，在"五四"运动浪潮推动下，闽东一大批在外求学的进步学生纷纷返回故乡传播马列主义，并于1926年创立了党组织。1931年后，老一辈无产阶级革命家邓子恢、陶铸、叶飞、曾志等来到闽东，与当地党的领导人马立峰、詹如柏、阮英平、范式人等一道浴血奋战，共同创建了近万平方公里的闽东苏区。对于这些历史，如果没参加这次闽东革命纪念馆考察或许永远都不会知道。但是当我听到这些先辈们为了我们的国家团结一心，为革命而奋斗，谱写了一曲曲荡气回肠的慷慨壮歌时，我深刻地认识到历史不能忘，过上幸福生活的我们更不能忘记历史。

作为记录与承载历史文化的重要场所，如今的纪念馆不仅是一个综合性的社区文化中心，是当今城市生态与文化的重要组成部分，更是人们了解历史、畅想未来的一个窗口。历史鲜活地停留在人们的眼前。在闽东现有的10多所博物馆、纪念馆中，闽东革命纪念馆记录的是70多年前的斗争的场面，那段可歌可泣的峥嵘岁月，印烙着风雨沧桑更升腾着中华民族生生不息的民族魂魄。

指导老师：陈志

凝望历史的记忆

生命科学学院 14 级,张景秀

金秋送爽,丹桂飘香,百年师大的 30 多位师生们踏上了闽东"革命之旅"。这是一块神奇的红土地,在那里长眠着数以万计的革命先烈,那里见证了英雄浴血奋战的峥嵘岁月,也目睹了新中国的成长壮大。我们将要奔赴这块神奇的红土地,开始两天的"革命之旅",用心去感受革命先烈的英勇事迹,缅怀他们坚贞不屈的英雄气概,体验新中国成立 60 年来翻天覆地的变化。

路途中,大家兴致勃勃。大家来自不同的学院,不同的地方。自我介绍的同时也给大家讲解自己家乡的革命历史。兴致来了,也学习当年的战士一样,引吭高歌。窗外,是孕育中国古老文化的大山、溪水;窗内,是中国现代的莘莘学子。我们,在为探讨历史革命实践的路上,在前进闽东革命纪念碑的路上,在中国奋发向前的路上……

"八月稻子黄,摆子鬼上床。十有九人病,无人送药汤……"很快,我们置身在闽东革命历史先辈的纪念馆里,轻声读着这段文字。眼前是革命烈士当年壮烈牺牲的图片,有被土匪绞杀的图画,有革命烈士生病时躺在床上的奄奄一息的画面……再转过头看看我们一行考察的师大老师和学子。我们,衣着鲜艳,精神抖擞,意气风发,激情澎湃,身体健康,生活幸福。生活在幸福的小康社会里,少有生病,即便是生病,也有人端汤送药。明显的对比,让我深怀感恩,如果没有当年革命烈士为我们努力拼

第五章 "闽东延安"的故事——闽东革命纪念馆考察感想

搏,就没有我们现在安逸舒适的日子。"野菜做粮食,生姜当油炒。竹篾做灯罩,火笼当棉袄……"先辈的民谣在我耳边一直萦绕,在这样简朴的条件下,共产党人却始终奋斗不息,百折不挠,勇于开创。

"山客头戴别人天,山山都被财主占。无好田园难做食,富人却说穷人懒。"滴答,眼泪轻轻滑落在我的手心上。突然想起家里的老爸老妈。和别的孩子不一样,虽然我年纪这么小,可是我爸妈都是年近70岁的人了,他们常常会念叨起革命时代,我的爷爷奶奶的时代。生活非常艰辛,别说有饭吃,家里常常是揭不开锅的。爷爷在爸爸12岁的时候就被地主狠狠地打死了,奶奶一个人抚养爸爸、姑姑和两个叔叔。爸爸成绩很好,可是为了弟弟能读书,小学五年级就辍学了,给家里打杂,给地主干活……"财主糖嘴剃刀心,骗人做牛做马行,催租逼债算盘响,几多人家不团圆。"在当时那种困难的环境下,为了找寻革命的道路,我们的先辈付出了多大的努力。还有那些简陋的小房间,革命先辈就在那样的环境下作出了改变中国命运的决策,还有一些牺牲的先驱,令我们肃然起敬。《星星之火可以燎原》就在那里诞生,提出了"党指挥枪"的思想,在这里我再次感受到了革命先辈们对党的深深热爱。

站在红军烈士纪念塔前,我们深深追悼这些为革命牺牲的烈士们,沙洲坝革命旧址群是当年撤离叶坪后形成的。小桥板、小石房、古老的光饼……饮水思源带给我无限的畅想,这不仅告诉我们要有一颗感恩的心,而且要不忘先辈们为了人民的解放而作出的努力。这时的我想起那段复读的岁月,感恩先行,每天清晨我们带着感恩起床,沉浸在学海里,想着家里的辛勤耕耘的老父老母,我的心时常湿润了,埋头苦读之时感恩父母给我们教育的机会,感恩老师每天为我们奔波劳累,感恩学校给我们提供良好的学习环境,感恩食堂给我们做可口的饭菜,感恩宿舍阿姨每天为我们洗衣服,感恩保安叔叔给我们的日日夜夜的安全感……我们不能懈怠,记住为我们操劳过的人，记住过去人们的丰功伟绩。

感谢这次的闽东之行，让我作为一个湖南人感受闽东红色革命文化，并为之深深感动，还让我收获了二十几份美好的友谊。谢谢！

指导老师：林凤章

在那片土地上，先烈抛头颅洒热血

数学与计算机学院 14 级，邝胜飞

我怀揣着一颗期待的心，踏上此次闽东之行。考察的第一站是屏南，我们参观了新四军六团北上纪念碑、屏南古城墙以及新四军的另一出发地——廊桥。每到一处，我们都深深感受到现在幸福生活的来之不易，都为自己肩上的责任而自豪。但是我印象最深的还是位于宁德的闽东历史革命纪念馆。

我们一一作别千年古镇屏南，就直奔令人神往的红色圣地——位于宁德安福境内的闽东历史革命纪念馆。那是 1984 年 7 月 1 日由中央顾问委员会委员范式人奠基，破土动工，原全国人大常委会副委员长叶飞题写馆名，主体工程于 1986 年建成（占地 18.2 亩，建筑面积 3836 平方米），1989 年 7 月 1 日正式对外开放的，旨在反映闽东地区革命斗争史和闽东苏区老一辈革命家活动的专题性纪念馆。主楼整体建筑汇集了民族传统和现代建筑艺术，富有时代特色，外观庄重典雅。在那里，我们得到馆领导的热情接待。当他带领我们进入馆厅的时候，首先映入眼帘的是一组"前仆后继、红旗不倒"装饰。它生动展现了英雄的闽东儿女"黄沙百战穿金甲，不破楼兰终不还"的大无畏精神。难以想象，当初我们的先辈是在多么坚定的信念的指引下，才能为了新中国的成立，前赴后继，继往开来，为革命抛头颅，洒热血！

跟随着我们解说员，我们来到了纪念馆的各个部分：一、中共闽东地方党组织建立，反帝反封建怒潮掀起；二、工农武装割据，创建闽东苏区；三、三年游击艰苦卓绝，党政军民风雨同舟；四、致力团结抗日，坚持自卫反顽；五、全面发动游击战争，配合大军解放闽东。每个部分，我都仿佛穿越时空隧道，与革命先辈们一起为了我们共产党，为了我们新中国的成立共呼吸，同命运。他们的照片、家书、传单、书、刊、佩刀、印匣、印、衣服、台灯、砚台、墨盒、矛、戈等，无不印烙着风雨沧桑，见证了血雨腥风，更升腾着中华民族生生不息的民族魂魄。在这里，不妨来听听那个血雨腥风时代中的一位风云人物——邓子恢的故事吧。

邓子恢是一位伟大的共产主义战士，也是一位杰出的无产阶级、政治家，农业工作的卓越领导人，是革命根据地的主要创建者和卓越的领导人之一。他在"五四"运动中受到革命洗礼，创办进步刊物《岩声》，宣传马克思主义。1926年加入中国共产党。这里要说说他与毛主席的第一次见面。邓子恢与毛主席的初次见面颇费周折。1929年3月，一直在闽西闹革命的邓子恢闻知毛泽东、朱德率领红军从瑞金出发，经赣南杀向闽西时异常兴奋，他深知红四军的到来将极大改变闽西的局面，便星夜赶往长汀见毛泽东。还没有赶到，红四军又撤离长汀向进发。邓子恢知道红军神出鬼没，于是写信请求红军入闽，红四军决定重返闽西时，毛主席也回信要求邓子恢务必于5月22日见面。等邓子恢到了蛟洋，红军因战斗需要又向龙岩推进，一心想见毛泽东的邓子恢马不停蹄又奔向龙岩，最后终于追上了红四军大部队。红军官兵平等，凭肉眼很难辨认出谁是部队的指挥员。经多次打听，邓子恢才见到了衣着简朴，而威名远扬的毛泽东、朱德。首次见面，举止不凡的毛主席给邓子恢留下了深刻的印象。也正是这个见面，奠定了他们二人深深的战友情，奠定了闽东的胜利局势。没有共产党，就没有新中国，没有今日我们福建的繁荣！看着身边的同学满脸凝重的表情，我知道，我们是最好的战友，我们的责任是重大的，国家的繁荣昌盛，还要靠我们团结一心，继续发扬先辈的革命精神。团结就是力量，让我们努力学习,团结起来,为了共产主义,为了中华民族的伟大复兴,贡献我们自己的力量。

心灵洗涤,难忘,闽东之行……

指导老师:李劲松

忆往昔峥嵘岁月

美术学院 14 级，邓彩萍

走在纪念馆的路上，很快眼前就出现一座干净利落、端庄典雅的纪念馆大门。这座建筑建于 1984 年 7 月 1 日，由中央顾问委员会委员范式人奠基动工，全国人大原常委会副委员长叶飞题写馆名，主体工程于 1986 年建成。主楼整体建筑汇集了民族传统和现代建筑艺术，富有时代特征。

步入展厅首先看到的是一组"前仆后继，红旗不倒"装饰。它不仅在外观上吸引眼球，也从心灵上给人震动。我不是感动于画作的技艺，而是感动于画作上所呈现的内容。

我的导师曾对我说过这样的一句话："一个画者的画作如何，有没有资格成为一个画家，不是只看他的技法掌握得如何就可以定位的，最重要的是看作者在这画中投注了感情没有，投注的感情又有多少，是什么样的感情，这些都可以在一个人的画中找出答案。如果一味地画画，却只是不断地描摹先人的作品，那么他只能成为一个画匠而已。"而就在此刻我真实地感受到了革命烈士们坚忍不拔的毅力，为革命献身的精神，同时还有浓浓的悲伤。

往右边走，我们看到的是闽东革命斗争史的照片及图片 328 幅文物文献 325 件，人物照片 95 幅，历史画 24 幅。在这些物品中，最吸引我的是那些文物了，这些烈士们留下的生活用品，让我切实地感受到革命的存在，对于现在这个年龄的孩子，我相信即便是看了再多的纪录片，学了再多的历史，我们始终会觉得这仅是历史，给人以不真实的感觉，就像是电影一样，无论拍得多么逼真，我们只会说一句"拍得好逼真啊"，因为我们没有那种为了革命事业可以献身的高尚品格，不曾抱着必死的决心去做一件事。此刻在我看到烈士们以前的衣物、生活用品时，我却是真真实实地感受到他们的存在，不在历史书上，不在纪录片上，不在课堂上，是那么的接近，感觉我好像可以看到他们生活的点滴，像是穿越了时空，我就站在他们的身边，看着几个穿着打了好几个补丁的衣服的帅小伙正在洗漱，突然就闹腾起来，相互打打水战，而另一边的几个领袖正在思考战策，一边杯子里的茶水已经冷却，夜里室内点着马灯，还在商议战事，侦查队员已经带着手电出去完成他们今晚的任务。

在我看到他们的武器时，心里有一种热血沸腾的感觉，我不知道这些铁制是因为经过时间的洗涤变钝，还是因为本来就是那么钝的武器，但我仿佛看到了就是这么钝的刀插入了敌人的胸口，让我深刻地体会到了战争的残酷……

每一个人，每一事物的存在都有他的意义，没有意义的事物是不存在的，这些文物的存在见证了这一段历史，让看到的人想起很多的事，它们就像个生命体一直默默地注视着这个世界的发展。刚看到它们时，我为它们的外形感到吃惊，虽然不知道那些外形对于作战有什么帮助，但是从我的视角出发我觉得它们是一件件很好的艺术品，非常优美，就像画画一样，你用的是什么心情去作画，你画出的画给人的就是一个什么样的心情。世界上的任何事件都是相互联系的，认真思考它们的联系，这样无论你看什么东西都会透彻点，处理任何事，也会清楚点，以不同的角度用心去感悟……

风吹动树枝花草，同时也吹动我的心。这一刻我突然觉得好不真实，每当自己踏出一步时，时间就多溜走一秒，而这一秒你做了什么，或者说你能做什么，而消逝的这一秒是不是又成了历史呢？

指导老师：吴秋兰

第六章 "红旗不倒"的圣地
——闽东革命老区百柱洋

英雄不朽,薪火相传
——重走闽东革命根据地

传播学院 14 级,江释如

70 年前,当抗战胜利的号角声传遍中华大地时,无数华夏儿女热泪盈眶。如今在纪念抗战胜利 70 周年暨反法西斯战争胜利 70 周年之际,福建师范大学组织了一次红色社会实践活动,让师生们共同铭记历史、缅怀先烈。此行,我们主要参观了闽东革命纪念馆、闽东"延安"柏柱洋、新四军六团北上抗日纪念碑等。一路上,我仿佛感受到一砖一瓦里流淌着的先烈的热血,还依稀听见那冲锋的呐喊。

福安这片土壤早已洗尽铅华,显得安静厚实。可我总会不经意想到这里曾满目疮痍,这儿的火光似乎从未熄灭,只随着历史而改变了形式。

一走进闽东苏区纪念馆,映入眼帘的是虎虎生威的一行字"中央红军长征前全国八个主要革命根据地之一"。梦回抗战峥嵘岁月,满腔爱国热情的进步青年施霖、张宝田、张少廉率领村民成立了"柏柱乡农民协会",燃起了闽东地区抗捐抗税斗争的第一支火炬。1934 年春,随着中共闽东临时特委和闽东苏维埃政府在柏柱洋建立,一场前所未有的工农武装革命运动席卷闽东大地。分田运动也在曾志同志的带领下轰轰烈烈地展开,各项革命事业欣欣向荣。柏柱洋人民不怕牺牲、纷纷投身于革命的洪流之中,成功创建了 1.1 万平方公里,人口近百万的红色苏区。

然而,革命的胜利果实总是遭人"惦记"。1934 年 10 月,蒋介石集团召集数万兵力,向闽东苏区发动了残酷的"围剿"。敌我力量悬殊,且我党在初步战略思想上出现了偏差，反"围剿"斗争陷入被动的局面。但是奋勇抵抗的广大军民，在中共闽东临时特委的带领下，果断改变战略，施以游击战术，以巧制敌。此后，闽东革命进入了艰苦卓绝的三年游击战，血染红旌。

有人说："总是从历史的回望中，我们才能更加看清历史为什么这样选择。"在三年游击战中，不少刻骨铭心的战役诞生。例如西竹岔战役，这是中国工农红军闽东独立师成立以来最大的一次战役。独立师和赤卫队共 2000 多人，在西竹岔伏击国民党部队 3 个团。阵地战持续了一整天，敌方伤亡 500 多人，我方红军赤卫队也伤亡 200 多人。除此以外，还有叶飞同志和陈挺同志率领的"奇袭沙埕"、许旺同志的"假敌攻敌"、阮英平同志的"萧家岭伏击战"……我想，是战士们同仇敌忾保卫祖国的决心、是英勇大无畏的精神，主导了一次又一次战斗的走向，革命军队也如同凤凰涅槃，踏上浴火重生的新征程。

"自古凡革命，无不有流血牺牲者"。马立峰为保闽东红军独立师，身躯前线，终遭迫害；詹如柏为战友复仇，乔装入敌营，终遭"围剿"，迫害致死；陈铁民隐蔽山林、坚持斗争，受尽酷刑，仍不灭爱国情怀；赖金彪虽持朽戈钝甲，仍挺立高地，英勇就义；施霖身处泥潭，不忘本心，临刑高吟："黄泉无客舍，今夜宿谁家……"张少廉身处敌营，意志坚，百般折磨，党心存。这是从苦难辉煌中走来的英雄壮士，这是从枪林弹雨中走来的光荣前辈，我未睹他们在第一线义无反顾的身影，但我能做的就是铭记历史，珍惜他们为我们留下的革命遗产。

虽然这段历史早已离我们远去，但革命先烈的精神依旧鼓舞着一代又一代人。他们用自己的青春和热血书写了一首首英雄史诗，在历史的丰碑上，镌刻着他们用奉献和牺牲谱写的壮烈篇章。英雄不朽，薪火相传。让我们缅怀革命先烈，珍惜美好今天，为实现中华民族伟大复兴奋发图强，贡献自己的力量。

指导老师：吴秋兰

用血汗和智慧筑成堡垒

经济学院 14 级，包凡

2015 年 9 月 3 日至 4 日，适逢我国举行抗日战争暨反法西斯战争胜利 70 周年的阅兵庆典，作为福建师范大学实践活动的成员，我们在陈志老师的带领下来到了福建闽东革命老区。在这里，革命遗存的印记、烈士留下的故事、先辈传承的精神，都在我们心头刻下深深的烙印。而在柏柱洋的经历，给予了我人生重要的一课，让我受益匪浅。

压迫——困境中的嘶吼

所有的反抗都是苦不堪言的压迫所逼，所有的革命都是九死一生的绝地反击，柏柱洋人民亦是如此。柏柱洋是一片四面群山环抱的平原，中间一湾茜洋溪穿洋而过，曾经是一片美好平和的沃土良田。但万余村民被地主控制，他们敢怒不敢言，忍受着被欺压的痛苦，忍受着饥寒交迫的悲惨生活。雪上加霜，1922 年，福安遭受百年不遇的大水灾，哀鸿遍野。反动军阀政府不顾农民死活，强迫农民放弃稻麦种罂粟，不种者以数倍处罚，并公开征收鸦片。罂粟种植面积的扩大和吸鸦片的日益盛行带来了人民的贫困，广大农民因交不起烟捐，被逼得走投无路，无以为生。一场巨大的反抗斗争就在这黑暗的氛围之下渐渐酝酿，一触即发。

第六章 "红旗不倒"的圣地——闽东革命老区柏柱洋

反抗——斗争中的血汗

有压迫就有反抗。在革命运动的影响下,柏柱洋进步青年施霖、张宝田、张少廉率领36村农民成立了"柏柱乡农民协会",燃起了闽东地区抗捐抗税斗争的第一支火炬。随着中共闽东临时特委和闽东苏维埃政府在柏柱洋的建立,一场席卷闽东大地的工农武装革命运动迅速兴起。但革命并非一帆风顺,1934年秋,在国民党重兵围剿下,柏柱洋最终失守。1934年10月,国民党调集兵力,分四路向闽东苏区进行"分进合围",还派飞机轰炸柏柱洋,妄图一举扼杀红色政权。闽东临时特委和苏维埃政府带领人民群众开展惨烈的"保卫苏区"战斗。一批革命同志被杀害,许多群众房屋被烧毁。苏维埃政府主席马立峰同志在突围中不幸壮烈牺牲,时年26岁。施霖、张少廉等领导人也英勇就义。

前赴后继的勇士用自己的生命为革命拼出了一条血路,他们无畏强敌,只因一颗热忱为民的心,就不顾一切地奋勇拼搏。无论任何的困境中,都是因为有了这些英雄才让问题获得转机。

胜利——革命中的智慧

革命最终的胜利不仅仅因为有血汗的付出,更因为智慧的支持。苏维埃政府成立后,就进行土改,主持这项工作的曾志起草了《分田纲要》,一场规模浩大的土改分田运动,以柏柱洋为中心,梅花形波浪式地向外推进,迅速在闽东苏区全面铺开。在三年游击战争时期,中共闽东特委领导的福寿和浙南地区的一些县委组建了一批团的县、区支部组织,闽东地区一共建立过11个团的县级组织。在累积了人力、物力和组织基础的前提下,革命最终走向了胜利。

智慧的选择是革命中关键的一环,而现在,明智的方法更显重要。汶川地震后,我国已初步形成了中国特色的灾害风险管理体系,防灾减灾能力全面提升，灾害监测预测水平不断提高；反贪防腐建设中，习总书记提出"老虎""苍蝇"一起打的口号。革命是长久的斗争，我们不因挫折变得失落，而要为了最终的胜利，为了国家富强、人民安康，作出一次次最为明智的选择。

参观红色老区，不仅仅是为了缅怀，更重要的是学会反思。历史是最好的教科书，从过去总结经验，运用在现实生活中，才是真正的意义所在。我们感谢前辈们的付出，我们也铭记所肩负的责任。他们用血汗和智慧为我们筑成最坚实的堡垒，我们也将用自己的努力，为这份荣光，为最爱的祖国，插上最鲜艳的旗帜，迎风飘扬，屹立不倒。

指导老师：陈志

洗涤心灵的闽东之行

教育学院 14 级，王铭雪

忘记过去就意味着背叛，2015 年 9 月 3 日适逢我国举行抗日战争暨反法西斯战争胜利 70 周年的阅兵庆典之时，百年师大的三十多位师生们踏上了闽东"革命之旅"，开展为期两天的社会实践活动。

路途中，来自不同学院不同地区的我们，在带队老师的组织下，玩起小游戏，没过多久便你一言我一语，相互熟识起来了，有说有笑，愉快的心情伴随着我们此次的考察之行。

下午，我们来到了群山环抱的柏柱洋，谁能想象得到这个秀色天然的地方曾经哀鸿遍野。这个被誉为"闽东延安"曾是闽东苏区首脑所在地的地方，是闽东革命的中心，老一辈无产阶级革命家曾在此领导和展开闽东革命斗争，是中央红军长征前全国八个主要革命根据地之一，是中央长征后党在南方的最后一块根据地。来到这片先烈曾经用鲜血浇灌的革命根据地，我们不再嬉笑玩闹，怀着对革命老区的敬仰之情，我们参观了中共闽东特委、闽东苏维埃政府、共青团闽东特委和闽东妇女联合会等旧址。在听了导游的简单介绍后，我们对这片土地，对这场革命更加敬畏，更想深入地了解。

为了能更好地了解"闽东延安"柏柱洋，我们来到了闽东苏区纪念馆。在讲解员的带领下，我们陆续参观了各个展厅。整个展厅就像是一部形象生动的闽东革命编年史。向我们展现了那段让人难以忘怀的历史。

1922年福安遭受了百年不遇的大水灾，反动军阀政府不顾农民死活，强迫农民放弃稻麦种植罂粟，白柱洋的良田变成鸦片田。租多、税多、利息高就像三把刀压在农民头顶。在国民革命运动蓬勃兴起的背景下，在这样的压迫下，白柱洋的进步青年揭竿而起，1927年，轰轰烈烈的农民运动爆发了。柏柱洋远近20多个村的3000多名农民成立了"柏柱乡农民协会"，同地主豪绅展开了声势浩大的抗捐抗债斗争。渐渐的柏柱洋成为闽东地区革命斗争的中心，1934年春，随着中共闽东临时特委和闽东苏维埃政府在白柱洋建立，苏区分田运动轰轰烈烈地展开。从此，柏柱洋成为闽东土地革命中心。中华大地腥风血雨，革命斗争星火燎原。有着爱国传统的柏柱洋，首先点燃了闽东革命火种。

　　然而闽东革命的胜利引起了国民党的恐慌。1934年国民党对闽东苏区展开了围剿，且中央红军第五次反"围剿"失败，中共闽东特委决定撤离闽东，转入三年游击战争。毛泽东评价南方三年游击战争这段历史时曾这样描述"这是我们和国民党十年血战结果的一部分，是抗日民族革命战争在南方各省的支点"。三年游击是胜利的，然而三年游击，血染红旌，这胜利是无数革命英雄用他们的血肉铸就的。

　　在讲解员的解说下，我们了解了许多可歌可泣的英雄人物。有为战友复仇被捕后被敌人折磨致死的詹如柏；有遭叛徒围捕，惨遭杀害的马立峰；有留下来牵制敌人，掩护主力撤退，不幸中弹被捕的赖金彪。而给我留下最深印象的是在闽东特委机关报《闽东红旗报》工作的陈铁民。他以犀利的笔锋，深刻地揭露敌人反共反人民的罪恶本质，以优美的文辞热情讴歌苏区军民的战斗业绩。尽管苏区沦陷，陈铁民始终没有动摇革命意志。而在不幸被捕后尽管在狱中被打得皮开肉绽，鲜血淋漓，但陈铁民志坚如铁，宁死不屈，一口咬定自己无罪。敌人费尽心机，软硬兼施都无法使他屈服，最终将他处决。在被押往刑场的路上，陈铁民神情自若，正气浩然，沿途不断高呼："中国共产党万岁！""打倒国民党反动派！"尽管他肉体上遭受着巨大的折磨，尽管他知道自己即将走到生命的尽头，他仍没放弃革命，始终保持着共产主义战士的革命锐气和战斗精神。我觉得不管在生活中或者是学习上，我们都应该向陈铁民学习，不管遇到多么大的困难阻碍，都保持着斗志，不屈服。

在面对严刑时，张少廉傲然回应"人生最光荣的是为革命而死，人生最可悲的是出卖灵魂而生"。革命烈士们用他们的行动告诉我们，他们是光荣的。他们为革命战争作出的巨大贡献令我们敬佩不已，他们遭到敌人的迫害英年早逝令我们唏嘘叹息。我们深深缅怀他们在艰难困苦的革命年代，为中国人民献身的精神。烈士们为国家的解放和繁荣盛强而奋斗的壮丽生涯，革命先烈们的无私奉献精神，让我们深切地感受到，正是我国几代优秀中华儿女的努力拼搏才有我们今天的幸福生活。我们应该加倍珍惜这来之不易的生活。

柏柱洋这块革命圣地，让我们看到了闽东革命历史的汹涌聚散，一次次震撼和陶冶了我们的心。漫步在柏柱洋的村路和巷道，遥想当年火热的革命场景，不禁让人心潮澎湃。战争的号角虽然早已离我们而去，但积淀了半个多世纪的革命精神却历久弥新，我们将永远铭记。

指导老师：陈志

山路十八弯,道不尽对您的珍重

经济学院14级,唐将伟

山路十八弯,历尽长途跋涉,我们来到了庄重而典雅的闽东革命纪念馆。四周树木葱葱郁郁,在湛蓝的天空的笼罩下,更显得庄严而神圣。

据解说员介绍,闽东革命纪念馆主要反映闽东地区党和人民群众的革命斗争历史以及闽东苏区老一辈革命家活动历史。我们也在解说员的引导下,走进了一片满血雨腥风的革命战场。

在这里,我们看到了闽东人民揭竿起义,反帝反封建怒潮涌起。在中国共产党地方组织的领导下,人民群众拿起锄头镰刀为推翻剥削和压迫而奋力反抗,先后发动了福安、古田、连江、屏南等地早期农民运动。当地民歌反映了当时的情况:

> 乌云盖了几千年,
> 红军来了晴了天。
> 封建势力连根铲,
> 工农翻身掌政权。

在这里,我们看到了中国共产党形成工农武装割据,创建闽东苏区。当时的闽东中国共产党领导人邓子恢、陶铸、叶飞、曾志等指导人民群众发动武装暴动,打土豪,分田地,进行根据地经济建设,实现了人民当家做主。在现场我们看到了许多当时用过的工具、铁锤、佩刀、台灯砚台、印匣，以及他们穿过的衣服袖章、传单、家书等，虽然历尽战火的洗礼，仍然能活生生地展现当时的革命场景。尤其是苏区的经济建设，为推动闽东苏区的革命发展起了巨大的作用，极大地调动了人民群众的革命积极性，革命烈火迅速在闽东大地发展起来。这让我想起了毛主席的"星星之火可以燎原"的历史名言。当地人民这样唱：

> 苏区政权一枝花，
> 花根扎在穷人家。
> 贫穷农民有了家，
> 红色政权遍天下。

在这里，我们看到了中国共产党带领苏区人民，在国民党反动派白色恐怖的围剿环境中，进行游击战的艰苦卓绝。尤其是在第五次反"围剿"失败之后，中共苏区面临着国民党几十倍兵力的"围剿"，党领导人民群众进行了更加顽强的抵抗，许多革命英雄惨遭杀害，他们中有很多年纪轻轻，甚至有的和我们年龄相仿。在现场我们还看到了一个共产党员被钉在木桩上的真实照片，仿佛那个场面就在我们眼前。

在这里，我们看到了中国共产党致力团结抗日、坚持自卫反击的轰轰烈烈场景。中国共产党从民族利益出发，力主联合国民党，团结全国人民一致抗日，建立全国抗日民族统一战线，建立全民抗战路线。中国共产党在敌后建立抗日根据地，取得了一系列战场的大捷，极大地鼓舞了全国人民的抗战热情。在现场我们看到了闽东各界人士投入轰轰烈烈的抗日运动，心中也顿时感受到了整个民族的希望。在国民党反动派破坏团结抗日，发动皖南事变的情况下，闽东人民在中国共产党的领导下，响应中央政策：坚持团结，反对分裂，坚持抗战，反对投降，坚持进步，反对倒退，并进行了不屈的自卫反击，打击了国民党反动派的分裂图谋，维护并扩大了抗日统一战线，为抗战胜利作出了不可磨灭的贡献。

在这里，我们还看到了闽东人民全面发动游击战争，积极配合大部队解放闽东。在这个伟大的历史进程中，闽东各界人民群众积极参与，支援革命，成为解放战争中的中流砥柱，现场的各种油画和照片生动描绘了当时的情景。这使我们真切地感受到了"人民群众是历史的创造者"的论断，并由衷对中国共产党的强大号召力而敬佩。

感谢那些逝去的先烈，他们让我认识到，生命的存在不只是为了肉体上的存活。而死去的意义也不仅仅只是生命的结束。他们带来的革命的蓬勃发展和祖国今天的繁荣富强乃至亿万人民的幸福，是无法用生命的长短去衡量的。

在这里，我们看到了战场的拼杀，忘记了都市的繁华；在这里，我们神情俨然，失去了往日的笑脸。我们的身心受到了一次革命的洗礼，仿佛是一群大学生与老一辈革命家坐在一起进行侃侃交谈，这种交谈，会随着时间的推移、知识的积累和人生阅历的丰富而变得愈加深刻，愈加震撼，直至完全覆盖我们的灵魂，然后激励我们继往开来，积极勇敢地投身到当前海西建设的大潮中去，投身到国家建设当中去，去建立一个更加和谐美好的社会主义现代化国家。

当整个闽东革命实践考察接近尾声，我知道，我们的闽东革命行还没有结束，一场新的海西革命正在如火如荼的进行，这将是一场更加深刻的经济社会革命，而我们则是这场革命的主力军。

闽东革命行，我们还在行，我们一定行！

指导老师：李劲松

金色盾牌热血铸就

化工学院 14 级，邱慧敏

提到 2 月 14 日，给大多数人的印象就是西方的情人节。然而，在 77 年前的 2 月 14 日，在闽东地区屏南县，却是 1300 多名青年告别家乡为国奔赴前线的时刻。

2015 年 9 月 3 日至 4 日，适逢我国举行抗日战争暨反法西斯战争胜利 70 周年的阅兵庆典，我们一行 30 余人在陈志老师及杨林香、林国著等老师的带领之下前往闽东革命老区了解那段艰苦的抗战岁月，学习先辈的英勇无畏和不屈不挠的抗战精神。印象最深的便是位于屏南县棠口乡的新四军北上抗日纪念碑。

那是一块高 4 米长 35 米左右的浮雕纪念碑，坦白说，纪念碑给我的第一印象并不是雄伟壮阔，它远不如我早前在大同市所见的九龙壁来得富丽夺目。反之，它显得有些沉重和静默。可当我走近那块石碑，眼前的浮雕却吸引了我的眼球，浮雕雕刻着一个个年轻的面孔，他们中的大多数人都双手举着长枪在冲锋，当中一个人高高吹响号角，一名战士单脚跪地传递着弹药，在石碑的末端，一个战士的肩上扛着巨大的木箱在往前奔跑。他们各不相同，却又同样年轻，他们各不相同，却朝着同一个目标前行。我仿佛可以看见硝烟弥漫的战场，我仿佛可以听见子弹无情地嘲笑，我仿佛可以想象敌人的残忍与血腥，然而，这群年轻的生命，却无所畏惧地勇往直前！他们是新四军第三支队第六团的战士，他们是闽东的儿女，他们是中华的子孙，他们厮杀，是为了脚下的土地不被践踏；他们浴血，是为了身后的人民不被伤害，他们为之献出年轻的生命，是为了坚守心目中的家国天下！

给我带来震撼的远远不只浮雕，当我绕到石碑的背后，我看到的是刻满名字的黑色大理石。上面写着芳名录，密密麻麻的名字长长地铺排开来，每一个名字的背后，都是一个年轻的生命，都是一个家庭的支柱，都是一个母亲的孩子，然而，他们的音容笑貌不再，只留下冷冰冰的石碑上的几个字。然而，这仅仅是一部分，在抗日战争中，有3500万的同胞付出了自己的生命！我不禁有些隐隐的伤痛和悲怆。他们是与我一样二十出头甚至二十不到的青年，却不得不为了保卫祖国而离开。我以我血荐轩辕，英雄们用行动证明了对祖国深沉的爱。他们留下一世芳名，他们的浩气长存。然而，我多希望，他们不必做英雄，他们可以与我一样，生在没有战争的和平时代，共享这岁月静好，共看这国泰民安；多希望，血的历史可以警醒世人；多希望，从此，在中国这片土地，再无硝烟；多希望，所有的枪口都可以插满鲜花。

离开那片红色的土地，我坐在车上久久不能平静，耳边响起刘欢的一首歌《少年壮志不言愁》：

几度风雨几度春秋，风霜雨雪搏激流，历经苦难痴心不改，少年壮志不言愁，金色盾牌热血铸就，危难之处显身手，为了母亲的微笑，为了大地的丰收，峥嵘岁月，何惧风流……

愿英烈在天之灵看到今天强大的祖国可以得以安慰，愿世界不再战争，愿天下永远和平。

指导老师：陈志

碑，永恒的纪念

教育学院 14 级，王烨

9月初秋，我们来到了闽东这一方水土考察闽东新四军英烈和前辈的足迹。

三天的闽东革命之行中，印象最深的是闽东新四军北上抗日纪念碑。这青石碑毫无邀功炫耀之意，散落于青山绿水之间，得益于百姓的保护，我们才能够有机会看到两块永恒的纪念。

在第一块石碑之前

第一站是宁德的双溪古镇，这是纪念碑的第一个所在。登上城墙俯瞰双溪古镇，宁静而古老。厚重的城墙下是一条窄窄的老街，街道上的村民同古镇一样宁静，悠然地生活，没有吵闹，没有喧嚣，有的只是古老的城镇留下的朴实的民风。我看到老奶奶倚在门边和蔼地微笑，我看到小朋友跑在老街上开心地玩，甚至看到老母鸡踱着悠闲的步子大摇大摆在行人的脚边。我闻到高山茶的阵阵飘香，我闻到饭庄冒出喷香却不油腻的饭香，我甚至闻到老街上烈日下泥土散发的泥香。这一切都难以让人联想到80年前新四军六团在这里踏上了北上抗日的征途。

从宁静的古街道转一个大弯，穿过布满青苔的老房，就看见了这第一座纪念碑。狭窄的碑身后面是一片被青山遮盖的天，没有一丝云霭，让人不禁想起将士们单纯的革命之心。青山在靛青的天的掩映下更显得青绿。

他们是翠屏山和武夷山脉的支脉。这绒绒的绿，温柔却硬朗，当时将士们是带着多么激昂的热血融入这恬静的青绿啊！再往近是一座桥，弯弯的，窄窄的，横跨在小溪的肩膀上，青石色瞬间让柔美的天、山、溪显得刚强。想象这样一幅画面：新四军将士们着土色军装，表情坚毅，踏着坚定的步子，踏上义无反顾的路。前方是苍翠温婉的青山，淡蓝宁静的天；回首是熟悉亲切的乡民，青砖质朴的老房；脚下是青石古旧的老桥；前方是艰难的征途，未卜的前途。

在第一块石碑之后

2月14日，在今天看来是个浪漫的情人节，情侣们携手走在灯红酒绿下。但在1938年的这一天，新四军六团的将士们在这里洒泪挥别了亲人、恋人，与志同道合但从未谋面的战友踏上了抗日的艰难征程。对于7326名战士，这是一条不归路，他们将热血洒在了闽东这片红色热土上，将青春留在了闽东父老乃至全国人民的脑海中，将激情献给了一个崭新的、自强的、独立的祖国。

在这里，在这块碑前面，指战员留下了经典的革命宣言，或者说是寓言：一根筷子呦，轻易就折断；十根筷子呦，紧紧抱成团。同志们，我们第四团紧紧抱成了团，我们新四军紧紧抱成了团，我们全中国紧紧抱成了团，我们不但不会轻易折断，更是有十分的坚韧，二十分的战斗力，同志们，开路！从此便有了闽东革命军的战功赫赫，声名远扬。

在第二块石碑之前

在这里，我呆住了。纪念革命史诗般的石碑和民居和谐地融为了一体。碑安静地矗立在一个土的台子上，不偏不倚，巍巍严严。而紧贴这台子的是晒着的柴草，也安然地倚在冒着袅袅炊烟的房子边。房子的主人一定每天通过被柴草掩着的木窗子仰望一眼这纪念碑啊！台子上生长着葱绿的植物，高高低低映着青色的石碑，更显得坚毅而高大了，但在石碑周围却是干干净净的褐色土地。想必这碑虽屹立于山间，融于民宅间，却从未被忘记，被精心打理着，呵护着。

廊桥，也凌空架在这片土地上。这便是我呆住的缘由了：溪水在这里变得开阔，在冲下一级落差时发出激荡的声音，又浩浩荡荡流向远处看不见的地方。溪流远处的山的景致虽毫不逊色，但确实不是名山。这样的景致让人感觉好像进入了与世隔绝的世外桃源。廊桥却在这里跨溪而过。一条溪，一座木桥，一片大山，几座土房，一座寺院。这样平淡幽静的乡村景色中，点缀着一座不起眼的北上抗日纪念碑，使得纪念碑更显得意义非凡。

在第二块石碑之后

农历八月十五，中秋佳节，我们都津津有味吃着香甜的月饼，热热闹闹聚在家人的身边，兴致勃勃赏明月。但这个月圆之夜，团圆之夜，革命军却由闽东一个宁静的小山村开始了北上的旅途。他们中，有人忍痛割舍了端着月饼的老母，有人撇下了嗷嗷待哺的孩子，有人道别新婚的新娘北上了。这个小山村叫六和村，是一个产茶的宁静乡村，过了廊桥，我们进了寺庙。寺庙中的老人端出高山茶款待我们，嗅着高山茶的清香，听着导游诉说着六和村新四军出发的那个夜晚的故事，我们深受感动。我抿着老人馈赠的茶水，回味着、纪念着新四军整编出发抗日的激昂史诗……

指导老师：林凤章

人间正道是沧桑
——记新四军第三支队第六团北上抗日

物能学院 14 级，夏经先

在中华人民共和国抗战胜利 70 周年纪念日当天，我有幸跟随学校组织的社会实践团队去参观闽东革命根据地，其中最令我难以忘怀的是"新四军第三支队第六团北上抗日纪念碑"。我们心怀崇敬，认真学习了这支部队可歌可泣的英雄事迹。

丰功伟绩，永载史册

我们跟随着老师来到屏南县，追寻这支部队的踪迹。伫立在新四军第三支队第六团纪念碑文前，我心潮澎湃，用心聆听着关于他们的故事：1938 年 2 月 14 日（农历正月十五日），"中国工农红军闽东独立师"被改编为新四军第三支队第六团，加入了东进序曲的行列中，新四军六团分别从棠口、双溪出发，在新四军成立时的 10000 多名将士中，闽东红军有近 1700 名，占当时福建籍 5000 名新四军将士的三分之一。在粟裕、谭震林、叶飞的直接领导下，在苏、常、太一带，保存了"芦荡火种"，并开辟了一个抗日战场，在"火烧虹桥机场""黄桥决战""夜袭浒墅关"等著名的战役中，狠狠打击了日本帝国主义侵略者，让日寇闻风丧胆，草木皆兵，赢得了"江阴老虎部队"的美名。这只英雄部队还不断壮大，在解放战争中奋战在华东、中原两大战场，在宿北、鲁南、莱芜、孟良崮、豫东、淮海和渡江等大战中屡建奇功，攻城略地，为解放战争立下卓越功勋，被誉为"百旅之杰"。家喻户晓的《沙家浜》《南征北战》《鏖战孟良崮》《霓虹灯下的哨兵》等就是以这支部队的战斗、生活经历为原型塑造的。值得一提的是，在和平时期，这支部队响应人民的心声，参加抗美援朝、保卫沿海岛屿、抗洪抢险等，立下赫赫战功，为社会主义事业作出卓越的贡献。

艰难困苦，玉汝于成

历史不能忘记，一支仅仅几百号人马的队伍，在苦难中一次次成长，在闽东三年的游击中沉重打击了国民党反动派。而当国难来临时，这支革命部队响应党的号召，在屏南接受整编，踏上了轰轰烈烈的抗日之路。

历史的车轮伴随着新民主主义革命胜利和社会主义制度的建立滚滚向前，有着光荣革命传统的新四军第三支队第六团，在中国共产党的领导下，她的精神早已化成一股支持闽东人民，支持中华民族，积极投身社会主义建设的伟大力量。我们相信，只有在共产党的领导下，只有坚持改革开放，闽东，乃至整个中华大地才能日新月异，人民才能幸福安康。历史证明，没有共产党就没有新中国。只有社会主义才能发展中国，只有改革开放才能使中国强大、人民富裕。让我们缅怀革命先烈，继续发扬革命传统，继承先辈遗志，珍惜美好今天，为实现中华民族伟大复兴而不懈奋斗。

回顾历史，展望明天

开心的时光总是短暂的，虽然只有两天的时间，相比在大学的四年时间并不起眼，但是这两天的耳闻目睹，在我心中激起的波澜却是一辈子都无法磨灭的。回顾那段革命先烈奋斗的艰苦历史，"不怕牺牲，不怕困难，勇往直前，时刻响应着党的号召"，这是新四军第三支队第六团给我的启示，在今后的学习生活中，我将带着这份精神，去践行自己的理想，为社会主义事业添砖加瓦。

"天若有情天亦老，人间正道是沧桑"。请珍惜和平，珍惜革命先烈们用鲜血为我们换来的如今美好幸福的生活。

指导老师：郑萍

革命精神薪火不灭

数计学院 14 级，曹怡然

站在这座碑前，仿佛面前有一座大山般的压力，脚步再无法移动半分，冥冥中听见有人在吟唱："为了国家和广大人民的利益，不怕艰难困苦，不怕流血牺牲，坚忍不拔，勇往直前。"

70 年，月日时移，沧桑过，曾记否，爱国人浊酒枯灯走天涯，一朝寂寞换宿醉。借此次闽东革命根据地实践考察的机会，我才得以来到闽东屏南县新四军第六团旧址，站在这座碑前。

当年，就在这里，1300 多名青年整装待发，参加抗战，他们都明白，踏出这个村子，将是一场残酷的战争。但他们没有一个人后退一步，没有一个人面带惧色。是什么让这些二十出头的孩子即使是面对死亡，也能如此从容；是什么让他们即使别离妻儿父母，也能如此坚定；是什么让他们即使明知不敌，也能站起来捍卫祖国，就是这革命精神。战士们明白，身后是祖国的大好河山，是万千的黎民百姓，不能让敌人践踏。他们无畏、无私，却有情。将革命精神融入自己的灵魂，融入军队的灵魂，在精神的武装和灵魂的指引下，纵然是敌众吾寡，纵然是身陷重围，也会站起来将祖国挡在身后，而只有这样，才会剑锋所指，所向披靡。

抬起头，天还是蓝的，山仍旧翠绿，却不见了那吟唱者的声音。

这次闽东之行，我最大的收获就是通过对比不同时代的状况，明白自己应该怎么做，明白了我们当代青年应该如何做，如何培养革命精神，如何担起中华民族伟大复兴的历史责任。

离开这座纪念碑时,我变得更加坚定,坚定地去继承革命精神,我又听见那铿锵有力的声音:"为了国家和广大人民的利益,不怕艰难困苦,不怕流血牺牲,坚忍不拔,勇往直前。"我清楚地感觉到,这声音来自我的心中。

最后,希望所有中华儿女都能坚定地继承革命精神,并且将它发扬光大,都能成为那个吟唱者。

指导老师:陈志

纪念碑下的仰望

材料学院 14 级，王航瑶

师大的"思想政治理论课"大学生社会实践活动在暑热依旧的 9 月金秋拉开了帷幕，作为有幸参加的我们都对此充满了期待。

中午时分，我们到达了第一个目的地——福建省宁德市屏南县的双溪古镇。这是一个充满古老气息的小镇：艳阳正值头顶，洒满笔直的主干道和交错的小巷，还有一幢幢朴素低矮的民居，宁静、淡雅的气质弥漫其间。四面环山，山面多为垂直岩壁，壁上生长植物，翠绿蔓延；暑热之下，耳畔回荡着青葱的氤氲，指尖触碰着清新的味道……

午餐过后，我们一行来到了新四军六团北上抗日纪念碑——也就是此次实践活动留给我印象最深、思考最多的地点之一。此碑正面镌刻"新四军六团北上抗日纪念碑""中国共产党屏南县委员会""福建省屏南县人民政府""公元一九八四年七月立"的字样，背面则是碑文："一九三八年一月，闽东红军独立师奉命在屏南棠口宣布改变为国民革命军陆军新编第四军第三支队第六团。团部驻在双溪，全团经过短期集训，整装北上，开赴抗日前线。"

"穿越时空的隧道，回到 70 年前中华民族存亡危在旦夕的历史时刻，中国工农红军闽东独立师 1380 余名战士奉命汇聚屏南，改编为新四军第三支队第六团，而后开赴抗日前线……"听着讲解，触摸着纪念碑，我仿佛看见一个个热血青年身着军装，手执武器，昂首阔步途经此刻我所站立的位置，毅然投身于战火纷飞的前线；只因原本宁静的古镇不再宁静，不远枪林弹雨、硝烟弥漫的警报已经渐渐在整个中华大地上四处拉响。"天下兴亡，匹夫有责"，生命在战争面前被置之度外，抗日救亡占据了所有爱国民众的心灵。想到这里，我不禁回望起近些年，尤其是极不平凡的2008年，冰雪灾害，汶川地震，北京奥运会……历史的长河流淌至此水花一片，涛声震天——这不仅是纯粹的事件；事件之后，民众上下团结一致；顿时，那相承了五千年的同一血脉又一次在古老的华夏大地上清晰显现。依然记得，当天寒地冻，冰封神州，人民子弟兵如何冲在前方铲冰破雪、运送物资、保障畅通；依然记得，当"5·12"后的几天，北京天安门广场自发汇聚的数万群众高唱国歌，大喊"汶川加油！中国加油！"；依然记得，当8月8日晚8时，2008座缶面闪烁数字，万名观众相合倒数……不同的年代，同样的大爱！无论是几十年前的战争，还是现今的和平，甚至追溯至更遥远的古时，黄皮肤黑眼睛的中华儿女不离不弃，为民族而奋斗的品质从未改变——此刻，我是多么骄傲，多么自豪！

屏南县棠口乡棠口村矗立着另一座纪念碑——正面与此前参观的相同，背面碑文则稍加详细地介绍了当时新四军六团北上抗日的背景等情况。据讲解员补充，当年新四军六团是分别从棠口、双溪出发，因此1984年于这两地立碑纪念。

"新四军六团在屏南整编的20多天时间里，当地掀起了爱国救亡运动高潮。团长叶飞在棠口召开各界人士座谈会，传播革命真理和中国共产党全民抗战主张……六团指战员在双溪街头设坛演讲，宣传形势，唤起民众支持抗日救亡。当年屏南县初级中学（现在屏南二中）师生纷纷响应，积极参加抗日救国宣传活动，集会，演讲，举办文艺晚会，组建'晨呼队'，坚持每天早晨集队到主街道，呼喊抗日口号，唱抗日歌曲，各界人士纷纷参与，双溪镇有30多名青年报名参加新四军……"在讲解员的介绍声中，我的心情又一次澎湃；与前一座碑下的感慨稍有不同，这一次，"青年"

充满了我的脑海。回想更早于抗战年代的动乱时期，青年学子总是冲锋在前——大规模的游行，报纸杂志上批判时局的文字……作为青年人，那样特有的激昂，在国家危亡之际迸发而不可阻挡，其中的历史作用和意义不言而喻；如今，我们新一代的青年人走在先辈们用血肉铸成的平坦大道上，应该牢记历史，把握青春，同样把特有的激昂迸发，为国贡献，为民谋利，以此回报党和国家，建设中国的明天。作为一个学习环境工程专业的学生，我知道，如今中国、乃至世界的环境问题日益严重；当然与此同时，环保也越来越受到人们的重视。如今，我站在纪念碑下，立志学习好专业课知识并加以实践，将来为国家的环保事业出一份力，把革命先辈们的奉献精神传承下去！

短短两天的行程很快结束，但我已受益匪浅；尤其是对两座纪念碑的仰望。我会铭记，铭记这段历史，铭记这次感触，铭记肩负责任，铭记展望未来！

指导老师：郑萍

纪念碑背后的事迹

地理科学学院 14 级，郑少彦

有关新四军在抗日战争中剿灭日军的英勇事迹，我们从不同的艺术作品中了解了不少，那些作品都从不同角度展示了中国人民与新四军齐心协力、共同抗日。如今，在抗日战争胜利 70 周年之际，随福建师范大学思想政治理论课实践队一起来到"新四军北上抗日纪念碑"，近距离地了解新四军的英勇事迹，让我们在这夏天重新感受到这红色革命的印记。

纪念碑位于屏南旧县城口，沿着新建的城墙就可看到。碑后是一座古石桥，顺着古石桥望去，便是一片连着一片的稻田。这古石桥不知道记得住多少个霜雪和朝露的清晨，不过，新四军第三支队第六团北上抗日的那个清晨想必是记住了。毕竟，那一双双踏过无数朝露和霜雪的鞋子所留下的脚印印着屏南父老乡亲渴望自由和平的愿望。

战争就像是雷暴，总是突然降临的。他是魔鬼的脚步，会立刻改变人间和风细雨的生活。刚才你还在沐浴着和煦的阳光，可转眼间，血光已使阳光改变了颜色。70 多年前，中国的天空就布满了战争的乌云，闪电不断地击穿乌云，落下倾盆大雨。而真正被雨水淋湿的，受难的永远只是百姓。1937 年，在中华民族存亡的危急时刻，蒋介石国民政府放弃抵抗，在日本军队烧杀抢掠之下，中国人民的生活如履薄冰。

1938 年 1 月底，新四军政治部组织部长李子芳和叶飞从南昌军部来到福安棠口村传达上级决定：闽东红军独立师奉命改编为国民革命军陆军新编第四军第三支队第六团,叶飞任团长、阮英平任副团长;范式人任中共闽东特委书记。由此,闽东红军独立师正式改编为国民革命军陆军新编第四军第三支队第六团,下辖3个营,共1300多人。团部驻县城双溪,大部队驻扎在棠口。

新四军六团在屏南整编的20多天时间里,在当地掀起了爱国救亡运动高潮。叶飞在棠口召开各界人士座谈会,传播革命真理和中国共产党全民抗战主张。在棠口街上举行声势浩大的抗日示威游行,并联系官员和社会各界人士,共商抗日救亡大事。六团指战员在双溪街头设坛演讲,宣传形势,唤起民众支持抗日救亡。当年屏南县初级中学(现在屏南二中)师生纷纷响应,积极参加抗日救国宣传活动。集会、演讲、举办文艺晚会、组建"晨呼队",坚持每天早晨集队到主街道,呼喊抗日口号,唱抗日歌曲,各界人士纷纷参与。而此时,国民政府才慢慢妥协,决定加入爱国救亡运动。

1938年2月14日(农历正月十五日),新四军六团分别从棠口、双溪出发,踏上抗日的征程。在那个年代,屏南县人口不到一万,而为新四军送行的有几千人。群众挥泪作别,欢送的鞭炮声不绝于耳。因为新四军了解底层人民的疾苦,用他们的实际行动来帮人民实现愿望,所以人民才如此爱戴他们。北上抗日的新四军驰骋大江南北,背负着解放中国的使命,先后参加数百次战斗,威震华中,功勋卓著,成为华中敌后抗战的中坚力量,为夺取全面抗战的胜利作出了重大贡献。

指导老师:吴秋兰

在承载历史的地方畅想未来

生命科学学院 14 级，卢丹红

为弘扬革命精神，提高大学生的思想政治素质，我们学校组织了一次影响深远的闽东革命史迹考察，我接受了一次意义非凡的红色革命历史教育。

"要想看清未来的 100 年，人类必须了解过去的 5000 年"，这是德国考古学家西拉姆的一句名言。作为记录与承载历史文化的重要场所，如今的博物馆不仅是一个综合性的社区文化中心，是当今城市生态与文化的重要组成部分，更是人们了解历史，畅想未来的一个窗口。

9 月 5 日，我们走进闽东最早的纪念馆——闽东革命纪念馆，从这些记录着 70 多年前那段血雨腥风的"红色文化"中，我们在这里看到了过去，看到了先辈的英勇付出。

在这里，我们重温了中国共产党在革命时期的部分史实。在参观闽东革命纪念馆中，讲解员给我们讲解了"中共闽东地方党组织建立，反帝反封建怒潮掀起""工农武装割据，创建闽东苏区""三年游击艰苦卓绝，党政军民风雨同舟""致力团结抗日，坚持自卫反顽和全面发动游击战争""配合大军解放闽东"五个部分 70 多年前闽东儿女艰苦卓绝、浴血奋战的"红色文化"，警示大家勿忘历史，珍惜今天，创造未来。

历史鲜活地停留在人们的眼前。我们来这里寻找闽东烈士遗迹，重挖红色资源。在闽东现有的 10 多所博物馆、纪念馆中，闽东革命纪念馆记录的是70多年前闽东儿女在这块红土地上不屈的斗争场面。

近年来在加大对外开放以及成为省级爱国主义教育基地、青少年革命传统教育基地、国防教育基地、福安市爱国主义教育基地后，闽东革命纪念馆的社会效益也在逐步显现。

"读万卷书，行万里路。"从历史中学习活的知识是个好方法。随着空间的跨越，我们完成了时间的转换，来到那火热的年代。通过这次"时空大转移"的探访历史活动，我们了解的不仅是地理知识和历史故事，更了解了闽东这片土地上人的灵魂、气质和精神。我们懂得了：许多伟大的事件，是在什么样的条件下发生的？为什么会发生？有什么意义？我们将更加坚定走中国特色社会主义道路的信念。我们将更加坚定为民族振兴、为人民造福的决心。我们将更加勇敢，更加顽强，更加坚韧不拔地前行。我们感激前人，学习前人，也要无愧于前人。我们也将作出我们这一代人的贡献，为后人留下脚印。

闽东革命纪念馆馆藏品有从马列主义传播到轰轰烈烈大革命，从工农武装割据、创建闽东苏区到坚持艰苦卓绝的三年游击战争，从奔赴民族解放战争的战场到解放福建期间曾经在这块土地上战斗过的陶铸、叶飞、粟裕、曾志、范式人、杨采衡、陈挺、左丰美等老一辈革命家的照片、家书、传单、书、刊、佩刀、印匣、印、衣服、台灯、砚台、墨盒、矛、戈等革命文物。以这些丰富的历史文物为基础，通过精心策划和合理布局，纪念馆使革命文物变成了社会宣传教育的生动教材，再现了闽东各族人民在中国共产党领导下，前仆后继，英勇斗争，迎来解放的壮丽诗篇。观众从整体环境到局部细节，从历史人物到历史事件，自始至终处于一种当年闽东斗争情景的厚重历史氛围之中，深受感染和教育。

从历史中，我们看到了中国人民过去的悲惨遭遇，但留给我们印象更深的是中华民族不屈不挠的抗战精神，闽东革命先辈为我们所作出的重大贡献。我们不会忘记，也不可以忘记，那一段段曾经真实存在过的事实，我们会一直铭记。

三天的红色之旅是短暂的,但它给我们的震撼却是巨大的,是我们来之前无法想象和感觉到的。来到闽东革命纪念馆,我们不仅学习了革命战争的历史,接受了灵魂的洗礼,更重要的是真真切切地感受到了我们今天的生活是用先辈的鲜血换来的;我们体会到我们心中无私奉献的意识还比较薄弱,明白铸造信念的重要性。

指导老师:林凤章

要有一股民族正气

物光学院 14 级，张瑞丹

在迎来伟大的中国共产党建党 93 周年的之届，我来到了闽东烈士陵园参观，近距离地聆听那些为伟大祖国抛头颅洒热血的华夏儿女的事迹，用一颗虔诚的心体会他们的壮烈。闽东是一块拥有光荣革命历史的红土地，1.2 万名革命战士、4 万多名革命群众为新中国的解放事业献出了宝贵生命，用鲜血和生命谱写了一曲曲气壮山河的凯歌，在闽东人民心中竖起了一座座巍然屹立的历史丰碑。在这片热土上，无数的先烈为了革命事业奉献出了他们年轻的生命，他们用行动证明了他们对党的忠诚。

闽东陵园位于福安市区甲杯山公园路 13 号，占地 8380 平方米。整个陵园呈椭圆形，正门朝南，主要由纪念碑、烈士墓、烈士塑像、纪念亭等组成，其中，门、碑、墓成贯穿南北的中轴线。入园后沿着 55 级台阶拾级而上，一座高达 24 米的闽东革命烈士纪念碑雄伟耸立，碑座呈八边形，四方形柱体碑身，碑身上"闽东革命烈士纪念碑"九个大字熠熠生辉，碑座四面镌刻着一批在闽东战斗生活过的老同志的题词，以及原中共福安地委、专署、军分区的题词。碑座四隅安放着松、竹、梅和万年青四盘雕塑，象征着先烈们的坚贞气节和不朽精神。碑座下是双层护栏的碑台。纪念碑右侧是阮英平烈士塑像，左侧是八角纪念亭，纪念碑北面 20 多米处是革命烈士墓，造型如骨灰盒卧放于花丛之中，葬室内安放着詹如柏、阮英平、陈铁民等 285 位烈士的忠骸。

优雅的烈士陵园风景区。也许风景秀丽，也许气候宜人，但在这块埋葬着先烈的土地上，我始终步履蹒跚，心情久久不能平静。在黑暗统治的腥风血雨中，先烈们表现出了坚定的共产主义理想和信念，这正是我们今天要弘扬的党的核心价值观的集中体现；他们为了共产主义事业的献身精神和不屈意志，正是我们始终要树立的正确的世界观、人生观和价值观；他们为了祖国的建设，在受到错误的批判和斗争时表现出来的革命乐观主义精神，正是我们继承的革命遗志。

走进烈士陵园，革命先烈的一幕幕事迹总是浮现在眼前：在战火的硝烟中前仆后继的战士，在新中国建设中忘我工作的劳动者，等等，我的心灵深深体会着这次参观带给我的洗涤和震撼。那些名字被刻在纪念碑上的革命先烈的一生，是英雄的一生，光辉的一生，他们给我们留下了宝贵的精神财富。纵观他们为国家的建立和繁荣强盛而奋斗的壮丽生涯，我深切地感到，在革命先烈的奉献精神的鼓舞下，我国几代优秀的中华儿女奋力拼搏、无私奉献，为新中国的崛起、为中华民族的伟大复兴发挥了巨大的作用。人就是要有一股气，对一个国家来讲，要有民气；对一个集体来讲，要有士气；对一个人来讲，要有志气。是呀，人总得有一种精神，为什么说一些人死了可他们还"活"着，而另一些人虽然活着可在人们的心中已经死了，这其中的原委就是有的人有一种精神，虽死犹生；而有的人却如同行尸走肉，虽生犹死。可以说，革命先烈的奉献精神就是这种虽死犹生的精神，它体现了一个民族、一个政党、一个国家实现自己崇高理想和奋斗目标的势不可挡的意志。这种精神在任何时代、任何地方，都是一种奋发进取的力量：有了它，社会就会前进；失去了它，也就失去了进步的动力。蓦然回首，想想没来到这里之前的自己，总觉得自己还小，可那个年代甚至比自己还要小的他们却可以在青春年华中书写壮烈篇章，想到这里，我内心顿时无比的惭愧与内疚。

从今天起，我要努力地磨炼自己，完成好各项功课，改掉自己身上的坏习惯，养成良好的生活习惯，培养高尚的道德品质，并且树立远大的目标，一步一个脚印走下去，要学习革命先烈不怕苦，不怕累的顽强品质。坚信"有志者事竟成"，不再有懒惰的思想，对自己要有坚定的信念，做什么都不能半途而废，要像革命先烈那样努力，锲而不舍。有志者，事竟成；破釜沉舟，百二秦关终属楚；苦心人，天不负；卧薪尝胆，三千越甲可吞吴。作为一名新世纪的大学生，我要用先烈的精神激励自己，鞭策自己，努力提高自身的思想觉悟和政治素质，一切从我做起，从本职做起，脚踏实地，努力学习，为使自己成为一名优秀的青年而不懈努力，为了祖国的未来发展而奋斗。忘不了在纪念碑前的情景，忘不了宣誓的那一句句话语，忘不了革命先烈纪念馆中的那一个个陌生的名字和一颗颗火热的心。我想，我永远会将那誓言铭记在心，时时提醒自己，立志成才。

指导老师：杨林香

春华秋实，忘不掉他们的浴血奋战

外国语学院 14 级，陈榕虓

怀着激动、好奇的心情随队前往闽东革命烈士陵园，它是福建省重点保护的革命烈士纪念建筑群，坐落在一个小山包上，占地 20 亩，规模宏大，风景佳美，是闽东的一大名胜。闽东革命烈士纪念碑和闽东革命烈士公墓是它的两座主体建筑。

我望着高耸的纪念碑，顿时热血沸腾、浮想联翩。闽东烈士们个个是铁铮铮的男子汉。为了祖国的美好明天，怀着对革命的坚定信念，烈士们不畏死亡、英勇奋战。虽然他们已经长眠于大地，但他们永远活在我们的心中。烈士陵园不仅仅是一座墓，它更见证了历史的变迁，它是我们民族的骄傲，我为闽东有如此赤血汉子而自豪，为中华民族有此勇士而骄傲。我在烈士陵园前留了影，我的内心久久不能平静。我在想，在牺牲个人利益及生命的时候，我能不能像先烈一样无悔无怨？烈士，给我们留下了高高的丰碑；烈士，给我们留下美好的生活；烈士，给无耻者刻上了抹不去的耻辱。

以往一切的浮华此时早已淡出我的思绪，更多的是对自我的反思和对人生的思考。斗转星移，春华秋实，时间并没有使人们忘却那些曾经为了祖国人民而流下殷红鲜血的烈士们，反而是使他们因时间的洗涤而更加永垂不朽。先烈们，是你们把对国家、对劳苦大众的爱化作战斗中同敌人拼杀的信念力量，不怕牺牲，勇往直前，以摧枯拉朽之势，宣布了蒋家王朝的灭亡，建立了人民当家作主的新中国；先烈们，在社会主义建设最需要的时刻，又是你们不顾家庭和个人的一切，毫不犹豫，挺身而出，把宝贵的生命无私地献给了祖国和人民，把满腔的热血洒遍祖国大地。面对先烈们，我怎么能不肃然起敬？你们的辉煌业绩，将彪炳史册、万古流芳！你们的英名将与日月同辉，与江河共存！你们是无私奉献的英雄！正是因为有了你们这些无数的革命先烈，有了你们的崇高，有了你们的无私才有了今天的和平环境，才有了祖国的繁荣昌盛。战争的年代造就了你们的勇敢与坚强，和平美好的环境为我们提供了学知识、长才能、成栋梁的机会。面对天空，面对白云，我们不会落下泪来，因为我们知道在那白云后面是先辈们一张张慈祥而关爱的脸，你们正注视着我们。

烈士陵园里的树木高大威猛，四季常青。那一棵棵树木就代表着一位位战士，无论经历多少严寒酷暑，都还是一动不动地屹立着。没有人能动摇他们坚强的意志，他们是伟大的，崇高的，他们是真正的英雄。没有他们，哪来如今的美好的家园，哪有如今的富裕生活，他们是创始者，他们受世人尊敬是理所当然的。多少年来，有多少人赞扬过他们，他们百折不挠，奉献生命，为了革命的斗争而光荣殉职，他们生的伟大，死得光荣。英烈已逝，精神永存。我热爱他们，我赞扬他们，我崇敬他们。他们为了革命的事业，抛头颅洒热血，在帝国主义列强的残暴折磨中，他们咬紧牙关，宁愿死也要守住党的秘密，他们宁愿做光荣牺牲的英雄，也不愿做苟且偷生的叛徒，这，就是我们中国烈士的特点，我也因此对你们产生了无限的敬佩，无限的感慨，他们是神圣的。在我的眼里，他们是光明的象征，他们是战胜一切的力量。忆往昔峥嵘岁月稠，在感受国家沧桑巨变时，我同时也感到幸福生活的来之不易，从而更加激发了我奋斗前行的使命感与责任感。我要继承先烈那坚定的信念与顽强的品质，充实自己，丰富自己的精神世界，提高各项技能，为祖国明日的繁荣昌盛贡献一份绵薄之力。在即将离别之际，我内心思忖着："烈士们，我绝不会辜负他们的厚望，将用自己满腔的热血，来好好地热爱祖国，发扬祖国的光辉传统，创造出另一个灿烂的明天。"

指导老师：林国著

路漫漫　情切切

海外教育学院14级，蔡远婷

生活是一条奔流不息的河，我们都是那个过河的人。途中无限的险境与风光让我们留恋。总有一段经历让我们终生难忘，总有一份情感让我们刻骨铭心。

为期三天的社会实践活动结束了，在这三天里，我收获了满满的感动以及温暖的回忆。

站立在闽东革命抗日纪念碑前，心情无比沉重。在导游姐姐的讲解下，穿越时空的隧道，回到了70年前中华民族存亡危在旦夕的历史时刻，中国工农红军闽东独立师1380余名战士奉命汇聚屏南，改编为新四军第三支队第六团，而后开赴抗日前线。

1937年"七七事变"，全国抗日战争爆发。事变第二天，中国共产党发表抗日宣言，号召全国人民团结抗日。在中国共产党诚心努力下，实现国共第二次合作，抗日民族统一战线形成。

1937年12月31日，中共闽东特委与国民党福建当局达成了停战共赴国难的协议，并在《福建民报》发表了《中国共产党闽东特委共赴国难宣言》，称"我们根据本党中央全国团结一直抗日，共赴国难宣言之原则，以极大的努力与诚意，与国民党军政当局进行了和平谈判。虽因种种之原因，一时未实现，最终获得了军政当局之谅解，国共和平团结共赴国难初衷实现了！"

就在此时，新四军军部顾玉良奉周恩来之命来福建寻找闽东红军和特委领导人叶飞、阮英平、范式人等同志，传达党中央关于把南方八省红军游击队改编为新四军并北上抗日的指示。接着叶飞与顾玉良一起奔赴南昌新四军军部接受了任务，叶飞返程经福州时，从省政府主席陈仪手上领到了七百套军服和数千元经费。随后闽东特委下令，闽东独立师和各县红军游击队汇集屏南县棠口村整编北上抗日。1938年1月27日，新四军政治部组织部长李子芳在屏南县棠口圣公教堂操场正式宣布闽东红军独立师改编为国民革命军陆军新编第四军第三支队第六团，叶飞任团长，阮英平任副团长。团部驻县城双溪，大部队驻扎在棠口。

新四军六团在屏南整编的20多天时间里，当地掀起了爱国救亡运动高潮。叶飞在棠口召开各界人士座谈会，传播革命真理和中国共产党全民抗战主张。组织抗日后援会、贫农团、儿童团，办民众夜校，读红色课本，唱革命歌曲，军民共制作飞机、坦克、炮车等模型，在棠口街上举行声势浩大的抗日示威游行。双溪是当时屏南县城，叶飞等六团领导热情联系国民党县长等官员和社会各界人士，共商抗日救亡大事。六团指战员在双溪街头设坛演讲，宣传形势，唤起民众支持抗日救亡。当年屏南县初级中学（现在屏南二中）师生纷纷响应，积极参加抗日救国宣传活动，集会，演讲，举办文艺晚会，组建"晨呼队"，坚持每天早晨集队到主街道，呼喊抗日口号，唱抗日歌曲，各界人士纷纷参与，双溪镇有30多名热血青年报名参加新四军。棠口乡西村叶姓家族还特地抬两头肥猪到团部同叶飞将军会亲，慰劳新四军。

1938年正月初八，叶飞在双溪陆氏宗祠宴请了国民党县长熊方和各界代表。席间，叶飞以"一根筷子一折就断，两根筷子用力才能折，十根筷子一把就折不断"为形象比喻，号召大家同仇敌忾，团结一心，共同抗日。至此，屏南的抗战热潮一浪高过一浪。

指导老师：吴秋兰

第七章　军民鱼水情的见证
——泰宁县红军街的革命遗迹

红色泰宁，英魂不朽

教育学院 12 级，崔雯茜

　　晨幕渐渐拉开，9 月的早晨弥漫着收获的气息。怀着激动的心情，福建师大的数十位师生开始了前往泰宁的红色之旅，即将进行一次有关思想政治理论课的社会实践。一路上车厢内充满了师生们的欢歌笑语，经过四小时的旅程，我们终于来到了泰宁这片期待已久的红土地。

　　泰宁，一个人口只有 14 万的福建边陲小县，有着革命年代里红军留下的串串脚印。第二次国内革命战争时期，工农红军在此燃起革命的烽火，建立了红色政权。中国工农红军总部就设在这里，朱德和周恩来等老一辈无产阶级革命家在此指挥红军作战，并一度成为闽赣省物资供应和经济文化建设的中心，是全国中央革命根据地 21 个苏区县之一。

　　在导游的带领下，我们来到了泰宁古镇保存完好的红军街。我漫不经心地尾随在人群后，并没有专注于导游的解说词，只是一个人沉浸在泰宁创建苏区过程的那段历史中，那段时期敌我双方经历了三进三出的拉锯战。第一次是 1931 年 5 月 3 日，毛泽东、朱德指挥工农红军攻克建宁，随之 6 月 4 日即派红三军团第六师乘胜解放泰宁，并建立了泰宁县历史上第一个党组织中共泰宁支部，将泰宁正式列入中央苏区版图中，留下了"七百里驱十五日，赣水苍茫闽山碧，横扫千军如卷席"的光辉诗句。第二次是 1932 年 10 月 9 日，红五军团政治部主任刘伯坚率部队第二次进驻泰宁，成立了中共泰宁县委。第三次是 1933 年 8 月中旬红军分离作战，总部由江西东移至泰宁就近指挥红军作战，取得了宁化、泉上、将乐等战役的重大胜利。

历史经验证明，一个人、一个政党、一个民族，乃至一个国家有没有信仰，有什么样的信仰，是一个关系前途命运的大问题。信仰就是理想信念，有了信仰，就有了强大的精神动力。正因为红军树立了对革命事业无限忠诚的信念，才具有顽强的革命毅力，面对敌人的屠刀烈火，他们才能昂首挺立，慷慨就义。敌人锁得住红军的手脚，却永远锁不住他们对从事革命事业必胜的坚定信念。

此时此刻我的目光又转向了人群聚集处，耳边被接连不断的相机快门声包围着。导游说这是《红军赋》群雕，是我国著名雕塑家张立棋先生设计的巨献。我看到群雕正面有个平台，中间是周恩来站在一张祠堂供案后，桌上放着一盏马灯，一个老式手摇电话机和一只茶壶，两只碗。两侧有五六十名红军战士和游击队员。有推炮车的，有四人合扛一台重机枪的，有驾马驮弹药粮草送往前线的，也有头戴斗笠，腰扎手雷的，有持枪喊着"冲啊"的，有吹响进军号的……个个惟妙惟肖，神形兼备，气势逼人，我仿佛置身于当年浴血奋战的场景中。

不得不承认，这时候我按下快门不只是为了歌颂，我清楚这是一种能让我瞬间驿动的记录，就这样看着、走着、思考着、怀念着。在泰宁这片淳朴的土地上，曾经有过这样一群人，从军长到战士，他们天天吃糙米饭，喝南瓜汤，露宿荒地，以天为被，以地为床，没有精良的冲锋装备，但就是在这样恶劣的环境中，我们的英雄所向披靡，铸就了一支顶天立地，打不烂、拖不垮的钢铁部队。

时间雕刻着记忆，怀旧沉淀着经典。经过两天的瞻仰、观察，我们带着收获的喜悦踏上了返校之路。福建师范大学 2012 级泰宁革命苏区红色实践圆满地画上了句号。再见，泰宁！岁月悠悠，英魂不朽，红色精神，永放光芒。

指导老师：林凤章

泰宁红军街
——历史的印记

音乐学院 12 级，李旻虹

"韭菜开花一竿子心，割掉髻子当红军，保护那红军万万岁，割掉髻子也甘心"。这首《韭菜开花》是我在音乐学院学习民歌时唱到的闽北红军歌曲，若不是如今来到泰宁，或许这在我心里便一直都只会是一首民歌罢了。

9月，我们跟随学校思修社会实践小组走进了泰宁红军街。

一走进红军街便看到了许多雕塑，雕塑上的战士表情严肃，神情坚定，可以看出尽管当时形势艰险但战士们神情若定。背后一道斜坡，两侧有五六十名红军战士和游击队员。有推着炮车的，有四人合扛一台重机枪的，有驾马驮着弹药粮草送往前线的，有持大刀长铳站岗的，也有头戴斗笠、腰扎手雷的，有持驳壳枪喊着"冲啊"的，有吹响进军号的……个个惟妙惟肖，栩栩如生，神形兼备，气势逼人。我们仿佛置身于当年浴血奋战的场景中，深深感受到了战场的紧张与他们的无畏精神。

泰宁是红军苏区县，小县城十分不起眼，但是战火纷飞的年代里，有着特殊地理位置的泰宁县，注定要载入共和国的斗争史册！红军三进三出泰宁，都是驻扎在城西的岭上街。岭上街如今已经成为著名的旅游景点之一，当地百姓亲切地称之为红军街。2005 年，全国范围内评选出百条红色经典线路，泰宁县的红军街赫然在列。

走进红军街,不由得让人心潮澎湃!

其中,让我印象最深刻的便是那一口"红军井"(红军街的巷头,有一口"红军井")。这口井并非是红军挖凿,而是因为红军驻扎期间,军民共饮这口井水而得名。不仅红军战士常常为附近的百姓担柴挑水,朱总司令和周恩来总政委也会利用休息时间为百姓汲水,邻近的百姓则争相为红军战士和首长们洗衣。这口井见证了战争岁月军民的鱼水情深,至今百姓依然在饮用这口井水,向路人讲述红军的故事……

重温历史,缅怀先烈,泰宁人民为革命事业作出了巨大贡献!如今已是和平年代,这份安宁是先辈们用鲜血、用他们无畏的战斗精神换来的。走进了红军街,我们不仅体会到了一份来自于红军的威严,也更加深刻地了解到了中国共产党的丰功伟绩和博大胸怀。

小小泰宁,在革命战争中立了大功劳,谱写了一首首脍炙人口的红军歌曲;小小泰宁红军街,留下了战火纷飞年代不能磨灭的红军精神,记录下了先辈们为我们战斗的身影,留下了历史的剪影。

指导老师:林凤章

星星之火
——泰宁红军街考察后记

数计学院 12 级，高俊伟

泰宁位于福建西北部，与江西省黎川县交界，一直是闽赣两省物质补给的坚强后方。1931 年 5 月，毛泽东、朱德指挥工农红军攻陷建宁，取得了第二次反"围剿"胜利之后，即派红三军团第六师于 6 月 4 日乘胜解放泰宁，建立了泰宁县历史上第一个党组织——中共泰宁党支部，泰宁正式列入中央苏区的版图。

9 月 7 日至 9 月 8 日，我们福建师范大学思想道德修养与法律基础课实践队来到了泰宁，考察了慕名已久的红色景点——红军街。在来到泰宁之前我只知道泰宁是中央苏区的一个边缘县。而在真正到达之后才知道这里和瑞金、西柏坡、延安一样也曾留下过中央高层的足迹。当年他们就居住在一条叫做"岭上街"的地方，现在这里已经改名为著名的"红军街"。

走进红军街最先看到的是一块石碑和一座座红军铜像，在铜像下面是一个记录当年战斗的小型资料室。进入街口有一口"红军井"。此井不是红军挖的，而是因为红军与老百姓，军民共饮这口井水而得名。这口井见证了战争岁月军民的鱼水情深。

红军街巷尾右侧的砖墙上，刷有红军书写的巨幅文告。题目是《告刘和鼎部下士兵及官长书》，整幅文告宽 4.2 米，高 2.6 米，竖写楷书黑字 28 行，全文 665 个字。文告内容深刻揭露了国民党不抵抗日寇，反而同室操戈的丑恶嘴脸，号召刘和鼎部下官兵走到红军队伍中来，共同抗日，保家卫国。

距离文告 50 米的岭上街 12 号陈家大院，就是当年的红军总部。陈家大院建于明末清初，坐北朝南，主幢拥有三进大厅及附属厢房共 28 间，占地 750 平方米，砖木结构，四周筑有封火墙，据说是明末一陈姓商人所建。红军总部设在此期间，随总部前来的，除朱、周等首长外，还有时任参谋长的叶剑英，政治部主任杨尚昆等同志。

在陈家大院我们看到了发生在泰宁最著名的事件——大洋嶂阻击战的纪念文献。大洋嶂阻击战是我军在第五次反"围剿"期间，取得的为数不多的一次胜利战役，并且这还是一次以少胜多、以弱胜强的战役。这一次胜利对已深陷泥潭的红一方面军犹如是黑暗中的一盏明灯。同时这也是红军取得的最后胜利，在大洋嶂阻击战之后不久红军便开始了艰苦的两万五千里长征。

红军在泰宁的时间是短暂的，而红军留给泰宁的精神是永存的。战争时期，泰宁红军街肩负着重要的历史使命；和平年代，它的丰功伟绩，激励着一代又一代后人。

指导老师：吴秋兰

永不消失的记忆
——泰宁红军街游后感
数计学院12级，曾钰玲

经过四个多小时的车程，我们的考察队伍终于抵达了此行的目的地——三明，小作休息后，驱车前往了第一个参观点——泰宁红军街。

在红军街的石碑前留下了难忘的瞬间后，我们一行走进了这条神圣的街。

走入红军街，映入眼帘的是街道中央的一座巨大的雕像。雕像中，勇敢的红军战士扛着大刀长枪，脖子上挂着手榴弹，以一种毫不畏惧的神情向前方冲去。雕像定格在他们勇猛的一瞬间，也在我们心中留下了不可磨灭的印象。

据导游介绍，红军街原名"岭上街"。1931—1933年，中央红军三进三出解放泰宁，并建立党组织，创建革命根据地。朱德、周恩来、彭德怀、聂荣臻、杨尚昆等老一辈无产阶级革命家和数十万红军曾在此战斗、工作、生活。中国的燎原火种从这里播向全国，影响中国革命进程的许多重大决策和作战命令从这儿发出，泰宁保卫战、大洋嶂阻击战、新桥反击战、建泰沿线阻击战等中共党史和中国革命历史上的许多重大事件在泰宁发生。在抗日战争、解放战争期间，泰宁老区人民有力地支援和参与了前方主战场的革命斗争。2800多名优秀儿女英勇捐躯，为人民革命事业作出了重大贡献，付出了巨大牺牲。

在这条街的砖墙上，至今还有保存完好的、清晰可见的工农红军当年书写的大字标语、防空洞以及《告刘和鼎部下士兵及下级官长书》的巨幅文告，此巨幅文告是苏区保存最完好、面积最大的文字遗迹。内容揭露国民党不抵抗日寇、同室操戈的丑恶面目，号召刘和鼎官兵走到红军队伍当中来，共同抗日。

红军离开后，文告被人用浓石灰水涂刷掩盖。新中国成立后，石灰层被风雨剥蚀，为保护这些文告，泰宁县文化馆工作人员细心洗掉覆盖其上的石灰层，进行必要的技术处理，加上红军街老居民留下的记录，才让这段慷慨激昂的文字呈现在游人面前。

再往里走，可以看到一口古井，原名"儒学井"，红军驻扎在陈家大院时从此井取水，后易名为"红军井"。朱德、周恩来等首长日理万机，还常常带着战士们走街串户，嘘寒问暖，帮助老百姓挑水、砍柴。如此鱼水情深，至今仍是佳话。

如今，烽火已经远去，那段红色的记忆却不曾消散，作为泰宁县红色旅游的代表景点——红军街迎来送往了一批又一批的游人，那满墙满屋镌刻的红色记忆，就像传唱的革命歌谣般，纵使时光流转，也永远不会被忘却。

指导老师：吴秋兰

绿然泰宁红色行
——泰宁红军街之行

外语学院 12 级，陈淑钦

经过四个多小时的长途跋涉，我们师大大学生政治理论实践队一行来到三明泰宁这片红色土地。来到泰宁，首先映入眼帘的是满山翠竹，昭示着这片充满生机的土地。这片山清水秀的土地，不论是 80 多年前还是现在，它一直带给生存在这里的人民前进的希望。

眼前满满的绿色充盈着我的思绪，让我的大脑瞬间活跃，想象着这片土地上的人们安逸闲适的生活。刚进入县城，栩栩如生的雕像群跃然眼前，一个个雕像，生动地展现了曾经带给这片土地希望的红军的生活、战斗的场景。这是《红军赋》群雕，是由我国著名雕塑家张立棋先生设计，在大连用黑铜铸造后运回泰宁安装的。群雕使人仿佛置身于当年浴血奋战的场景中。

沿着立满雕塑的道路前行，一块充满年代印记的碑笔直地矗立着，上面刻着三个大字"红军街"。这里就是位于中央老苏区福建泰宁县城，被国家列入全国"红色旅游"景区的"红军街"，全长 380 多米，宽 4.2 米。小巷不过百米，走在上面，却仿佛走在时间隧道，80 年的光阴悄然回归。

红军总部就设在这条街右侧的一幢民房内，朱德、周恩来同志都曾在这里办公和住宿，看着眼前的旧民房，我仿佛看到他们在日理万机的繁忙工作中，经常与当地群众促膝谈心、挖防空洞以及帮助军属砍柴挑水的情景；仿佛看到了红军工作人员在这幢民房里，组织群众开展轰轰烈烈的打土豪、分田地活动的情景。充满革命热情的人们聚集在这，为了他们的信仰，为了自由、平等的未来，为了使祖国更加美好，毫不犹豫地挥洒着他们的热情，甚至可以献出他们的生命。这是多么崇高的信仰啊！

缓慢步行在这条小巷中，抬头可以看见两侧墙上至今依然保持完好、清晰可见的工农红军当年书写的大字标语，用石灰水刷上的"只有武装发动起来，实行土地革命""武装拥护苏联""打倒帝国主义"等标语口号。红军街巷尾右侧的砖墙上，刷有红军书写的巨幅文告。题目是《告刘和鼎部下士兵及官长书》，整副文告宽 4.2 米，高 2.6 米，竖写楷书黑字 28 行，全文 665 个字。文告内容是深刻揭露了国民党不抵抗日寇，反而同室操戈的丑恶嘴脸，号召刘和鼎部下官兵走到红军队伍中来，共同抗日，保家卫国。它们使我们相隔 80 多年后，还能真切地感受当时热火朝天的革命激情。

泰宁，一个人口只有 14 万的福建边陲小县，山清水秀，宁静和谐。为这个山城添色增辉的，有革命年代红军在这里留下的一串串永恒的脚印。小小红军街，承载了多少历史的痕迹，让我们看到先辈对自由生活的向往与追求。我们的祖国现在也正处于不断发展的阶段，先辈们建设祖国的责任已经交付于我们，我们要担起建设祖国的责任，与祖国一起成长。

指导老师：吴秋兰

满城红军魂

经济学院 12 级，罗莹燕

欣逢泰宁盛世，缅怀革命历史。天已微凉，九月的微风伴随着欢乐的笑声，百年师大的一行人来到了曾有"汉唐古镇，两宋名城"之称的泰宁。驱车驶过泰宁县城，不大的城镇处处都遗留着红军走过的痕迹，泰宁是中央 21 个苏区县之一，周恩来、朱德、彭德怀等老一辈无产阶级革命家曾在此运筹帷幄。泰宁是一块具有革命历史的红土地，1931—1934 年，红军曾"三进三出"泰宁城。

泰宁有条红军街，朱德、周恩来等同志都曾居住在那里。红军街原名岭上街，是福建少有的仍完好保存红军时期文物的全国百个红色景点之一。红军街为我们真实地记录了革命斗争的艰辛曲折以及泰宁人民为中国革命事业做出的巨大贡献，正如红军街上的碑上所说"昔人已故去，从此不硝烟。重游红土地，白鹭上青天。"尽管红军长征已过去 77 年，但那段不凡的历史，却永远留在了这条大街，至今在古城老街两旁仍完好地保留着当年红军用繁体字书写的大幅标语、红军井以及防空洞。

一走进红军街，街口的巨大雕塑就震撼了我，红军烈士们手拿枪，身背刀前赴后继地奔赴战场杀敌，向我们充分地展示了战士们的勇猛。在一个小角落中，有一口名为"红军井"的水井，据说当年朱总司令和周总政委在百忙之中，抽空为老百姓挑水、打柴、扫院子，军民的鱼水情便在此充分体现。

走入小巷，到处可见各式各样的标语、文告，尤其是"打倒卖国的国民党"，军民共同反对国民党，可见当年国民党不抵抗日军的行为是多么的遭人痛恨。深深窄窄的红军街中那斑驳的墙、无数的标语和高大而凝重的古朴建筑无不是历史的见证。现在红军街成了孩子们玩耍的地方，但是我相信红军的精神一定能一代代地传承下去。

如今，泰宁红军街正在修缮当中，而这正是为了更好地保留革命的痕迹，让世人更好地见证红军的伟大征途，以发挥更好的教育作用。历史悠久，人文积淀厚重，也正是泰宁的魅力所在。此次去泰宁不仅让我感受到了红军革命的伟大精神，也让我更好地领略了人文精神的强大之力。

从小我就听过"飞夺泸定桥""爬雪山""过草地"等各种关于红军的故事，我的感受并不是那么的真切。但是经过这次的实践，第一次我对红军有了如此真切的感受。摸过他们曾用的水井，走过他们曾走的路，更加的能感受到红军力量的伟大。我们今日安逸的生活，多亏有了他们，记得《红军赋》中说："万里长征，光辉业绩，伟大史诗。忆当年浴血，巍巍千岭，滔滔万水，不改雄姿。英勇红军，人民军队，抗日救国正义师。"红军，一个响亮的称呼，一个永不灭的灵魂！

指导老师：吴秋兰

在路上

地理科学学院 12 级，苏飞鸿

泰宁曾有"汉唐古镇，两宋名城"之称，早在新石器时代就有人类在这里繁衍生息。直至北宋元祐元年（1086 年），乡人状元叶祖洽托闽使张汝贤奏请朝廷改名，宋哲宗将孔子家乡阙里府号"泰宁"赐作县名，寓"泰平、安宁"之意，从此这一县名沿用至今。时至白露，来自福建师范大学的我们怀着一份敬重踏上了这一片土地。

第一站，红军街。一条位于转角，不经意间就会错过的街道。如果你了解那段历史就能想象到当时的情境。红军街街头有着一个简简单单的火力构成点，两三个沙包、中间一位机枪手、右边一名准备投掷手榴弹的号手、左边正跃跃欲试的冲锋手。那么他们的前方呢？我不知道。只在留存于今的只言片语中知道他们面对着四倍于己的敌人。当时机枪喷吐的火舌掩护着战友，一颗手榴弹爆炸奏响反攻的基调，向前冲锋的脚步带着胜利的希望。而此时的我却怀着一份疑问：他们当时会想些什么？然而不等多想，一条古香古色的街随着脚步出现在眼前。

下一站，尚书第。它是全国重点保护文物之一，是明代天启年间（1627 年）建造，面积达 4000 多平方米（南北长 87 米，东西宽 52 米），主体建筑为五幢。它拥有着一位与六结缘，官至兵部尚书晋爵少保兼太子太师的传奇主人。对于他为何与六结缘，说来倒也巧合。16 岁中秀才，36 岁中举人，46 岁中进士，56 岁隐退，67 岁病逝。除此之外，我对于他在那段魏忠贤当道,官场最黑暗的日子里的所作所为产生了浓厚的兴趣。然而《明史》无其传,《福建通志》也无其传,就连地方志书,如《邵武府志》《泰宁县志》都不为其立传。只有在明崇祯时的两广总督沈犹龙写的墓志铭记录了两件事。第一件事是查登莱巡抚陶朗先、巡按游士任和招练副使刘国缙等人侵冒军饷、赈银的案件,为朝廷追回了数十万金钱。第二件事是魏忠贤廷杖打死工部郎万燝时,他上书皇上,表示反对,请治魏忠贤的不忠之罪。他在此耗资数十万两白银修建尚书第,也说明了他是个贪官。然而他捐助家乡——捐资修建城区北堤防洪工程,又说明了他是个善人。县城的利涉桥被洪水冲垮了,他捐金造石,新建了一座石拱桥,人们一直称之为司马桥。遇上凶年,他往往开仓平粜,救荒济贫。对于自家安身立命之处——尚书第,民间传说:他原来想建座比现在大一倍的建筑,但是泰宁老百姓故意刁难。硬是把另一半的地皮卖给他舅舅及李氏家族盖祠堂。反而把他的地皮占走了三尺。儿子写信给他,希望他给地方衙门打个招呼要回地皮。他的回信却是:"千里来书仅为墙,让他三尺又何妨?万里长城今犹在,不见当年秦始皇。"那么他如何离开官场?答案是主动辞官回归家乡以尽孝道,这也给我留下了疑问,手握大权却不欺压百姓,放弃奋斗一生的权力。何解?路在脚下人在路上,答案就在前方。

隔天,我们到达东方军司令部。映入眼帘的只有一片农田上孤零零伫立的一块纪念碑。其上的点点黑斑,褪色的文字,透露出些许沧桑与一份坚定不移的信念。

伴随向前迈进的脚步,我们在路上,收获一处处美丽的风景、一个个感悟。

指导老师:李劲松

泰宁红军街和尚书第的启示

教育学院 12 级，蔡思雅

江城如画里，山晓望晴空。两水夹明镜，双桥落彩虹。在保存完好的泰宁古城，书韵绵长，街道、商铺都有着古代风格。

历史上的泰宁曾出过状元2名，进士50多名，有"隔河两状元、一门四进士、一巷九举人"之说。尚书第作为古城中最具有代表性的建筑，其中处处体现了古代士人的思想与精神。而尚书第原本的主人，李春烨，用了十年时间，从一个人微言轻的行人司七品行人，荣升至位极人臣的一品大员。这位大臣早时仕途顺畅，晚年却遭遇政治漩涡，惨败出局。尽管如此，他的一生饱学诗书礼仪，以"孝、忠、福"贯穿始终。塑造品行，端正思想，教化言行，教育对于古人的重要性是语言无法概括的。

尚书第中不乏"孝友堂""孝恬"等牌匾文字。十月胎恩重，三生报答轻。无论李春烨于朝堂上如何，但在这个府邸，他只是一个孝顺的儿子，教育的重要性便于此体现，不仅教书，更要育人。尚书第体现古代中国科举文化景观，也用事实告诉了我们"治国以教化为先"，唯有良好的教育，才能培养出成为立国之本的人才。

离尚书第不远处的红军街中，又是另一番景象了。战火纷飞年代里的泰宁县，注定是一个不平凡的地方。在共和国的斗争历史上，红军三次进入泰宁，都是驻扎在城西的岭上街。如今，当地百姓亲切地称之为红军街。

红色根据地教育是新民主主义革命的重要组成部分,结合不同时期的中国革命,进行了深入的探索和实践,既为前线培养了一支足够应用的干部队伍,也使根据地民众的思想文化素质得到极大提高,还创造了儿童青少年普及教育的崭新局面。

把别人的幸福当作自己的幸福,把鲜花奉献给他人,把棘刺留给自己!这便是红军的精神!如今红军街上,随处可见安定幸福的百姓。战争时期,红军街肩负着重要的历史使命;和平年代,它的丰功伟绩,激励一代又一代后人。

在我游览泰宁的两天中,任何一种经历都是一种收获,任何一段生命都能收获一个故事。无论是教育还是革命,为人类的幸福而劳动,这是多么壮丽的事业,这个目的有多么伟大。涓涓长流,永不止息。

指导老师:陈志

当太阳升起的时候

物能学院 12 级，左传东

  清晨，我们迎着朝阳，踏上了前往泰宁的道路，前往那个神圣的地方——泰宁县红军街。一路上大家有说有笑，唱红歌讲红色经典故事，更增添了心中对红军街的无限向往。一路欢歌笑语，经过四个半小时的车程，我们终于到了旅馆。放下行李后，我们便迫不及待地随导游冲向了那个心中无限神往的地方。

  "红军街"位于福建省泰宁县城中央，全长 380 多米，宽 4.2 米。在第二次国内革命斗争时期，红军曾三进三出泰宁，在此燃起了熊熊的革命烽火，建立起苏维埃红色政权。在 1933 年 8 月中旬，红军总部从江西东移至泰宁后，朱德、周恩来、彭德怀、杨尚昆等老一辈无产阶级革命家都曾在此运筹帷幄、指挥战役，而当时的红军总部就设在这红军街 12 号的陈家大院里。这里尘封着遥远的回忆，看着那神圣的雕塑，如钢铁一样屹立在那里，我的心里为之震撼。今天如此美好的生活，还有什么可担心的呢，大胆地向前冲去，为美好人生不懈努力。

  看着周围的这些景物，仿佛使我置身于当年的革命运动之中。渐渐地，我的耳边响起了号角声，我的眼前是朱总司令伟岸的身躯和战士们手中锋利的钢刀，还有泰宁的红色历史。第一次是 1931 年 5 月 3 日，毛泽东、朱德指挥工农红军攻陷建宁，取得了第二次反"围剿"斗争胜利之后，于 6 月 4 日即派红三军团第六师乘胜解放泰宁，并建立了泰宁县历史上第一个党组织中共泰宁支部，将泰宁正式列入中央苏区版图中。第二次是 1932 年 10 月 19 日，红五军团政治部主任刘伯坚率部队第二次进驻泰宁，迅速恢复了泰宁县革命委员会及 5 个区、56 个乡的红色政权，成立了中共泰宁县委，在全县范围内第一次开展了分田地的斗争。第三次是 1933 年 7 月 7 日夜，国民党 56 师田团弃城逃往将乐。翌日，闽赣军区独立第一师和闽北独立师一部开进县城。中共泰宁县委、县革命委员会也从大田迁回城区。1933 年 8 月中旬，红军分离作战，总部由江西东移至泰宁就近指挥东方军入闽作战和江西抚河以东地域的红军作战，东方军连续取得了宁化、泉上、连城、顺昌、将乐、延平（今南平市）等战役的重大胜利。

一阵阵汽车喇叭声打断了我的遐思，此刻，我的眼前是孩童们嬉笑的面容，我的耳边是情人们秋日的呢语。

即使我们今天已经过上了幸福的生活，但我无法忘却领袖毛主席对我们的谆谆教诲："世界是你们的，也是我们的，但是归根结底是你们的。你们青年人朝气蓬勃，正在兴旺时期，好像早晨八九点钟的太阳。希望寄托在你们身上。"愿我的理想与热情伴随着东边的太阳升起，照亮整个神州大地。

指导老师：李劲松

追溯那一段传奇
——览东方军司令部旧址

社会历史学院 12 级，翁微子

泰宁古城，不仅有着野性犹存的山水，更沉淀着厚重辉煌的历史。作为革命老区和中央 21 个苏区县之一，小小泰宁城曾上演过一段鲜为人知的中国工农红军东方军传奇。

正午的阳光毒辣辣地照着，沙地上的东方军司令部旧址在这样的照射之下更显出一份历史的大气与沧桑。1933 年 8 月，中国工农红军红一方面军指挥部从江西挥师北上东移至泰宁，司令部就设在泰宁县罗汉寺内。朱德总司令、周恩来总政委、彭德怀司令员等中央领导，在此召开过重要的军事会议。下了车，缓步走至坐落于杂草中的纪念碑前，注视着那两列"中国工农红军东方军司令部旧址"的刻字，我心中不由得思绪万千。革命年代中那一段传奇的人和事，就这么穿越斑驳的时光，纷至沓来。

"东方军"是在土地革命时期，由工农红军第三军团临时编组而成，是执行"东征"战略任务的主力红军。1933 年 7 月 1 日，一道由中革军委代主席项英签署的命令从瑞金发出：以红三军团（暂缺第 6 师）和拟建中的红七军团第 19 师组成东方军（而后红三军团第 6 师、红五军团第 13 师、红七军团第 20 师、福建军区第 34 师，以及江西地方武装第 21 师一部陆续编入东方军序列），红三军团军政首长彭德怀、滕代远分别兼任司令员、政委。而东方军入闽的任务，便是首先挺进闽西，迅速歼灭国民党军第 78、第 49 师和新编第 2 师，尔后挥师北击，消灭第 56 师和新编第 4 旅，最后从闽西北入赣，与中央军会攻抚州、南昌。

在当天的东征誓师大会后，彭德怀、滕代远率领东方军冒着酷暑踏上入闽征途。5 日，参战部队到达福建宁化以西地区，开始了入闽作战，也开始了这一段传奇。不到一个月的时间，东方军就恢复了泰宁、宁化、清流、归化（今明溪）等红色区域；紧接着又攻克泉上土堡，全歼朋口之敌，大败号称"铁军""强顽"的十九路军区寿年部 3 个团的兵力，予敌人有力打击；尔后乘胜径取沙县的夏茂、高桥。这是东方军首次入闽，作战近三个月，攻克了一些城镇，歼灭了部分国民党军，恢复和扩大了苏区，发展了地方革命武装，对福建革命斗争形势的发展产生了积极的影响。

斯人已逝，情随事迁。眼前的东方军司令部旧址依然静默。能穿透岁月、激励人心的，是东方军骁勇作战、乐观坚强的精神，这一点终不会变。"后之视今，亦犹今之视昔"，追溯往昔之后，更当珍惜当下。如今，我们能生活在相对和平的大环境里，能够不为衣食过分担忧，能够坐在明亮的教室里阅读自己喜爱的书籍，这是曾经的战乱频仍年代里的人们难以奢望的幸福。恰同学少年，风华正茂。作为年轻一代的我们自当把握这流水光阴，多多锻炼自己、发展自己，以待有朝一日得以奉献社会，丰富自己的生命体验。纵然个人在茫茫历史中不过"渺沧海之一粟"，倘能在一次次的挫折与磨难中获得成长，更加勇敢坚强，便也是不负前辈的打拼，不枉后人的评章。

指导老师：陈新星

铁肩担道义
——记泰宁红军司令部之旅
公共管理学院 12 级，张志光

  历史不能假设，历史也不会忘记曾经的感动。第一次接触红军之旅，选择了轻装便衣，暂且搁下繁忙的心情，换一次记忆的重拾和心灵的触动。

  视线在一片开阔的田地和一座寺庙的映像中渐渐定格。岁月更却了周遭的萧索，难以褪去的是坚韧的印记。步行两三百米，前方一览无余，唯有一块石碑矗立于稻田旁边，上面清晰刻印"中国工农红军东方红军司令部旧址"。没有多余的文字，没有糅杂的色调，简约，庄重。没有经历过硝烟弥漫的残酷，心灵上一切的沉重都来源于历史的回溯。导游站在碑前，脱去头上的遮阳帽，沉默片刻。我们也心领神会，哀悼与尊重是我们留给他们的真切怀念。1933 年 8 月中旬，朱德、周恩来率红一方面军司令部从江西经建宁东移至泰宁，设立司令部，开始运筹帷幄，决胜千里，为长征之路的开启打下基础，成为红军浴血奋战、引吭高歌的力量之源，也是先辈们为共产主义事业奋斗的精神高地。

  石碑作为烈士的纪念碑，刻着烈士的姓名，但是能够为后人铭记的却只有 92 位。历史记载，当时进行革命战争的子弟兵近 3000 人，大多战死而无从辨认。前有工农红军之战功卓绝，后有人民干部之呕心沥血。碑后的小树未知年轮，但显得苍劲有力，红军的鲜血染红的土地，红军的精神永垂不朽。郑忠华说:"青春,是人生最好的年华。多少同龄人过着五彩缤纷的生活,而我选择了终日与水枪相伴,随时听从召唤,为国家财产和人民群众生命安全赴汤蹈火,我无怨无悔。"普普通通的战士,铭记自己的信条,救人于尺隙之间,牺牲小我,成就大我。

邓水金,白莲供电所所长,大难来临,责无旁贷,挽千万百姓于危难之际。缅怀之时,我们更加坚定,共产主义的信仰将人民的力量凝聚,号召正义勇士向着胜利前进。无论前途是否坎坷,必将民心齐聚,披荆斩棘。

毛主席说:"天若有情天亦老,人间正道是沧桑。"革命先烈付出血的代价,才换来今天的和平与幸福。"铁肩担道义",这不是一两个人的信条,而是整个中华儿女的姿态。当下的我们更应该将历史的重任毫无畏惧地扛在肩上。

指导老师:李劲松

东方军司令部旧址考察感想

法学院 12 级，郑中正

2013 年 9 月初，我们实践队一行人来到了福建省三明市的泰宁，来到这曾经的"红军心脏"参观革命旧址，学习感受红军精神。历经数日，活动终于圆满结束，而我们的心中却留下了一段红色的回忆和深沉的思考。

1933 年 8 月，红一方面军指挥部从江西挥师北上东移至泰宁，司令部定址于罗汉寺。朱德、周恩来、彭德怀等中央领导，曾在此召开过重要的军事会议。于是泰宁就成为了"红军心脏"，革命的力量从这个不大的地方向四面八方传递，从而带起了前进的步伐。时至今日，这里依然保留着当时彭德怀、滕代远故居及朱德、周恩来、彭德怀、滕代远高级军事会议室。

东方军入闽后，广大指战员艰苦卓绝、浴血奋战，恢复并扩大了中央苏区的版图，促使国民党十九陆军与我党和红军联络，对福建革命斗争形势的发展产生了积极的影响。但由于王明"左倾"路线的错误领导，使得"闽变"失败。蒋介石重新调整战略部署，重兵合围中央苏区，使得东方军不得不匆匆收兵，投入到更加艰苦的反"围剿"中去。

我们触摸着这一段饱经岁月摧残的断壁残垣，试图从中找寻出什么。尽管物是人非，时间的洪流带走了许多有形的物质，但更是为我们沉淀下了更加宝贵的精神内涵。我们在这里感受到的，是不屈，是顽强，是纵使千难万险也绝不动摇的勇气。在那个兵荒马乱的年代，硝烟充斥着整个平原。中国偌大的领土上，出现了"白骨露於野，千里无鸡鸣"的荒凉景象。有的人在惶惶中死去，有的人在不安中投敌，但有的人在不屈中站立，挺起胸膛，敢于直视惨淡的一切，用双手擎起了欲塌的蓝天，在战场上挥洒着青春。不怕倒下，不怕牺牲，始终执拗着不肯低头，用昂扬的生命将国之精神发挥得淋漓尽致，那就是无数的华夏赤子！

这是一种信仰。信仰，给了我们生存的力量和勇气。选择一种信仰，就等于选择了自己的命运。一个人有了正确的信仰，他就选择了正确的人生道路，他就会认识到自身的价值和生存的意义。一个国家没有了信仰，它就不能真正强大起来。

我们的革命先辈们为我们铸造了信仰！四渡赤水、突破乌江、飞夺泸定桥、爬雪山、过草地，红军创造了人类历史上一个又一个奇迹。就是因为有了崇高的信仰，红军才战胜了一切困难和强敌。他们的理想就是拯救中国于水火，取得革命战争的伟大胜利，让中华民族重新屹立在世界强族之林！

当汽车即将离开这座英雄的小城的时候，我们的泰宁之行也随之结束。此次"红色之旅"的时间是短暂的，但我们却久久难以忘怀。难忘那一处处残破的断壁诉说着的一个个壮烈的故事；难忘那一座座深沉的古迹讲述着的一段永不磨灭的历史；难忘那一件件珍贵的历史文物倾诉着的英烈们矢志不渝的光辉业绩……

指导老师：刘国皇

第八章　共产党人的"圣地"
——中国"红都"瑞金探访录

忆往昔峥嵘岁月

文学院 14 级，许锦娥

> 不到长城非好汉，屈指行程二万。——题记

"长征万里路遥遥，风萧萧，雨飘飘"，二万五千里的磨难，在中国共产党和他所领导的军队的誓死斗争下，铸就了伟大的长征精神，唱响了一部前所未有的英雄史诗。

周恩来曾经说过："要让我写自己的历史，我就写自己的错误。"《论语》中也写到"吾日三省吾身"，一个民族只有善于反省，善于总结经验教训，才能不断进步。长征的这一段历史，有精神财富，亦有惨痛教训，在缅怀中学习，才能在新世纪的"长征"中更好地前进。时值红军长征胜利 80 周年，在马克思主义学院原理教研部老师的带领下，师生同行，重走长征之路，学习长征精神，吸取经验教训，铭记历史，坚定目标。

我们参观的"红色故都"——瑞金，是共和国摇篮、苏区时期党中央驻地、中华苏维埃共和国临时中央政府诞生地、长征出发地。首先我们来到叶坪遗址，参观了第一次全国苏维埃代表大会会址、毛主席故居、烈士纪念塔等等，得到最深切的感受就是中国共产党先烈们与人民群众浓厚的感情。据导游介绍，时任中华苏维埃共和国主席、中共苏区中央局委员等职务的毛泽东，发现一楼居住的谢大娘的房间很暗，即使在白天也得点煤油灯才能干活，就指示贺子珍叫来当地的木匠，自己亲自设计，将屋面部

分小青瓦换为玻璃瓦,再把楼板锯成天窗。光线通过玻璃瓦照在天窗中,进入了谢大娘的家,谢大娘白天做事再也不用点煤油灯了,在苏区留下了一段佳话。当时的领导人和当地人住在一起,帮助他们挑水砍柴、收割,真正体现了军民鱼水一家亲。人民群众是社会历史的主体,是历史的创造者,我们要坚持马克思主义的群众路线。

接着我们来到沙洲坝遗址,参观了"红井"。它是毛泽东带领着沙洲坝的人民挖的,解决了沙洲坝人民的饮水问题,因此这口井被称为"红井",以此来纪念毛主席。虞信《徵调曲》:"落其实者思其树,饮其流者怀其源","饮水思源"自古就被歌颂,我们如今的幸福富足是先辈们的奋斗牺牲换来的,我们要懂得感恩,像沙洲坝人民一样,"吃水不忘挖井人",时时心怀感恩,饮水思源,爱国荣国。

宁化和瑞金是长征的出发地之一,是这部伟大英雄史诗的源头,追其源,溯其本,在感受革命先烈艰苦奋斗精神的同时也不能忘记其中的经验教训。由于博古、李德等人"左"倾教条主义的错误领导,中共中央第五次反"围剿"失败,被迫长征。虽然能够及时发现错误,确认了以毛泽东为代表的党中央的领导,制定了红军的正确方针,挽救了红军和共产党,但也作出了巨大的牺牲。一切从实际出发是马克思主义认识论的根本要求,当时博古等人没有实事求是,导致红军差点全军覆没。在毛泽东等人的带领下,党将马克思主义和中国具体革命实践相结合,制定了正确的方针、政策,扭转了局面。

西塞罗说:"每个人都会犯错,但是,只有愚人才会执过不改。"重走长征之路,不仅在于感受革命先烈伟大的爱国情怀,学习他们自强不息、不怕牺牲、艰苦奋斗的精神,更重要的是以史为鉴,反思其身,有则改之,无则加勉。

正如毛泽东在《忆秦娥·娄山关》中所写:"雄关漫道真如铁,而今迈步从头越",发展从来都不是一帆风顺的,但只要有"红军不怕远征难,万水千山只等闲"的坚强意志和"此生留得豪情在,再作长征岂畏难"的慷慨豪情,纵使"从头越",终能"三军过后尽开颜"。

指导老师:杨小霞

举旗浅唱念昔时

教育学院 15 级，徐梦楠

霞无空聚，江无空皱，岁月无空除；草无空祭，星无空移，碑垣无空立。停留的是废墟，行走的是那首世代相传的精神凯歌。顺应着历史发展的潮流，那充满着质感的峥嵘岁月铸就了一个光荣的时代，一个不屈的精神，一个崇高的信仰！那抹永不消退的红色，让这个时代不再苍白，不再荒芜，流光溢彩。举旗浅唱念昔时，带着对革命先烈的敬仰之心，我们踏上了这段洗涤心灵的征程。

说来也是一种缘，我出生在四川省石棉县，傍依安顺场，喝大渡河的水长大，这片曾经的红军长征地，给我的童年留下诸多红色的记忆。19 年后，我站在瑞金——昔日红军长征的出发地，感受着赣南文化带来的革命洗礼，心中感慨万分。

走进苏维埃中央临时政府遗址，映入眼帘的是几株历经沧桑的参天古木。看似残败，实则遒劲的枝丫里流淌着共和国发展的历程，我震撼他的站姿，拦腰折断却依旧挺立。散发着老而弥坚的气场，还没有走近，就足以令人肃然起敬！这几株古木，见证了革命发展的历程。

革命胜利了，曾经在树下为之奋斗的人作古了，但这树还留在原地，继续谱写着革命的辉煌，供后人顶礼膜拜。

1931 年的 11 月 7 日，中国共产党在中央革命根据地瑞金召开了中国工农兵苏维埃第一次全国代表大会，选举成立了以毛泽东同志为主席的中华苏维埃共和国临时中央政府。全国性红色政权就此产生。小小的谢氏宗祠被木板隔成15个房间，就是在这如此艰苦的环境下，我们的领导人开拓出为后人称赞的红色天空。中华苏维埃共和国中央出版局、中央印刷局、中华苏维埃共和国国家政治保卫局旧址、红军烈士纪念亭、毛泽东故居、红军烈士纪念塔一一映入眼帘，每到一处都是一种震撼。那件打满补丁的白睡衣，两条板凳一个门板组装而成的床，狭小的木质阁楼，贺子珍办公室兼卧室里的竹编小摇篮我留下了深刻的印象。党和国家的领导人，在如此艰苦的环境下肩负起重大历史使命，为人民流汗流血，彰显出舍小家为大家的大无畏精神。在这里，我突然发现，我观摩的不再是一段历史，而是我们中华民族坚忍不拔、不屈不挠的精神！脚步不止，带着缅怀的心情，端立在红军烈士纪念塔前的我凝视良久。那个酷似炮弹，高13米的建筑周身布满小石子，象征着无数革命烈士的身躯。塔的正前方，用煤渣铺就的"踏着先烈血迹前进"八个苍劲大字赫然在目。平日浮躁的心慢慢沉淀。在塔前，仿佛转换了时间与空间，一时间金戈铁马，气壮山河！

身后的建筑渐行渐远，精神的传递快如游丝。多少年来的风风雨雨在心底沉淀下来，泛出和谐的霓虹。在"二苏大会"的旧址，坐在台下的长条板凳上，想象着昔日台上领导人的英勇气概，不经意间挺直了腰板。我们一行人徐徐走进会址后面的防空洞里，洞里没有灯光，一行人摸黑前进，不多时，便找到透着阳光的出口。这段简短的行程就像当年的革命，在黑暗中摸索，充满着恐惧、压抑与无助，但是只要不放弃前进的步伐，一如既往地走下去，曙光就在不远处！

在"红井"边上，昔日的井水依旧清澈，汩汩甘甜透迤出沙洲坝的辉煌，终归是血浓于水，这段历史，铭记了！

我们需要这样的教育，我们的红色精神还要继续传承下去，这是我们民族的标杆，是我们每一个中国人的骄傲！对此我不敢懈怠，仅为那来自灵魂深处的震撼，回想自己站在旧址中央，看天一如既往的蓝，树一如既往的遒劲，经过漫长的磨炼与洗礼，如今的我们享受着革命先烈用鲜血拼出来的安宁，享受着老一辈革命家为我们打造出来的幸福乐园，那静静伫立的纪念塔就是我们的精神依托，是历史最好的佐证！吃水不忘挖井人，饮水思源，我们国人不能忘本，我们青少年不能忘记那段艰辛的岁月，因为，这段红色的历史是用无以计数的鲜血浇铸而成的。这段红色的历史，永远保持着沸点的温度，通过强悍的"心脏"，输送到"身体"的每个角落，生生不息！

回到原点，站在历史的扉页上，我们的行程还没有结束，心灵的行程望不见边。一个民族，只有不断地汲取这些精神食粮才会在世界之林屹立不倒，作为祖国建设的接班人，踏着先烈的足迹前进。我们，时刻准备着！

指导老师：郑萍

触碰历史的情感

美术学院 15 级，周文

随着专车开离革命老区江西瑞金，思想政治理论课师生教学实践"闽西瑞金行"考察活动也正式宣告结束了。相比出发那天，激动的心情已然不在，三天匆忙的行程让我身体略显疲惫，不自觉地靠在座椅上昏昏欲睡，但是思绪却仍然不能停歇……永定土楼、古田会议旧址、红色小上海长汀、革命老区瑞金……

还记得今年的 8 月 8 日，《锦绣海西福建省当代美术（晋京）大展》在中国美术馆开幕。开展期间有一个小插曲，一个小女孩指着一幅漆画喊道："妈妈，鸟巢！"女孩的母亲笑着纠正她："不对，这是福建土楼，世界文化遗产。"这一小插曲让我在此时此刻陷入了沉思：为什么众多参观的游客会在那幅福建特色的民居画作前停驻良久？为什么在此次展览中最大的油画作品《闽水万古流》会画上古田会议？无数的问号在我脑海中跳跃。可也正在此时此刻这些问号一一得到解答，这就犹如每个人有每个人的故事，每个家族有每个家族的历史，每个地区有每个地区的辉煌。土楼是客家人迁移到闽西的一个见证，一座座方形的圆形的土楼承载了客家人的多少心酸与泪水。而古田、长汀等这样一些革命老区，更是革命先驱们用自己的鲜血和生命谱写的血泪史的载体。在路上，在微风拂面的夜晚，在革命老区的各个角落，我们随处都可以看到饭后散步的人们，看到跟随音乐翩翩起舞的人们，从他们的身上我再也感觉不到曾经革命的残酷，有的只是幸福和快乐。但是当我来到革命的旧址，看到那些破旧的祠堂、参天的古树、长满苔藓的青石，甚至于陈列在橱柜里的细小物件、模糊的黑白照片时，我仿佛又看到了曾经革命者们在极其艰苦的环境下战斗，流血乃至牺牲。也正是他们的流血牺牲才换来了今天人们的幸福生活。历史已经离我们远去，但是那份执着的革命精神却传承至今，激励着现在的人们奉献自己的青春，在中国特色社会主义建设道路上奋勇前行。我欣喜地看到现在的人们正在利用更多的方式去缅怀历史，记住历史。闽派画展正是在利用这样一个难得的机会向世人展示闽西独到的魅力。

可是，让人心寒的是，在艺术这一块，有一些人功利的或是即兴的去创作，不带任何情感色彩。有些人为了追寻所谓的西域风情从江南水乡远走边塞；有些人为了追寻雪域秘境落寞了粗犷的内蒙古情怀……曾经的我还为他们的精神所感染，可是今天，此时此刻我突然感觉曾经的自己是多么的幼稚与无知。试问，连生你养你的故土你都不去留恋不去表现不去赞美，其他又能怎样呢？真正的创作应该来自于对自己故土的高度认同，对自己家乡的强烈热爱，对自己故土历史的高度认知。俯瞰当今中国画坛，如提及虾就想到齐白石；提及马就想到徐悲鸿的情形已然不再。更别提如世界著名画家莫奈，生命中的最后十几年都在画睡莲，"二战"的战火就在几十里外的地方惨烈地进行，他为画完睡莲拒不逃离；如凡·高，生前是永远的失败者，只卖出过一幅《红色葡萄园》，一直靠家里尤其是弟弟的救济过活，但他把灵魂献给了绘画，一直到死。倘若当今艺术也能像曾经这些名人般，认真去了解自己的故土历史或是心静下来用心去感受自己喜爱并富含感情与热爱的东西，为之孜孜不倦想尽一切办法，用尽一切手段去表现，那么，中国的艺术，中国的绘画又何愁得不到世界的认同和称赞。

回顾历史，感受历史，最重要的不应该是重温，不应该是感动，而是应该借助历史这面镜子,照射过往,照射未来。重温和感动只是一时的,只有通过对历史的思考,通过对历史的探究,并从中发现我们那些平庸无知的过失才是历史留给我们真正的价值所在!三天的行程感受太多太多,但此时我已哽咽……

指导老师:陈志

和谐红都，感受爱国情怀

社会发展学院 15 级，张文捷

告别美丽古城长汀，嘴里还缠绕着豆腐干的余味，却已经依依不舍地再次坐上了大巴车。去往瑞金的路不同于龙岩的路，它平坦而宽阔，一路上大家心情都很愉悦，有的同学在津津有味谈论着两天前在长汀的客家饭菜，有的则是酣然睡去，没准儿正在回味着土楼人家的热情好客的情景呢。老师们心情更是兴奋，拿起话筒就唱起了革命老歌，唱得还真不赖，时不时同学们就爆出热烈的掌声。

汽车欢快地行驶在路上，不一会儿我们就到了红色古都瑞金。我们的红都第一站是叶坪中华苏维埃共和国旧址群。这些旧址就像一栋栋年代久远的中式小别墅矗立在绿油油的草坪上，不由让我心生喜爱。导游介绍，瑞金在中国革命历史上曾经写下了光辉灿烂的一页，有着重要的历史地位，她是享誉中外的"红色故都"、共和国摇篮、中央红军长征出发地。她是中国第一个红色政权——中华苏维埃共和国临时中央政府的诞生地，第二次国内革命战争时期中央革命根据地的中心，是驰名中外的红军二万五千里长征的出发地之一。

在第一次全国苏维埃代表大会会址里面，我们还当场模拟了毛泽东当年当选为中央执行委员会主席的情景，穿着革命军装坐在"毛主席"身旁，不禁心中的革命自豪情怀油然而生。1931 年 11 月 27 日，中央执行委员会举行了第一次会议，毛泽东当选为中央执行委员会和其下设的人民委员会主席,"毛主席"的称呼就在瑞金喊响了,并一直喊到北京,传遍世界。会后我们还穿着革命军装合影留念,别提有多高兴了。

接着我们跟着导游依次参观了中国共产党苏维埃区域中央局旧址、红军检阅台、红军烈士纪念塔、公略亭、博生堡、碑廊等全国重点文物保护单位。过程中,听着导游的讲解,心里不由得升起一股感动之情,我们了解到这片红土地还是人民代表大会制度和"八一"建军节的诞生地。想起一位专家对瑞金所作的精辟概括:"封建专制,昏天黑地;上海建党,开天辟地;南昌建军,惊天动地;瑞金建政,翻天覆地;北京建都,改天换地;改革开放,欢天喜地。"瑞金可谓是翻开了中国政体的最初一页。

红都第二站,我们来到了"吃水不忘挖井人"的沙洲坝镇。沙洲坝镇沙洲坝村是中华苏维埃临时中央政府所在地,当年毛主席亲自带领群众在这里挖了一口闻名遐迩的"红井",它是当年党和苏维埃政府关心群众生活,为人民群众办实事的历史见证。

如今的沙洲坝镇已经一改往日的困境,基础设施日臻完善,经济蓬勃发展,人文环境和谐优越。我相信瑞金的明天会更好。

三天的闽西瑞金行让我收获颇丰,一路上感受着革命区淳朴的民风,革命区的经济发展更是日新月异,伟大的红军革命精神让我的心中油然升起一股浓烈的爱国情怀,爱国之心也因此更加牢固,让我更加珍惜如今的幸福生活。感谢这次和谐的红色之旅。

指导老师:李劲松

第八章 共产党人的"圣地"——中国"红都"瑞金探访录

共和国摇篮——瑞金行随笔

公共管理学院 10 级，张宗榜

红色，是我对瑞金的第一印象，仿佛是这座小城永远的图腾。行走在瑞金这块红色的土地，随处可见红色的建筑，红色的星徽，还有大街小巷飘扬的中华苏维埃共和国国旗，这些无不辉映着她昨天的历史和今天的光荣。

在共和国 60 华诞的日子里我们有幸走进了共和国的摇篮——瑞金，一座被赤色浸润血脉深处的红色故都。

谢家祠堂——"红色中国"的建筑传奇

谢家祠堂坐落于瑞金叶坪乡，70 多年之前这里还是个偏僻的小村庄，而今它却成为了共和国第一村。翻阅史料才知道原来 1931 年 11 月 7 号中华苏维埃第一次全国代表大会在这里隆重召开。大会宣告中华苏维埃共和国的成立，随后选举了临时中央政府，毛泽东当选为中央人民委员会主席。从此，瑞金这个闽赣交界处的小县改名"瑞京"，也因为这天成为了中国新民主主义革命史上第一个红色首都而载入共和国的史册。可以说瑞金见证中华民族有史以来第一个工农民主专政的新型国家政权的诞生，也见证了 17 年后建立新中国的那次气势恢宏的伟大预演。党在中央苏区的实践为 1949 年新中国的建立和发展奠定了坚实基础。

红井——执政理念的历史见证

参观完叶坪革命旧址，我们来到沙洲坝，映入我们眼帘的是一座直径 85 厘米，深约 5 米的水井，井旁的石碑上"吃水不忘挖井人，时刻想念毛主席"两行大字格外醒目。我们一行在井碑前留了影，就急忙听讲解员讲"红井"的故事：一天毛主席办公回来发现乡亲们在又洗菜又洗衣服的池塘里挑水喝，深感老百姓吃水的困难，他决心为乡亲们打一口井。他亲自勘测水源，不久沙洲坝的人就喝到了干净的水。听完这故事我眼睛顿时湿润，为毛主席的爱民之情深深感动。我明白了这小小清清的水井，是老百姓与共产党鱼水之情的见证，也对"水能载舟亦能覆舟"的哲理有了更深刻的体会。

70 年中国共产党一路走来，靠的是什么取得最后的胜利？我想靠的就是共产党心中有群众，群众心向着共产党。也因为植根于老百姓才会得到群众的拥护。新中国成立 60 年来祖国能取得现在的成绩，走的就是一条"权为民所用，情为民所系，利为民所谋"的路子，逡巡于 50 多个旧址中间，人们寻访共和国成长、壮大的历程，也思索党和政府 70 多年来一脉相承的执政宗旨与治国理念。

红军纪念塔——鲜血凝固的精神之塔

行走在红都的土地上，都能让人产生一种精神的迸发和力量的积聚，每个人心中都会产生浓郁的爱国情感。

在叶坪红军广场那座 13 米高的红军纪念塔前，我们的心灵再次感受到了这种力量。"踏着先烈血迹前进"，循着用煤渣铺成的八个苍劲有力的大字，我们来到纪念塔前，集体深深鞠了三次躬，为那些无数为新中国的事业而牺牲的年轻的生命献上美好的祝福，祝他们一路走好。抬头望着纪念塔沉痛之情涌上心来，为国民党的无情杀戮而深感愤怒，同时也为先烈们的勇敢的精神而叹服。如果那些英魂在天有灵，我想他们最大的愿望应该是希望我们把这种无畏的精神发扬光大，鼓励着一代又一代的中华儿女，在中国共产党的领导下托起中华人民共和国的未来。

　　快乐的时光总是短暂的，但三天的思政课考察活动让我收获颇多，我想三天的闽西瑞金行必将成为我人生中精彩的一页，作为我生命珍贵的回忆深深藏在内心深处。三天的相处让我真切地感受到师生的情谊，更让我收获了一种从未有过的自信，激励我在以后的学习生活更加努力，争取也为中华人民伟大事业献出自己的一份力量。

指导教师：陈志

吃水不忘挖井人，忆苦思甜学习红军精神

海外学院 15 级，罗艺杰

金秋 9 月，秋高气爽，怀着崇敬的心情，我参加了学校社会实践的活动，而这次活动，是一次红色旅游，因为我们的主要参观地点是——瑞金。瑞金，是一个神圣的地方，它是闻名中外的红色故都、共和国摇篮、苏区时期党中央驻地、中华苏维埃共和国临时中央政府诞生地，处处都充满了红色气息。

我们坐着旅游车，行驶在瑞金的马路上。这是一座平静的小城，虽然它是中国共产党的摇篮，但是它却还是保留着它纯朴的本质。大约 15 分钟的车程，我们来到了瑞金叶坪红色旅游景区。叶坪红色旅游景区位于瑞金市叶坪乡叶坪村，距瑞金市中心区 6 公里，在瑞金城市规划区范围内，占地面积 160 余亩，是全国保存最为完好的革命旧址群景区之一。

在景区里，我看到一艘军舰——瑞京号。我是一个军事爱好者，近距离接触瑞京号我便饶有兴致地观察起来，虽然它看起来已经有些老旧，但是，我国的国防力量在十几年前还很弱小，这是一艘猎潜艇，是当时我国海军的中坚力量，它的双管舰炮和深水反潜弹都还在。现在我国的国防实力越来越强大了，大量高精尖的装备相继服役，但是我们不应该忘记这些老兵，有了他们，我们伟大的共和国才有了强大的国防实力。

参观完军舰，我们便继续向前走着，走着走着，便到了一片绿草坪，真可谓是绿草茵茵，鸟语花香，紧接着我们便看到了一些老旧的房子，这

些都是中国苏维埃临时政府的建筑物，但其实在红军长征时期，原建筑物都已经被国民党反动派给拆毁了，我们现在所看到的是后来重建的建筑物。红军不怕远征难，万水千山只等闲，当时的条件可以说极其艰难困苦，但是最终却还是战胜了在别人看来不可能克服的困难，这就是红军精神。这红军精神背后有多么深刻的含义啊！红军简直就是拥有钢铁意志的铁人！

接着我们便进入了这些旧房子里，进入到了中国苏维埃政府日常办公的地方。这里可谓是麻雀虽小，五脏俱全。这里有中华苏维埃共和国妇女生活改善委员会旧址，有中央警卫营旧址，有全总苏区执行局，有中央对外贸易总局旧址，有中央印刷厂旧址，有第一次全国苏维埃代表大会会址。里面的内饰都相当简朴，甚至连毛主席住的地方都十分简朴，只有一张床、一张桌、水壶和纸笔。为什么毛主席和这些党和国家的第一代领导人可以带领无产阶级革命取得胜利？那是因为他们不贪图享乐，一心将全部的精力用在工作上，鞠躬尽瘁，死而后已。我们国家有这些领导人，国家幸矣，民族幸矣！

我们怀着崇敬的心情参观完了这些景点，作为当代大学生，应该将这些老一辈的精神继续传承和发扬下去，努力学习专业知识，积极参加社会活动，为了自己，为了共和国的明天，努力奋斗！

指导老师：陈志

踏上革命故土，重温红色记忆

马克思主义学院 14 级，林燕贞

岁月的年轮沉淀了斑驳的痕迹，冲天的狼烟留下了悲壮的回声。时值长征胜利 80 周年之际，我们来到江西瑞金这片故土，回顾革命先烈辉煌的历史，体验红色文化的独特魅力。

面对瑞金这座小城，也许我们并不陌生，记忆中在我们的中学历史教材中便有提及。是的，瑞金是享誉中外的"红色故都"，中华苏维埃共和国临时中央政府诞生地，红军二万五千里长征出发地之一，它是全国革命传统教育的名城。第二次国内革命战争时期，毛泽东、朱德、周恩来、刘少奇、邓小平等老一辈无产阶级革命家，都曾在瑞金这块光荣的土地上工作、战斗、生活过。而今，我们就要重温先烈踏过的土地，去探寻那段吟诵至今的辉煌历史，内心是难以言表的澎湃。

叶坪革命遗址是我们红色之旅的第一站。叶坪是"一苏大"的旧址，1931 年 11 月 7 日，中华苏维埃共和国第一次全国工农兵代表大会，就是在叶坪村的谢家祠堂召开的，中国有史以来第一个红色政权——中华苏维埃共和国临时中央政府就是在这里宣告成立的，"毛主席"这一响亮的称呼，也是从这里开始喊起的！

站在这个祠堂里，我想象着当时第一次全国工农兵代表大会召开时的情景，想象着毛泽东同志被选为中央第一代领导人的情景，当时的共产党人是多么的慷慨激昂，是怀着多么坚定的信念谱写了红色政权建设的新篇章。80 年前，共产党人在这里开辟了中国民主革命的胜利道路，他们踏过了瑞金的山山水水，留下了不可磨灭的印记，如今，都是珍贵的革命文物和一笔丰富的精神财富。

来到红军烈士纪念塔，静静地望着这座庄严的纪念塔，我不由得肃然起敬。它的塔高有 13 米，塔座为五角形，塔身为炮弹形。布满塔身的一粒粒小石块，象征着无数革命烈士凝结而成。塔的正前方地面上用煤渣铺写着"踏着先烈血迹前进"八个苍劲大字，与烈士塔形成一幅完整的构图，表达了苏区人民对先烈的无比崇敬和怀念。据介绍，1934 年 10 月，红军主力长征后，红军烈士纪念塔被敌人拆毁，当地群众在沉痛和愤怒之中，冒着生命危险，把红军烈士纪念塔拆除下来仅有完整的"烈"字抬回家里隐藏起来，一直珍藏到全国解放。为重现历史风貌，1955 年在遗址上按原貌修复了烈士塔。如今，红军烈士纪念塔已成为红都瑞金的胜景和重要标志，更成为后来人对革命烈士寄托无限哀思的地方。每到清明，学生们总要前来祭奠，中央领导到了瑞金，首先就是要向烈士塔敬献花圈，表达对烈士的崇敬。是啊，烈士塔的每块石子，都附着烈士的英灵，都记载着苏区人民为了中国革命的胜利，无私奉献、流血牺牲的动人故事。这些感人的故事，这些悲壮的历史，即使历经了大半个世纪，也永远铭记于人们的心中。

"吃水不忘挖井人，时刻想念毛主席"，小学阶段学习过的这篇文章至今记忆犹新。这次我们有幸来到了沙洲坝，参观了"红井"旧址。据说，沙洲坝曾流传一首民谣："有女莫嫁沙洲坝，天旱无水洗头帕。"说的是沙洲坝是个干旱缺水的地方。住在沙洲坝的人吃的是又脏又臭的塘水，吃了容易生病。于是沙洲坝的人也只得祖祖辈辈到塘里去挑水喝。1931 年，瑞金成立了中华苏维埃中央政府。政府起初设在叶坪，后来因为白匪军狂轰滥炸，为了安全防空，从叶坪迁到沙洲坝。毛主席住在沙洲坝的村子里，带领着红军亲自挖了这口井，因而得名"红井"。"红井"是当年党和苏维埃政府关心群众生活，为人民群众办实事的历史见证。至今，"红井"仍然水清泉甘，我们也纷纷舀了一口井水，品味红军与群众的鱼水情谊。

紧接着，我们来到了毛泽东同志故居。故居的门前摆放着"风车"，这是当年用来筛选谷子的工具，随着谷子不断从储框上往下落，风叶扇出的风将禾叶从谷堆里吹离，下面出口滴落出精选的谷子。门的两侧摆放着耕田用的耙和将田里的泥土整平的"木凿"。院子里有石磨和砻，砻是用来去谷皮的，磨用来磨豆浆和米浆，这些都是老一辈人家的记忆了吧。大堂放着的饭架和饭桶、洗漱间门口的脸盆架、木桶、草帽和扁担也许都还是能在农村看到的用具，而卧室里的草鞋和蓑衣、煤油灯之类的可能打着灯笼也再难寻觅。当年，伟人便是在这样艰苦的条件下生活、办公、指点江山的吧。故居门口，是一棵老樟树，据说当年毛泽东同志便是在这树下看书的。这棵樟树经过了岁月的洗礼，不显沧桑，反而显得那样的沉稳，与这朴素的故居融为一体，形成了独具一格的风景。我们恭敬地瞻仰着这座故居，不敢发出声响，生怕打扰了这份庄严与静谧。

脚下的旅途结束，但心的旅行却仍在进行。我想，如今的瑞金早已被赋予特殊的内涵，共产党人在这里寻找前辈的足迹，学生们在这里瞻仰先烈的遗容，游客们在这里探索红都的秘密。

一段岁月，波澜壮阔，刻骨铭心。一种精神，穿越历史，辉映未来。

指导老师：杨小霞

拳拳爱国心，悠悠华夏情
——观叶坪红军烈士纪念塔有感

文学院 15 级，吴宝玲

2016 年 9 月 26 日，我们跟随老师的步伐，走进江西瑞金的叶坪革命旧址群，去追念当年那些为革命而奋斗的英雄们，重新回溯往昔那段峥嵘的岁月。

步入叶坪革命旧址群景区的大门，我们开始参观一座座饱经历史风霜的屋宇。斑驳的墙壁，历经多年沧桑的古树，后人按当时原貌重现的陈设，无不向我们述说着革命先人们高涨的革命热情和爱国激情。高耸屹立在草坪上的红军烈士纪念塔吸引了我的注意。塔高 13 米的纪念塔，塔座为五角形，塔身为炮弹形。象征着无数革命烈士凝结而成的一粒粒小石块布满塔身。塔座四周分别镶着毛泽东、朱德、周恩来、项英、洛甫、王稼祥、凯丰、邓发等领导人的题词和建塔标志共十块碑刻。塔的正前方地面上铺写"踏着先烈血迹前进"的八个苍劲大字，表达着对先烈的无比崇敬和怀念。

瞻仰着这纪念塔，我感触万分，这是一段用鲜血凝固的历史，这是一座万古长青的建筑。我的脑海里浮现起无数的革命战士浴血拼杀的场景，他们冲锋着，怒吼着，吹着号角，驱狼斩虎，房阵崩摧。国难当头，他们舍弃小我，挺身而出，以自己血肉之躯铺就新中国建成之路。我的内心久久不能平静，他们的爱国情怀让我汗颜：我们，祖国新一代的青年，对我们的国家是否能爱得像他们这般深沉？

中国是五千年的文明古国，在浩瀚的历史长河中历经了血雨腥风的淬炼，留下了许多劳动人民智慧的结晶。造纸术、印刷术、指南针，无不惹人惊艳，为人惊叹；九百六十万平方公里的土地上呈现着风情各异的迷人景色，各种不同的宗教信仰不断地交流碰撞组建成一幅绚丽的历史画卷。这样美丽动人、拥有深厚历史文化底蕴的中国难道不值得我们发自内心地热爱吗？

梁启超曾言："群之于人也，国家之于国民也，其恩与父母同。盖无群无国，则吾性命财产无所托，智慧能力无所附，而此身将不可以一日立于天地。故报群报国之义务，有血气者所同具也。有放弃此责任者，无论其私德上为善人为恶人，而皆为群与国之蟊贼。"

当年，烈士们深处苦难深重的时代，不惜以血肉之躯去铺就一条通向国强民富的新中国之路，他们是爱国的典范。今天，中国早已欣欣向荣，焕然一新，经济飞速发展，一跃成为世界第二大经济体；政治上也不断在世界舞台上展现着大国的风采。虽然，我们的国家发展还面临一些问题，但是越是存在问题，真正的爱国青年就越要努力使她变得更好。我们要做的应该是理智地爱国，身体力行地爱国，努力成为最好的自己，尽自己所能将我们的国家建设得更加强大，在自己的工作岗位上尽心竭力，发挥出自己独特的价值。在祖国需要我们的时候，奋不顾身，勇往直前，也只有如此，才能告慰革命先烈们的英魂，才能不辜负革命先烈们的牺牲。

愿每位青年都能将拳拳爱国心力行之，以此来成就更强大的华夏文明！

指导老师：危玉妹

百年树人
——望大樟树有感

地理科学学院 15 级，陈程

扎实地，挺直身，大庇天下寒士俱欢颜；撑华盖，阅沧桑，尽撒才情年华献神州；怀日月，系苍生，重扶华夏国民立参天！

于坚石中破土而出，于黑暗中指明方向。这树，这人，历经百年沧桑，仍荫庇着其下嬉笑奔跑的黄发，时而莞尔；仍注视着前方命途多舛的国路，时而皱眉。那树叶沙沙的响声便是你的欣悦，那枝干上的树瘤便是你的忧愁。我愿贴近你的皱褶横纵，共看那年命运沉浮。

大樟树——春雨甘霖润百里赤地。

初见，便为你那粗壮的树干所震惊。抬头望着那繁密的树叶，一片片，一抹抹，一团团，墨绿的，透过缝隙的阳光，恍映着我们的脸庞，漾开了一阵阵笑声。导游说："由一根而生出了三棵树，恰是三位伟人，左边是鞠躬尽瘁的周恩来，中间是伟大领袖毛泽东，右边是战功赫赫的朱德。"

润之，润之，润万物而细无声。香樟，香樟，凡生众鸟亦慕幽凉。耳旁似乎传来了你低沉的声音：

"陈昌奉，你拿的什么东西？"

"主席，这下我们可有办法了。"警卫员陈昌奉回答。

"什么办法？"

"盐呀。"陈昌奉指着包包高兴地说，"罗荣桓同志从前线给您送来的。我们改善生活有办法了。"

毛泽东拿过盐看了看，过了好一会儿，说："你把这个盐送回去，让总务处的同志送到杨岗下我们的医院里，给伤病员用。"

陈昌奉有点不高兴地说："就这么点，我们好长时间没吃到海盐了，留下吧。"

毛泽东看了陈昌奉一眼，耐心地说："前方的同志打仗那么苦还想着我们，我们有点硝盐吃就可以了嘛！"

谁知医院的伤病员听说这盐是前线同志专门送给毛主席等中央领导吃的都不肯收下。盐又挑回到中央政府总务处。真是巧得很，当陈昌奉捧着3包食盐回到元太屋，刚进门又让毛泽东碰到了。

"你拿的什么？"

"……盐。"陈昌奉说。

"不是给伤病员送去了吗？"

陈昌奉瞒不住，只好将事情的前前后后向他作了如实报告。

毛泽东听罢，领着陈昌奉来到元太屋外面的大樟树下坐下来，慢慢地对陈昌奉说："我看你是没有把道理说清楚。你把这盐再送回总务处，让他们告诉前方同志，告诉伤病员同志，说我的工作、身体都很好。说我谢谢同志们。告诉大家，我们现在有困难，可是我们能够克服这些困难！你说对不对？"

陈昌奉能说什么呢？他什么也没说，拿着盐飞快地往总务处跑去。跑了好长一段路回头望去，毛泽东仍站在那棵粗壮茂密的大樟树下眺望着……

翔宇，翔宇，翔天际而庇苍生。古樟，古樟，傲雪经霜而愈味香。

那年，35岁的你，正值而立。任中共苏区中央局书记，扶着这粗糙却又厚实的树干，踩着这战乱却又深爱的大地，望着这艰难却又明亮的前方。你知道不能仅满足于现在的几里，你的鸿鹄是整个中国的和平与安宁。在这树下你细细谋划第四次反"围剿"斗争，取得大兵团伏击歼灭战的新经验。

玉阶，玉阶，玉靶角弓珠勒马。芳樟，芳樟，水光山色衬青苍。

你伟大而传奇的一生，为国家和人民立下了卓越功勋，为拯救中华民族的危亡奋斗了数十年。你率领两路红军长征，两走草地、三过雪山。毕生关注国家发展，工作到老、革命到底。

你是"人民的光荣"。

指导老师：林国著

踏着先烈鲜血前进

数学与计算机学院 15 级，刘聪颖

"风萧萧兮易水寒，壮士一去兮不复还"。

曾记否，高渐离击筑易水河畔，荆轲高歌和之，赴死之心是何其壮哉，悲哉！2016 年 9 月 25 日，我们怀着同样的心情走进叶坪革命旧址。

"大风起兮云飞扬，威加海内兮归故乡"。

1949 年 10 月 1 日，中国共产党带领中国人民建立起中华人民共和国。当时的先辈，许多人心中激动万分，我们结束了百年屈辱，从此站了起来。而作为后辈的我们更是要铭记那战火纷飞的年代，铭记先烈，铭记那些为我们浴血的先辈。

在革命的道路上少不了为祖国，为人民英勇献身的烈士。中华苏维埃共和国临时中央政府为了永远纪念历年来在革命战争中光荣牺牲的红军指战员，1933 年 7 月 1 日第 45 次会议决定兴建红军烈士纪念塔。

纪念塔塔高 13 米，塔座为五角形，塔身为炮弹形。布满塔身的一粒粒小石块，象征着无数革命烈士凝结而成。塔座四周分别镶着毛泽东、朱德、周恩来、项英、洛甫、王稼祥、凯丰、邓发等领导人的题词和建塔标志共十块碑刻。塔的正前方地面上用煤渣铺写着"踏着先烈血迹前进"八个苍劲大字，与烈士塔形成一幅完整的构图，表达了苏区人民对先烈的无比崇敬和怀念。

1934 年 10 月，红军主力长征后，红军烈士纪念塔被国民党恶劣拆毁，当地群众在沉痛和愤怒之中，冒着生命危险，把红军烈士纪念塔拆除下来仅有完整的"烈"字抬回家里隐藏起来，一直珍藏到全国解放。

青山有幸埋忠骨，在那个年代，纵是目不识丁的百姓亦有不屈的骨骼和一腔爱国的热血。是怎样的敬意，使得人民百姓冒着生命危险从废墟中一点点挖出一块字牌！又是怀着怎样的情意，使他们誓死守护一块没有生命之物！！！千言万语都道不尽瑞金人民、我们这些生活在和平年代的人对忠烈的敬意，情谊。

毛主席曾言："红军不怕远征难，万水千山只等闲。五岭逶迤腾细浪，乌蒙磅礴走泥丸。金沙水拍云崖暖，大渡桥横铁索寒。更喜岷山千里雪，三军过后尽开颜。"或许对于我们来说，长征两万五千里，只是书上写的爬雪山，过草地，是我们曾参观过的遗留下来的草帽，草鞋。曾经沧海难为水，除却巫山不是云。我们现在能做的只是在这里，遥望着那巍峨的纪念塔，遥想着那段难忘的岁月是怎样的艰辛，值得中华民族世世代代万年传承。终究，我们是无法感同身受。

悄然间，一行清泪落下。为不屈的烈士；为不屈的百姓；为不屈的民族！

踏着先烈血迹前进，缅怀先烈，守望未来，筑中国梦。

指导老师：郑萍

踏访革命旧址，邮寄红色光辉

材料学院 15 级，龚宗丞

没有军帽，没有军装，但胸口跳动着的"军心"却不停地推动着我们这群稚嫩的"军人"踏上革命故土，寻访那红色圣地——叶坪革命旧址群。

坐落于瑞金市叶坪乡叶坪村的叶坪革命旧址群，不仅是中国第一个全国性红色政权中华苏维埃共和国临时中央政府的诞生地，还是中共苏区中央局和临时中央政府机关在瑞金的第一个驻地。满怀激动与好奇的我静静地走在这片红色驻地上，昔日的繁华已然消逝，昔居于此的伟人已经离去，昔时热火朝天的政治商榷也难以寻觅，只有阳光肆意的洒落在红砖瓦砌成的楼房上，留下的是那片祥和，和空气中弥漫的挥之不去的红色气息。

而就在这片土地上，一座典型的客家建筑着实吸引着我，这座建筑就是中华苏维埃共和国邮政局旧址。它成立于 1935 年 5 月 1 日，它的成立标志着中国人民邮政的诞生，是中国人民邮电史上光辉的一页。当时它的主要任务就是领导和管理苏区的邮政工作，实现苏区军民信息传递与交流的通畅性。而在邮政局的运行期间，它还发布了"苏维埃邮票"，为建立集中统一的邮政通信体系，巩固和发展中央苏区发挥了重要作用。满心期待地走进这简单朴素的建筑，历史长河仿佛倒流，一幅幅历史画卷在我眼前展开。

第八章 共产党人的"圣地"——中国"红都"瑞金探访录

旧址内陈列物品多种多样，记录着邮政发展的历程、邮政内部的组织结构，历任邮政局局长和形式多样的邮票，也记录着许多次"第一"第一面国旗，第一枚国徽，"毛主席"的第一声称呼和第一部《宪法》等。而在与这些历史沉淀的产物近距离接触后，我才体会到，这里蕴含的不仅是革命的发展足迹，更是一种革命的精神和力量，一种革命光辉。由于当时交通条件差，递信人员只能依靠两条腿行进，肩上有时还挑着百斤左右重的邮箩，但他们还是不顾艰难，风雨兼程，不忘初心地前进，他们跋山涉水，用自己的双肩担起了沟通的大桥，他们永不停歇，只为能把革命情报传达到，传达清楚。抛开辛劳与汗水不说，有些同志还因传递秘密情报而壮烈牺牲，这传达的难道不是革命的大无畏精神，难道他们邮递的不是革命的排除万难的力量、那勇敢盛放的红色光辉吗？是他们用自己的满腔热血为这个苏区的革命枢纽注入活力与生机，这些战火铸就的"绿色通道"搭建起了苏区的信息网络，成就了辉煌的历史。

正所谓"在其位，谋其政"，1937 年任中华赤色邮政湘赣省总局局长职务的陈介福一生鞠躬尽瘁，为邮政事业默默无闻地付出。这位土生土长的江西人散发出的奉献精神、革命光辉深深地感染着周围的人，他的爱人就是一个鲜活的例子，她冒着生命危险将珍贵文物保存下来，并无私地在 1949 年 8 月上交给莲花县人民政府。我只能由衷地感叹：好一个可歌可泣的红色故事，好一个为人民奉献自我的革命榜样！

走出邮局旧址，门旁红色的五角星邮政信箱格外醒目，一封封信，一句句信中的话语，这个信箱承载着的书写着字字如真金的信纸，承载着红军的信念，也承载着战争的希望，承载着一份份真情实意。

这趟旅程让鲜少出门的我大开眼界，当你没有身临其境地去感受，当你没有踏出脚步去实践，你是无法真真正正地体会到革命的艰辛与不易；当你没有亲身经历，设身处地地去思考，去静静地聆听，你是无法明白红色的光辉是如何普照在人民的心中，让人们心存信仰的。十分感谢自己能亲身经历这一切，我相信这美好的回忆会时刻提醒我将革命精神传承下去，以一个现时代的"送信员"将这红色光辉邮递下去，让一代代人都能铭记那段历史，那段欢笑与泪水并存的时光。

指导老师：李劲松

重走长征路
——观叶坪革命旧址群有感

经管学院 15 级，蒋丽莎

2016 年是中国工农红军长征胜利 80 周年，为了纪念这一重大革命历史事件，身体力行感受长征的雄魂，体验长征路途的艰辛，我们福建师范大学实践团在瑞金和宁化开展了"重走长征路"的活动，其中最令我印象深刻的就是瑞金的叶坪革命旧址群。

寸寸红土地，遍洒英烈血，这样的言辞，用来描述位于赣闽两省交界处的瑞金毫不为过。叶坪革命旧址群位于瑞金市叶坪乡叶坪村，距城区五公里，这是一个古朴的江南村落，相传为叶姓人始建，现在是全国保存最为完好的革命旧址群之一，拥有革命旧址和纪念建筑物 22 处，其中全国重点文物保护单位 16 处。这里既是中国第一个全国性红色政权中华苏维埃共和国临时中央政府的诞生地，又是中共苏区中央局和临时中央政府机关在瑞金的第一个驻地。毛泽东、周恩来、朱德、任弼时等老一辈无产阶级革命家都在这里生活和工作过，"毛主席"的称呼就是从这里喊响的。

一走进景区，就看到村内古樟荫蔽，粉墙黛瓦传递出百年沧桑。位于村庄中部的谢氏宗祠，便是当年"一苏大会"召开的地方，大门口的横幅上写着"全世界无产阶级联合起来"，主席台正中挂着马克思、列宁的画像，两旁挂着绘有镰刀斧头的大红旗。祠堂内有十个木板隔成的房间，每个房间里面的陈设是那样的简单：一张木质的床，一张蓝色的床单，一床薄薄的被单，一顶绣着五角星的斗笠，一个灰色的布袋子，是房间的全部。一个个伟人的房间都是这样的简陋，我们是那样近距离地接触着这段历史，我们不愿放过任何一个细节，我们体验着当年为了新中国而奋斗的伟大的先烈们的不朽精神，肃然起敬，我们感受着这用无数先烈的热血与生命共筑起的时代，心生敬畏。亲眼目睹了当时如此艰苦的环境，我不禁领会到幸福生活来之不易，那是革命前辈和红军战士吃了多少苦，流了多少血为我们换来的新生活，而我们有责任也有义务传承他们吃苦耐劳的精神，尽自己的一份力量，让我们的国家变得更好。

簇拥着谢氏宗祠的，是16处革命旧居旧址，其中令我感触最深的是矗立在五大纪念建筑中央的13米高的红军烈士纪念塔，五角形的塔座，炮弹形的塔身，格外醒目。布满塔身的一粒粒小石块，象征着无数革命烈士；塔座四周分别镶着毛泽东、朱德、周恩来等领导人的题词和建塔标志共十块碑刻；纪念塔正前方的地上用煤渣铺写着"踏着先烈血迹前进"八个苍劲大字。

参观结束，走出景区，看着远处这个宁静的村庄，这个承载了共和国的起步与辉煌的村庄，脑海中一一浮现那些革命旧址曾见证的历史沧桑，那些革命伟人曾付出的激情岁月。谁说"滚滚长江东逝水，浪花淘尽英雄"，你们艰苦奋斗、吃苦耐劳，不怕牺牲，勇往直前的革命精神将永远激励着我们，大江东去，光阴荏苒，英雄永存。

革命先烈们的长征之旅完结了，但是我们新的长征路还在继续，年轻的我们不应作温室里的花朵，向革命先烈们最好的致敬就是继承和发扬长征精神，坚定理想信念，用青春梦托起中国梦。

指导老师：林国著

饮水思源,不忘人恩

旅游学院 15 级,梁艳秋

初入江西,我便感觉到一种浓烈的红色革命氛围。江西是著名的革命老区,为中国革命胜利作出过重大贡献,在中国共产党历史上具有重要地位,被誉为"三个摇篮""一个策源地"。今有幸来到人民共和国的摇篮——瑞金,心中万千感慨不知从何说起。

打开中国近代史的大门,几多沧桑,几多磨难,几多屈辱,几多抗争。一度国将不国,家园破碎,百姓流离失所。有志之士,挺身而出,前仆后继,艰苦奋斗。若无前人这般,何来今日生活安稳?我们生于和平年代,不似我们的祖辈那般度过艰辛的岁月,但每每听到关于那些老一辈军民的故事,自豪感和敬畏感不禁油然而生。

时常听人说"吃水不忘挖井人",来到"红井"边,细细聆听导游对"红井"的讲解,我仿佛回到了那个战火纷飞的年代,毛主席就在我的眼前破除封建带头挖井,人们激动地欢呼着……这一幕幕在我脑海里浮现,就如同我亲身经历一般,我不禁肃然起敬。如果没有毛主席当初的带领,我不知道我们的国家何时才能脱离苦海,我们是否还能像现在一样过着这般幸福的生活。

饮水思源,忆往昔艰苦岁月方知今日种种来之不易。"喜看稻菽千重浪,遍地英雄下夕烟"。义无反顾杀敌前方只为身后家园安乐,勇往直前不畏艰险只为国之安定。声声呐喊振奋人心,可无情枪炮声却声声催人泪。他们的牺牲,那段用鲜血书写的抗战岁月,在我的脑海中不断浮现。

时间流逝抹去那些斑驳的印记，但这段历史却是无法被磨灭的。尽管有时那奔腾的河流和飞卷的沙石偷偷地掩盖住了这段记忆，但它依旧存在着，伫立在历史的长河中，时时刻刻警醒着我们，警钟长鸣。

  一个国家、一个民族，乃至一个团体，只要有艰苦奋斗的精神，实事求是，无私奉献，就能够成就事业，创造辉煌。当初毛主席带领着人民群众开创新中国，其间险阻不言而喻。但他们克服种种困难，历尽艰险，最终迎来胜利。革命胜利来之不易，千秋伟业筚路蓝缕，我想，接下去的路要换成我们来走了，为了祖国的繁荣昌盛，我们义不容辞。

指导老师：陈志

游沙洲坝革命旧址群
——忆毛主席江西革命有感

传播学院 15 级，宋颖

一、致敬——全心全意为人民服务的精神

在我读小学的时候，读过这样一篇课文，叫《吃水不忘挖井人》。课文内容是这样的：瑞金城外有个小村子叫沙洲坝。毛主席在江西领导革命的时候，在那儿住过。

村子里没有井，吃水要到很远的地方去挑。毛主席就带领战士和乡亲们挖了一口井。

新中国成立以后，乡亲们在井旁边立了一块石碑，上面刻着："吃水不忘挖井人，时刻想念毛主席。"

当时读这篇课文的我，并没有特别的深刻感受。在我的认识里面，这只是一个离我很遥远的故事，干巴巴的文字，枯燥的情节，让我没有可以想象的欲望和空间。

但是，当我踏上沙洲坝革命旧址群，一切想象，一切情感，像滔滔江水翻涌而来，仿佛身上的每一个细胞都打开自己迎接熏陶。

我想象着，我就站在毛主席的身边，抬头仰望这位高大魁梧的领导人，凝视着他的眼睛，我仿佛感受到他远眺前方那坚毅的眼神，那全心全意为人民服务坚定的信念。在《为人民服务》中，他说道："人总是要死

的,但死的意义有不同。人固有一死,或重于泰山,或轻于鸿毛。为人民利益而死,就比泰山还重"。我震撼了,我落泪了。在那个年代,那是怎样的一种精神,那是怎样的一种信念,那是怎样的一种关怀,让这样的一个伟人,几十年如一日地生活在底层老百姓的身边,奋斗在全心全意为人民服务的一线,用伟大胸襟关怀百姓困苦。

二、学习——坚定不移的革命信念

走出"红井",迎面是一个独立小院。1933年4月至1934年7月,毛泽东便在这里办公生活。首先映入眼帘的是一棵深根古樟,有着700多年的历史,就像一位老者慢条斯理地捋着胡须,向你侃侃而谈这700年历史!大树分三叉而长,仿佛也代表着三个革命重要人物——毛泽东、周恩来和朱德。"山下旌旗在望,山头鼓角相闻。敌军围困万千重,我自岿然不动。"他们相互扶持,眺望远方,为革命坚守着。

走进小院,走入故居,一眼望见一楼大厅,朱红色门板,一张四方灰棕色大木桌,四把板凳,构成这样一个简陋开会间客的场所。左边是徐特立的房间,右边是毛泽东的房间。站在天井旁边,我遇见了这样一个场景——毛主席和徐先生就坐在大厅里面,或面对面争执,或相依讨论,或拍案叫绝赞同对方。一帧帧动画在我眼前飘闪而过,却又历历在目。

回头再望,古樟树下,我望见毛主席在树下抽烟、纳凉、思考;徐先生在大厅来来回回踱着步思索前路。清苦的生活并没有消磨掉他们的意志,反而在革命路上,愈走愈远,歌声嘹亮。

忆往昔,峥嵘岁月。我仿佛听见——少年毛泽东高喊"孩儿立志出乡关,学不成名誓不还";青年毛泽东仰天高呼"今日长缨在手,何时缚住苍龙";行军路上"漫天皆白,雪里行军情更迫",战士们"头上高山,风卷红旗过大关"。从"暮色苍茫看劲松,乱云飞渡仍从容"到"金猴奋起千钧棒,玉宇澄清万里埃";从"已是悬崖百丈冰,犹有花枝俏""蚂蚁缘槐夸大国,蚍蜉撼树谈何易"到"不管风吹浪打,胜似闲庭信步",我看见毛主席从远处走来,又走向远方……

指导老师:陈志

红色西游记

化工学院 15 级，刘俊英

"红军不怕远征难，万水千山只等闲"，每当吟诵到这首长征诗的时候，总会情不自禁地想到长征的始发地——瑞金。脑海中的瑞金是一个充满绿色风情，具有古色文化，享有红色摇篮美称的革命圣地。幸运自己得到了这次以"红色之旅"为主题的社会实践机会，由此也实现了自己心中的一个小愿望。

还记得我们启程去江西瑞金的那天早上，每个人心中都怀揣着无比兴奋的向往之情。虽然一路颠簸，但是我们这些已渐渐熟悉的小伙伴们一路上有说有笑。时间也仿佛和我们在做游戏，不一会工夫我们就来到了叶坪革命旧址群。

据所了解，叶坪革命旧址群拥有革命旧址和纪念建筑物 22 处，其中全国重点保护单位 16 处。这里既是中国第一个全国红色政权中华苏维埃共和国临时中央政府的诞生地，又是中共苏区中央局和临时中央政府机关在瑞金的第一个驻地。这里也是许多无产阶级革命家生活及工作过的地方，"毛主席"的称呼就是从这里喊响的！

刚刚走进楼群，第一个映入眼帘的便是那挂有"中华苏维埃共和国临时中央政府"牌匾的小房子。很幸运的是，我们刚好赶上了模拟瑞金苏维埃政府成立大会的节目，主席台上一个演员扮演毛主席，我们实践队有三个同学幸运地被选中，穿上演出服装，上台坐在毛主席身边充当中央委员。我和剩下的 30 多位师生在台下充当参加开会的群众代表，我们内心依然激动不已。伴随着国际歌慷慨激昂的奏乐，我们每个人都仿佛穿越到了那个年代，穿越到了当时的大会中去，也感受到了当时人们无比自豪成为新政府的一分子的激动心情。最后，整个节目在大家掌声中成功落幕。

随后我们便来到了红军纪念区，那个如同火箭状的红军烈士纪念塔给我留下了深刻的印象。尤其是那个别具特色的"烈"字和它独有的故事深深地打动着我的心。让我深深地体会我们能有今天的幸福生活来之实属不易，这是用无数战士的鲜血，是用无数百姓的那颗赤诚的爱国心换来的。生长在和平年代的我们，不用担心枪林弹雨的袭击，不用奋勇杀敌在第一前线，不用为了食不饱穿不暖而惶惶不可终日。正因如此，我们更应该学会珍惜，学会拼搏，学会奋斗，学会钻研，用我们的智慧来使国家更加富强。

心中的激动之情尚未平静，我们又来到了毛主席的故居，此时的心又一次被深深触动。看见那破旧的桌椅，潮湿的床铺，缝缝补补的衣服，这一切都是毛主席曾经用过的，住过的，穿过的。一想到我们敬爱的毛主席就是在这种艰苦的条件下指挥革命队伍，伏案工作，全心全意为人民服务之时，心中的爱戴使我不禁站在那张桌前肃然起敬。

时光如梭，三天时光转眼即逝。经过这三天的实践生活，让我对生活有了更深层次的认识。正如《思想道德修养与法律基础》中所说的：一个人的生活具有什么样的价值，从根本上说是由社会所规定，而社会对于一个人的价值评判，主要是以他对社会所作的贡献为标准。因而为了更好地实现自我价值以及更加全心全意地服务于群众，自己应该更加刻苦努力地学好专业知识以使自己变得更加优秀，更有益于被社会所接纳，服务于社会。

最后，有幸自己能够参与这次闽西红色之旅的实践活动，对于我这个来自东北的学生来说，真的是受益匪浅！

指导老师：吴秋兰

瑞金之行，一路有感

外国语学院 15 级，黄标贤

背着书包，轻装上阵，踏上了去闽西瑞金实践考察的路途。

从古田，长汀再到瑞金这一路上，一层层揭开了我们伟大革命遗迹的面纱，一点点地拉近了我们这个以前素不相识的团体的距离。

【歌颂篇】

"我们伟大的毛主席"，不仅仅是教科书上给我们的历史总结，也不仅仅是随波逐流的共识，而是心灵上深深的震撼与共鸣。在瑞金，当我身处毛主席简陋的居住、办公之处，当我看到一件有 76 处补丁的大袍，当我听到毛主席几次"大难不死"的感人事迹，当我了解到毛主席为百姓创造的丰功伟绩，心中感慨万千。

当年，您冒着严冬酷暑在煤油灯下批阅文件，一定很辛苦吧？请您不用为我们担心，现在家家户户都有电灯，风扇甚至空调了；您不顾"旱神"之说，带领群众挖井，您一定为当地百姓能喝上干净的水着急了吧？请您不用为我们担心，现在家家户户都有干净卫生的自来水或者井水可以饮用了。您亲笔为百姓题的"福"，您亲身为老百姓谋得福，我们将一直记在心里并延传下去。

【情谊篇】

一路上，关于革命古迹的感慨很多。当我们谈论着当年革命战士的勇

第八章 共产党人的"圣地"——中国"红都"瑞金探访录

敢与团结时,不知不觉中,我们这些来自全校不同专业的同学也渐渐地熟悉起来。第一天每人手中接过的那张名单大概都皱了,但是每个人的名字也已经在口中念得顺口起来了。我们不再是各顾各的欣赏体会革命圣地,而是三五成堆地同行、交流着各自的看法。我们的合影,我们的饭桌,我们的游戏,我们的街道,我们的QQ群,把我们变成一个温暖的集体。

其实,"最可爱的人"不仅仅是我们的战士,还有我们的老师。没有了平时课堂上的严肃感和距离感,他们有别样的风趣幽默,别样的和蔼可亲。清晰地记得老师为了提高我们的感激与崇拜之情油然而生情,带我们唱的《没有共产党就没有新中国》,还有他们一路上对我们的嘘寒问暖。我们不仅仅是师生,也是朋友。

【励志篇】

一个人可以从书本、视频受到莫大的启迪以及精神的熏陶。但是实践对人的影响还是最强大的。当我踏上那片红土,看着那些光辉事迹的简介,看着陈列着的古物,我仿佛置身当年。期间,有机会看到中华苏维埃选举时的情景再现,我身为台下的观众之一,当我高喊着"中华苏维埃共和国万岁",心中扬起了莫名的激动与抱负。更难得的是我们还穿上红军当年穿的那种服装,同学说我看上去像文艺兵。如果真在那时,不管是什么小兵,只要能为国家贡献一份力量,我都愿意。

只是当"抛头颅,洒热血"的时代成为过去,我们享受着革命前辈为我们创造的优越生活,一切似乎显得那么理所当然。可是我们的斗志哪里去了?我们的抱负哪里去了?如果你还沉迷于网络游戏中,如果你还为生活感到迷茫,请醒醒吧!我们不是被宠坏的一代,我们要有我们的目标,踏着革命前辈为我们开辟的道路,朝着光明奔去!

从瑞金回到福州,还是那个背包,只是变得鼓鼓的。里面装的不仅仅是我的行李,也有我的收获:感恩之心、友谊之情、理想抱负。

指导老师:陈 志

红色瑞金，心灵邀约

材料学院 15 级，林幸传

本次去的同学大部分来自不同的院系专业，但是陌生感并没有持续太久，很快我们就熟悉了起来。经过了二天的行程，我们先后参观了上杭县的古田会议旧址，古田会议纪念馆，杨成武将军的纪念碑，原长汀的汀州院试现为革命纪念馆……在这些革命圣地，我们交流着对这些革命旧址的感想，增加了对革命的理解，加深彼此的友谊。

第三天，红色之旅的最后一站——瑞金展现在我们面前。对瑞金，我有着比较特别的感觉，一方面是小学课本中那张毛主席在瑞金的相片还留在脑海中，另一方面是自小爱读《毛泽东是怎样战胜对手》一书，对毛泽东在江西期间的战略战术留下了深刻的印象，至今犹记得"敌进我退，敌驻我扰，敌疲我打，敌退我追"的16字诀，集中优势兵力消灭敌人……正是在这些正确的方针指导下，伟大的工农红军粉碎了国民党反动军队多次的围剿，取得巨大的胜利。

叶坪、沙洲坝、"红井"……这些属于共和国的光荣名字，3日上午终于呈现在大家眼前。在叶坪，我们有幸见到并参与了模拟当年召开的一个会议，一些同学得以穿上红军的军装成了党代表，剩下的则作为台下的与会者，大家一起推举了毛主席并进行了宣誓，仿佛回到了革命的时代，心情自不待言。过后我们参观了毛主席的故居，虽然不是当年的旧房子，感到了有些遗憾，但是其间陈列的物品确是真实，从其中之简陋，亦可想见当年的革命之艰苦,深感当年革命者为国家独立、民族解放而浴血奋战之不易!

在叶坪的中华苏维埃共和国临时中央政府的大礼堂是共和国摇篮的标志性建筑,在其旁边是简易的防空洞,我们进去后方发现里边漆黑一片,且地方狭小,可见当年条件之恶劣。

在沙洲坝,我们见到了著名的"红井"。"红井"为当年毛主席为了解决苏区人民的用水问题而亲自带领战士们所挖,井并不大,和农村平常所见无异,井旁立着一块石碑,上面是苏区人民为了感谢毛主席而题写的14个大字:"吃水不忘挖井人 时刻想念毛主席"。据介绍,"红井"曾数度被国民政府所填,但当地怀念苏维埃政府,屡填而屡挖,足见苏维埃政府之得民心,亦为后来统一中国打下了坚实基础。出于对毛主席的感情,我们对这口井充满了兴趣,纷纷打起水喝,借以缅怀当年毛主席挖井之情怀。同时不少同学还把"红井"之水打包带回,作为纪念。

瑞金的沙洲坝是我们最后一站的最后一个点,大家带着不舍坐上了归途的汽车,再见瑞金。当年由于受以王明为首的"左倾"错误的影响,红军第五次反围剿失败。被迫于1934年10月10日,从瑞金出发开始了震撼全世界的二万五千里长征。长征历时367天,经过11个省,最远的走了二万五千里,终于胜利到达陕北会师,开始了革命新的篇章。我们此次告别瑞金,也将踏上新的人生长征,我们将带着从革命圣地的感悟,重新思考人生、理想和信仰,开始人生新的篇章。

红色旅游点,作为人生一个课堂,为我们提供一个得以体会革命旧迹与革命精神的平台。通过本次学习与考察,丰富了我们的精神文化生活,开阔了视野,增长了见识。使我们真切地感受到了革命先烈们抛头颅、洒热血的英雄气概,经历了一次梦境般的心灵涤荡。

指导老师:吴秋兰

访红都瑞金，学革命精神

教育学院 15 级，许仕杰

9月11日早上7点，我们一行32人陆陆续续来到了共青团广场。我们25名学生来自不同的学院，虽身处同一学校却不曾相识。机缘让我们走到了一起，一起参与福建师范大学公共管理学院的思想政治理论学习考察活动。我们在三天的活动中渐渐熟悉成为了好朋友、好伙伴。

当我们坐车去往龙岩时，我渐渐感觉到了考察学习的乐趣。一群陌生的人坐在一辆车上，缩短了心理距离，慢慢变得亲近起来。我们一起到了永定土楼，在那里一览土楼奇特的建筑艺术；一起到了古田，让古田会议精神沁入我们的心灵；一起到了长汀，走进福音医院，看到当年简陋的医疗条件；一起去往江西瑞金，参观当年中华苏维埃共和国临时政府的两大会址。

瑞金，这是一个多么神奇的土地。我曾多次在多部红色题材的电视剧中看到过这个地名。个人对于那段历史有着浓厚的兴趣，对于红军为何要开始长征，长征前又是怎样的场面等问题都有一些好奇。还有小时候就知道瑞金是革命的圣地，一直也没有机会来到过这里，这次能亲自的体会红色的革命摇篮，心里感到特别的高兴。

叶坪是红色的摇篮，中华苏维埃共和国临时政府就成立在那里。叶坪的谢氏宗祠，已有几百年的历史。1931年11月7日，中华苏维埃第一次全国代表大会在这里隆重召开。来自闽西、赣东北、湘赣、湘鄂西、琼崖、中央苏区等根据地红军部队，以及在国民党统治区的全国总工会、全国海员总工会的610名代表出席了大会。我们走进叶坪，观看模拟的代表大会，走进一间间伟人曾经住过的地方。心中不由涌出一种别样的感觉，对革命老区有了更为深刻的认识。我认识到了革命者生活条件的艰苦，认识到了革命者伟大的奉献精神，认识到了教育在革命中的意义所在。

沙洲坝镇素有"瑞金红色旅游"之称，是毛泽东等老一辈无产阶级革命家曾经生活过和战斗过的地方。"红色中华"峥嵘岁月留下的革命旧址21处遍布全境，"中央临时政府""红井"在国内外享有盛名。还记得小时候学过的《红井》，短短不过184字流露出瑞金人民对毛主席深深的爱与怀念。"吃水不忘挖井人，时刻想念毛主席。"这句感人肺腑的话就这样流芳百世，永远镌刻在老百姓的心中。我们到了"红井"，也一一品尝了甘甜的"红井"水，回味当年毛主席挖井的艰苦情景。

在叶坪，我看到了瞿秋白、徐特立工作过的教育人民委员部。由于我是学心理学的，是教育学院的一名师范生，对于教育有着特殊的兴趣。看着两位革命先辈的照片，可以想见两位教育家是如何在那样艰苦的条件下对老百姓进行思想教育的。我们活在和平的社会，又有如此优越的教育条件，我们又怎能不好好学习呢？我们也要践行他们的教育理念，到最艰苦的地方，把我们的知识传授给贫苦山区的人民，用知识去改变孩子的命运。

毛泽东对徐老的评价很高，曾在给他的一封信中说："你是我二十年前的先生，你现在仍然是我的先生，你将来必定还是我的先生。当革命失败的时候，许多共产党员离开了共产党，有些甚至跑到敌人那边去了，你却在一九二七年秋天加入共产党，而且态度是十分积极的。从那时至今长期的艰苦斗争中，你比许多青年壮年党员还要积极，还要不怕困难，还要虚心学习新的东西。什么'老'，什么'身体精神不行'，什么'困难障碍'，在你面前都降服了。"

曾经，我只知道徐特立是毛泽东的老师，并不清楚他是在怎样的条件下坚持革命的。当然，徐老只是多位革命先辈中的一个例子，其余的革命先辈都是同样的伟大，一样值得我们这些共和国未来的主人去学习，并好好传承他们的优良传统。

指导老师：李劲松

第九章　生态文明之光
——八闽绿色经济发展考察

谷文昌精神对生态文明建设的启示

公共管理学院 13 级，石艺云

一、谷文昌事迹及精神的介绍

（一）昔日东山，一贫二瘠

位于福建沿海的东山县海岸线达 141 公里，属亚南热带海洋季风气候，一年里有多于一半的时间刮 6 级以上大风，东南沿海 35000 多亩的沙滩，寸草不生，沙丘不断向内陆村庄紧逼，历史上先后有 11 处被风沙埋没的村庄。

由于风沙的灾害，东山人民普遍患上了眼病，加之海岛缺乏绿色植被，淡水资源奇缺，井水常常枯竭，甚至出现了把淡水当嫁妆的现象，贫穷像恶魔一样纠缠着东山人民的命运。就算是丰收年，全县还缺粮五个月。恶劣的生态环境、落后的生产力，让不少东山人民远走他乡，放下尊严乞讨为生，出现了远近闻名的"乞丐村"。

（二）谷文昌植树治风沙

1950 年 5 月 12 日，东山县解放，谷文昌任东山县委书记，开始了制服风沙的运动，并坚定了决心"不制服风沙，就让风沙把我埋掉"。谷文昌上任后带领县委一班人，沿着海岛海沙线进行勘察，绘制出沙滩、沙荒、水土流失分析图，为日后治理风沙提供了依据。

1957 年春，谷文昌亲自建立县级苗圃，育木麻黄苗 40 亩，组建了 53

支造林专业队，为大规模植树造林做好准备。当年12月在中共东山县委第一届代表大会第二次会议上，谷文昌向全县人民发出了植树造林的号召，次年就亲自带领干部群众营造沙荒防护林，种下40万棵木麻黄。一场"倒春寒"让40万棵树苗仅存九棵木麻黄，谷文昌从这九棵木麻黄中看到了希望，迅速组建造林实验组，自任组长，通过"旬旬造林"的试验中，掌握木麻黄的生长规律，然后号召全县十万军民组成一支绿化大军，分成十大兵团，发动了一场规模空前的绿色革命，一举造林4.86万亩。

到1964年谷文昌调离东山，全县已营造3万多亩防风固沙林，6万多亩水土保持林，林带210条，荒岛变成了"东海绿洲"，完成了东山人民绿色东山的千百年梦想。

（三）绿色东山，经济腾飞

东山县森林覆盖率达30.5%，绿化率高达96%以上，岛上风力减弱了61%，冬天温度提高了1.5%，蒸发减少22%，相对湿度提高了10%—25%。这一层层的防护林给东山人民带来了福音，环境改善了，经济也一步步跟上来。基于当地的海滨优势，开发旅游业，海岛的自然风光和人文景观让东山岛的旅游业闻名海内外。芦笋、硅砂、海水养殖、果蔬、鲍鱼养殖让东山县人民富起来。今日东山已成为全省首批小康县，全省经济发展"十佳县"，省环境最佳县、国家可持续发展试验区、国家级生态县。

二、海西生态文明建设提出的历史背景

海峡西岸经济区，简称"海西"，是指以福建为主体，面对台湾，邻近港澳，范围涵盖台湾海峡西岸，包括浙江南部、广东北部和江西部分地区，与珠江三角洲和长江三角洲两个经济区衔接，依托沿海核心区福州、厦门、泉州、温州、汕头五大中心城市及其以五大中心城市为中心所形成的经济圈构筑地域分工明确、市场体系统一、经济联系紧密的对外开放、协调发展、全面繁荣的经济综合体。海峡西岸经济区的设想由来已久，是

在福建省原有发展战略，尤其是在海峡西岸繁荣带战略基础上提出的。2006年两会期间，支持"海峡西岸"经济发展的字样出现在《政府工作报告》和"十一五"规划纲要中，计划通过10—15年的努力，海峡西岸将形成规模产业群、港口群、城市群，成为中国经济发展的发达区域。

生态文明是人类文明的一种形态，它以尊重和维护自然为前提，以人与人、人与自然、人与社会和谐共生为宗旨，以建立可持续的生产方式和消费方式为内涵，以引导人们走上持续、和谐的发展道路为着眼点。生态文明强调人的自觉与自律，强调人与自然环境的相互依存、相互促进、共处共融，既追求人与生态的和谐，也追求人与人的和谐，而且人与人的和谐是人与自然和谐的前提。可以说，生态文明是人类对传统文明形态，特别是工业文明进行深刻反思的成果，是人类文明形态和文明发展理念、道路和模式的重大进步。

党的十七届五中全会明确提出，要提高生态文明水平，积极应对全球气候变化，加大环境保护力度，加强生态保护，增强可持续发展能力。资源环境约束强化，重要的根源之一在于传统的粗放型经济增长方式。长期以来，我国的经济增长方式存在着"高投入、高消耗、高排放、不协调、难循环、低效率"等弊端。这样的弊端，在增大经济增长能耗物耗、增加经济增长成本的同时，降低了经济发展的质量和效益。

因此，地处祖国东南沿海一带的海峡西岸经济区，应该抓住新的时代机遇，因地制宜，借鉴各方经验，大力推进海西生态文明建设，更好促进海西经济区的良性发展。

三、谷文昌精神对海西生态文明建设的启示

结合上述两个部分，笔者认为在新的时代条件下，要将谷文昌精神运用到海西生态文明建设的过程中，需要做到以下几点：

（一）坚定决心，走资源节约型、环境友好型道路

市场经济追求利益的最大化，将社会资源用在回报最高的领域，盲目追求经济发展，甚至不惜以牺牲环境为代价。发达国家在长达三百年的工业文明中，不惜砍伐森林，污染水源为代价换取经济的发展。历史的经验摆在我们面前，我们不能再走"先污染后治理"的老路。我们有些地区一味地追求经济发展，对污染严重的行业、对高能耗的企业睁一只眼，闭一只眼。年末为了追求政府的政绩，为了应付上级的检查，只能"拉闸限电"。我们海西建设要避免经济建设中可能出现的问题，就需要坚定走"资源节约型、环境友好型道路"的决心。海西建设是我们发展福建的重要契机，我们既要搞好经济，也要搞好环境。

我们的党政干部要改变"白猫、黑猫能抓住老鼠就是好猫"的观念，特别是海西的生态环境因为历史上开发较晚，破坏较少，现在更不能因为重点发展经济就将这么好的生态环境破坏掉。我们的干部是为人民服务的，要有公仆的心态，看淡功利，确实将海西建设好，脚踏实地，不要希冀一蹴而就，通过破坏环境来发展经济。我们的企业家也需要树立公众责任观，为子孙后代着想，响应政府的号召，节能减排，在发展壮大企业的同时也要关注环境，共同建设好我们的海西。

（二）增强创新意识，争取利益的最大化

谷文昌曾经发现有村民私自砍了两棵树，不是一味地开会批评罚款，而是创造性提出要该村民植树一千棵。荒岛变成今天的绿岛，和谷文昌处理事情的灵活变通、创新意识有很大的关系。

我们的海西建设是全方位的建设，不管是政治、经济、文化、社会建设，都涉及方方面面，会遇到很多问题。我们要正视建设过程中遇到的问题，创造性提出解决问题的方法，这就需要我们的领导干部树立大局意识和驾驭全局的能力。大局就是事关人民和国家的利益、整体利益、长远利益的工作全局。目前我们的大局之一就是生态文明建设，在建设海西的过

程中，我们的领导干部要从复杂的形势中迅速找到关键，搞好本职工作，深入实际，搞好研究工作，探索代价小、效益好、排放低、可持续的中国环境保护新路子。

政府要有远见，在政策上重视节能减排技术的创新，加大对技术创新这一领域教育的资金投入，在培养技术创新型人才上面应该不遗余力，在技术上能独立，很多棘手的问题就能迎刃而解。做到自身不断地独立的同时也应当关注和借鉴国外经验，积极引进学习，并发挥社会主义的优越性，普及新技术，惠及百姓。

（三）试区先行，由点到面

有个生产队长叫林坤福，他因喝酒误事，后来采取一系列补救措施，反而凑巧让树木长得更好。谷文昌不是一股脑地将这种方法推广，而是先采取试验地，得出结果确实可靠后才大面积推广。

近年来在海西建设中，平潭区的建设成为了夺人眼球的一道风景，平潭区的建设实际上就是未来城市发展的导向，它的建设将注入政府关于城市规划的理念，从侧面反映了未来城市发展的方向。所以，平潭区的建设将是目前的一大机遇和挑战，也是改变城市发展模式的一大契机。2011年4月8日发布的海西规划，其中专门辟出了"建设两岸合作的平潭综合实验区"一节。"平潭综合实验区的建设，生态是主要。"平潭综合实验区管委会办公室谢秀桐主任说，平潭在整个发展的布局思路中有四个关键词，第一是生态，第二是低碳，第三是智慧，第四是开放。平潭生态建设放在首要位置，除了植树造林，今年在岛上布局了四块花景，包括樱花、梅花、桃花、桂花等。据介绍，在低碳上，平潭将来的岛上从土地空间利用到建筑设计要求，都是低碳，包括岛上所使用的公交车都要LNG（液化天然气）的，避免污染。这一切规划的结果，我们都将拭目以待。

指导老师：杨小霞

陶瓷之都·绿色之乡
——德化考察有感

外国语学院 13 级，廖连

"德风吹草绿，化雨润花红"，我久闻德化的美名，早想去德化一探究竟，看看"中国瓷都"是否"白瓷映草绿，举子衬花红"，看看"绿色金库"是否"木欣欣以向荣，泉涓涓而始流"。这次我有幸参与了"德化陶瓷文化与泉州海上丝绸之路起点——闽南人吃苦耐劳渊源探秘"的社会实践活动，走进了有"陶瓷之都·绿色之乡"之美名的德化，感受了它文化的魅力与绿色的生态。

一、德化陶瓷博物馆——弘扬陶瓷文化的重要窗口

该馆位于唐寨山森林公园内，毗邻陶瓷学院。德化制瓷历史悠久，蜚声海内外，对国内外陶瓷业的发展有着深远的影响。从"水土宜瓷、千年窑烟""宋元瓷器、崭露头角""明代白瓷、独树一帜""清代青花、诗情画意"到"海丝瓷路、蜚声宇内""民国瓷器、承袭传统""瓷国明珠、百花齐放"，展览充分展示了德化陶瓷生产工艺艺术特色、贸易状况及其人文内涵，阐明了德化窑的历史地位和作用，反映了瓷都人民勤劳智慧和开拓创新精神。德化瓷器是瓷国的璀璨明珠。李鹏委员长曾亲自题词"德化名瓷，瓷国明珠"，高度评价了德化在中国陶瓷史上的显赫地位。改革开放后，古瓷都再展辉煌，被命名为"中国陶瓷之乡"。现馆中展出的德化

有代表性的古今瓷器 2867 件。陶瓷博物馆自 1993 年 8 月建成对外开放以来，接待了大批国内外专家学者、各界人士及中小学生，现与 30 多个国家的博物馆保持联系，为宣传德化，为德化名瓷走向世界作出了应有的贡献。

二、岱仙瀑布景区——天然的氧吧

岱仙瀑布号称"华东第一瀑"，它发源于石牛山，经过山势雄伟的飞仙山峰，落差 139 米。我们在爬山途中可以看到一路水光山色，感到阵阵凉爽微风，好不舒服，真是避暑胜地。其中最有意思的是途经的"龙潭虎穴"，狭小的洞口仅容一人通过，真是一种奇妙的经历。当站在瀑布下时，我们看到飞流直下，水雾形成的虹霓霞雾，真是一道漂亮的风景。让我们感叹，德化不仅有陶瓷，还有一处处不可错过的美景啊！

三、绿色生态——"绿色金库"

从 20 世纪 80 年代开始，德化县就进行能源改革，发展循环经济，封山育林、退耕还林、植树造林。自 2002 年以来，全县界定和管护重点生态公益林 103.7 万亩，建立县级生态公益林 2.3 万亩，生态公益林面积占全县林地面积的 39%，招聘 400 名生态公益林护林员进行管护，建立以生物防火林带、森林消防、森林病虫害防治等为主要载体的生态公益林安全保障体系。

力保绿色资源，营造绿色银行。德化县完成了 34 个试点村的创新生态公益林管护机制改革试点工作，更率先探索出 5 种新管护模式，提高群众护林积极性。目前全县生态林面积增加逾 2 万亩，蓄积量也增加 62 万立方米。由于森林植被得以恢复，生物多样性得到有效保护。全县有国家重点保护植物 25 种，国家重点保护野生动物 45 种，有 11 种植物、2 种蛙类、52 种昆虫产于德化。

指导老师：陈新星

秦屿·畲村·三都澳
——海峡西岸绿色新农村

物能学院 13 级，吴一鸣

4月17日早上，我怀着无比激动的心情终于盼来了期待已久的绿色海西社会主义新农村建设考察行。这是我继上次闽西瑞金红色之行后第二次参加思想政治理论课学生社会考察实践活动，上次的闽西瑞金行给我留下了许多美好的回忆，同时也使我从中学会了很多东西，所以我希望这第二次考察活动也能带给我一些意外的惊喜。

在8点半时，我们绿色海西社会主义新农村考察团队一行30人从师大仓山校区启程，开始向我们第一个目的地——宁德福鼎市秦屿镇太姥山国家地质公园出发了。在前往太姥山的途中，我便惊奇地发现宁德的霞浦等沿海城镇较数年前已经有了较大的变化。昔日破旧拥挤的小县城如今座座高楼拔地而起。我不禁惊叹这几年来闽东地区的高速发展，同时再次身临其境地感受到海西经济建设的伟大成就和她对我们福建人民的非凡意义，也使我们对此次的社会主义新农村考察更加向往。

我们一行人马不停蹄地赶往今天之行最重要的一站——福建省社会主义新农村建设示范村和联系点，拥有唐朝古刹灵峰寺、宋朝朱熹讲学遗址、明朝抗倭城堡等丰富的旅游资源的秦屿镇冷城村。在之前老师给的资料中我们已经了解到，冷城村三年来在党的领导下以产业强村、旅游兴村、生态建村为主体战略思想，全力推进新村建设，"四个文明"齐头并进，革除陋习，树立新风，且在 2008 年冷城村总产值达 2.62 亿元，其中工业产值 1.8 亿元，农业产值 8200 万元，旅游业产值 2000 万元，农民人均年纯收入达 6200 元。当我们走进秦屿镇冷城村，映入眼帘的是一条条平坦环村的水泥路和一座座统一标准的农家小别墅，且村中配套有村史教育室，健身娱乐场，公厕，垃圾池等公共设施，一派和谐共处的新农村。冷城村分为两个部分，即古城堡内的旧村和堡外新村，堡内堡外各有特色，交相辉映形成了冷城村别具一格的景观，同时新旧村比较也突出了福建海西经济建设给冷城村带来的巨大变化。

  我们考察队还采访当地农民，我印象特别深的是一位老大伯在被问及今天生活状况时，他十分激动开心地回答到："还是共产党好！这几年生活条件有了很大的提高，大家都陆续住进了又高又好的新房子，我每月也能从村组织那里领到 55 元，生活真是太好了"。随后我们考察队又到新村舍中一户刚入住的陈姓居民家中实地考查。女主人热情地接待了我们，并带我们参观了他们的厨房与客厅。新房子客厅又高又宽，十分宽敞明亮。女主人开心地说："真是感谢党与政府，这么好的三层小别墅，我们仅花了 30 万元，而且这几年村里的发展又快又好。我们都用上了现代化的家具电器，日子一天比一天好。"这里我们也遇到女主人的亲戚，一位 80 后新生代农民的代表。小伙子笑着跟我们谈起他工作的经历和这几年家乡的变化。他以前在外省打工，在外地他学到了先进的技术，由于家乡高速公路开通后经济快速发展，于是他与一起打工的同乡人留在家乡，并用自己学到的新技术在家乡工作。冷城村目前已有五家企业落户并相继投产，不但解决村民就业问题也带动了冷城村经济发展。同时大批的 80 后新生代农民，由于海峡西岸经济区快速发展带来了许多就业机会与商机，纷纷选择回乡就业与创业。他们是一个特殊的群体，一个更先进且充满活力的群体。他们不像他们的上一辈那样过分依赖土地，而是更适应当前多元化经济的发展。由于他们早年多在经济较发达的广东浙江等沿海市打工，带回

第九章 生态文明之光——八闽绿色经济发展考察

了外省先进的观念与技术，会更促进海西经济区的发展。我相信随着海西经济区进一步的发展，越来越多的新生代农民会回乡工作，他们一定是将来家乡和海西经济区建设的主力军。参观冷城村后我们收获了很多，也更加深入了解海西经济建设与新社会主义新农村建设，带着欢喜与疲惫我们结束了第一天的行程。

第二天上午我们又参观了另一个社会主义新农村建设点——畲族上京贝村。刚到了上京贝村，巨幅畲族风情宣传画便映入眼帘。上京贝村依托自身优势全力打造畲族文化，取得了很好的成效。我们接着参观了畲族风格的民居，又游览了上京贝村的山中百草园。园内种植着大量当地特色经济作物，如福鼎白茶、柚子等。接着我们参观了本村的宣传栏，了解上京贝村的发展历程。参观了上京贝村我们深刻体会到了海西建设中另一支主力军——福建少数民族的作用，大力发展少数民族区的经济，一来符合党中央的民族政策，二来也可以打造旅游品牌招商引资等，为海西经济区注入新的活力。下午我们驱车前往世界著名良港三都澳，参观了三都澳口著名的斗帽景区。斗帽景区的人生五景、斗姥迷宫、螺壳岩给我们留下了深刻印象。但我们发现了几个不足之处：首先，三都澳周边的交通线路并未完善，通往三都澳的路还是以前的简易的土路，路面坑坑洼洼，滞后了三都澳区域经济发展。其次，三都澳景区基础设施并未完善。最后，三都澳港口建设目前仍处于较落后水平，还无法充分开发利用三都澳港的天然资源。参观完三都澳，我们考察队历时二天的考察活动便画上了个圆满的句号。

这两天的考察使我从中学到了很多，也更加清楚地认识了福建海西经济区建设情况，所以我十分感谢马克思主义学院组织的这次学生社会实践考查活动。都说"百闻不如一见"，靠书本上的介绍与描述是不够的，只有深入实地自己亲身去经历，理论联系实际，对理论才会有全面正确的理解。通过这次活动，我们加深了对马克思主义基本原理的理解。马克思主义认为，正确的理论对实践活动起促进作用。一切从实际出发，实事求是，具体问题具体分析是马克思主义的基本原则。冷城、上京贝村依靠自身特色，工、农、游并举模式是坚持这一原则的充分体现。历史唯物主义认为，地理环境是社会存在发展的永恒的、必要的条件，科学技术是推动经济和社会发展的强大杠杆。这次闽东之行，我们深刻体会到当地富有特色的自然环境以及先进的技术、现代交通对当地经济发展的重要作用。我们相信，在马克思主义的指导下，坚持科学发展观，辛勤智慧的福建人民一定会把我们的家乡建设得更美。同时我们当代大学生也要刻苦学习，学好理论知识与本领，以便将来能为家乡与祖国的建设尽一份力。

指导老师：李莘

美丽长泰，生态文明之花

生命科学学院 13 级，李琼

长泰，作为全省首个通过国家级生态县考核验收的县，其生态文明建设和环境保护工作得到了国家环保部的高度赞赏和肯定，为我省生态建设起到很好的示范作用。自 2011 年以来，长泰县认真贯彻落实上级各项决策部署和要求，充分发挥区位，生态，资源等方面的优势，坚持走可持续发展道路，在生态文明建设方面取得了显著的成就。在各级领导的亲自指导下，长泰县立足于打造生态之城，建设了马洋溪生态游、福友生态农场游、十里花卉游、慢客休闲游等一系列旅游项目。

为了更加深入地了解长泰的生态文明建设进程，感受美丽长泰，考察队在老师的带领下，走进长泰，亲身体验其生态建设的最新成果。12 月 7 日，我们一行人如期踏上前往长泰的旅程。经过三个多小时的车程，我们达到了第一个目的地——福友生态农场。在路途中，导游结合沿路风景和基础设施向我们简单介绍了近几年长泰经济发展和生态建设状况。通过介绍，我们了解到福友生态农场位于被誉为"中国慢客村"的岩溪镇上蔡村，占地 300 多亩，以四季花果和各类香草为特色，旨在为人们提供自然的休闲场所，是现代农业的另一种更加符合生态文明建设要求的具体形式。

到达农场，刚下车，我们就闻到一股夹杂着草香的清新空气，仿佛一下子投入了田园生活的怀抱。在导游的引领下，我们走在蜿蜒的小路上，聆听着舒缓的音乐，欣赏农场里各种各样的花卉果树，悠然自得之感油然而生。在咖啡屋里，我们可以享受冬日温暖的阳光，感受心灵的宁静；漫步于果园中，发现不寻常的花草树木，领略诗意般风光；在活动中心，体验手工制作工艺品的快乐，重温原生态生活方式。当然置身在如此舒适的环境中，我们也初步了解了农场的经营理念和管理方式。实际上，农场还在完善过程中，管理经验还需要进一步积累。福友生态农场作为长泰县对于农业生态园建设的一种尝试，具有积极的指导意义。所谓农业生态园，就是采用生态园模式进行观光园内农业的布局和生产，将农业活动、自然风光、科技示范、休闲娱乐、环境保护融为一体，实现生态效益、经济效益、社会效益的统一。因此，农业生态园的建设就需要遵循客观规律的发展，合理规划，正确定位，使效益最大化。

跟随导游的脚步，不知不觉中，我们结束了福友生态农场的参观。虽然大家还沉浸在农场温馨的氛围中，但是我们不得不奔向今天的另一个目的地——安安有限公司。

安安有限公司，位于漳州市长泰县经济开发区，是国内合成革行业最具竞争力的企业之一。在参观安安公司生产车间的过程中，整个内部环境干净整洁，几乎没有生产噪音和异味，生产设备高度专业化、智能化、系统化，技术人员屈指可数，这些都大大出乎我们的意料。我们惊异于科学技术所带来的高效，同时也深刻认识到，作为企业，不仅要与时俱进，紧紧抓住时代的脉搏，持续创新，实现效益最大化，还应该积极承担社会责任，以人为本，尊重自然。值得一提的是，安安有限公司具有合理完善的废物再利用循环系统，这不但提高了资源的利用率，而且有利于环境保护。从中我们可以感受到，经济的发展不能以牺牲环境作为代价，只有坚持科学发展观，才能保持企业的活力。长泰县坚持生态文明建设，经济发展与环境保护并重的理念可见一斑。

12月8日，我们一行人早早出发，继续我们的长泰生态之旅。这一次我们要去的地方是享有"千年古村落，生态古山重，山水花中游"之美誉的山重村。在老师和导游的带领下,我们访古民居,体验独特的民俗文化;品水云涧,享受小桥流水的恬适;观千年古樟,赞叹大自然的神奇力量;探玛琪雅朵花海,感受淳朴的生活信仰。当然,开心农场也是一处不能错过的景点。我们在这里亲身经历了用手推磨磨豆子的不易,品尝了刚刚采摘的玉米,红薯,甜瓜等绿色无污染的农产品。开心农场以其特有的方式使人返璞归真,回到田园牧歌般的记忆里。总之,我们在古重山游览了各色的风景,也得到不少的启迪。古山重村景区,风景优美、历史悠久,先后获得"国家生态示范村,全国特色景观旅游名村,福建省首批四星级乡村旅游经营单位,福建省休闲农业示范点"等荣誉称号。这是长泰县农村发展与建设的成功范例。我们在欣赏她的生态之美时,应该看到其背后蕴含的农村发展的新型模式。在当下,随着生态文明建设的地位不断提高,人们的生态意识也在逐渐增强。越来越多的人开始回归自然,追求简单的生活模式并以此来缓和来自城市快节奏工作的压力。而农村恰恰有着丰富的旅游资源,其舒适的自然环境也能够满足人们的需要。因此,把农业的发展与旅游业相结合,合理开发,是今后农村发展的趋势。

在这为期两天的社会实践中,我们跟随带队老师,享受长泰生态之美,感受长泰发展之速。这不仅丰富了我们的阅历,提高理论联系实际的水平,而且在一定程度上,促进了我们对马克思主义基本原理这一科学思想体系关于人与自然关系的阐述,有了更加深刻的理解,人类作为自然界的最高产物,来自于自然母亲;人类要想很好地生存与发展,同样也离不开自然界。因此,尊重自然、保护自然,建设美丽、和谐的家园,是人类责无旁贷的任务。

指导老师:杨小霞

罗源湾的生态·区位·挑战

传播学院 13 级，陈秀周

一、罗源湾生态特征

罗源县，地处鹫峰山脉东南延伸部分，地势自西而东，高低起伏。全县最高峰牛母山海拔 1251 米。四季分明，夏长无酷暑，冬短无严寒，雨量充沛，温暖湿润。年平均气温 19℃，年平均降水量 1652 毫米，年平均日照时数 1691.1 小时。境内三面环山，一面临海。东部罗源湾口小腹大水深，海域面积达 240 平方公里，避风遏浪，不冻不淤，港口作业时间年平均 360 天，是福建省六大天然深水良港之一。县辖罗源湾北岸港区岸线长 25 公里，可建万吨级以上深水泊位 37 个，约 14 公里的岸线水深在 10 米以上；截至 2009 年，有 1000—5000 吨级码头 4 个、3 万吨级和 5 万吨级码头各 1 个，年吞吐能力达 800 万吨以上，在建的还有 5 万吨级、15 万吨级码头各 1 个；拥有松山、白水两大围垦造地近 5 万亩以及周边可开发利用腹地，土地储量近 10 万亩。

二、区位优势和挑战

（一）石材业，罗源矿产资源丰富

罗源西北部地区有着丰富的"两石"（花岗岩、叶蜡石）"一土"（高岭土），其中花岗岩可采量达 2 亿立方米，叶蜡石储量 205 万吨，高岭土储量 600 万吨以上，现已探明饰面用花岗岩储量达 8163 万立方米，名列全省首位。罗源的石材业在技术、规模、质量、数量上都在朝前蓬勃发展。

另一方面，石材业也带来不少环境问题。如矿山水土流失，全县原有矿点 600 多个，经整治后仍有持证矿点 100 多家，全部是露天开采，植被恢复、水土保持措施基本没有落实，废土、废矿无砌坝围截，弃土随雨水冲入河中，其中流入垦区的弃土沉积在松山垦区水库，以致库容减少，进而影响罗源湾航道深度。垦区水库使用年限为 80 年，若不采取防淤措施，使用年限将明显缩短。石材厂的污染虽然经过多年整治，实现零排放，但由于点多面广，部分厂家环保意识淡薄，偷排石渣污水现象仍然存在，石渣堆场建设不能满足需要，因此，环保管理难以全面到位，石材业污染的根治仍需时日。

（二）食用菌产业

罗源属海洋性季风气候，全年冬短夏长，温暖湿润，无霜期达 326 天。年平均气温为 16 到 20 度，最冷 1 到 2 月，平均气温达 10 度以上。最热 7 到 8 月，平均气温 24 到 29 多度。年相对湿度为 77%，这些气候条件为食用菌的生产提供了便利。众所周知食用菌的生产对温度、湿度，通风情况，原料的要求十分严格。而罗源的气候条件恰与生产要求相近，并且罗源与台湾隔海相望，是台商主要活动区域之一。

（三）临港工业

罗源湾口小腹大，水深港阔，是全国 34 个、福建省 6 个可建 5—30 万吨码头的深水良港之一，被省政府确定为福州港深水港区。湾内纵深约 28 公里，具有不冻不淤、水深、避风等得天独厚的优越建港条件。罗源湾北岸规划岸线西起白水围垦东闸口，经狮岐、碧里、牛坑湾、将军帽，东至濂澳，岸线总长约 18 公里，主要分为五个港口作业区，由西向东依次分为狮岐作业区、碧里作业区、牛坑湾作业区、将军帽作业区和濂澳作业区。再者，罗源自 1993 年以来投入大量的人力物力财力在罗源湾大规模围垦向海要地,海湾北岸顶部已围成的松山、白水两大围垦区土地面积近5万亩,加上附近的鉴江盐场和作为后备围垦区的牛坑湾等约2.5万亩浅海滩涂,可形成总共近7.5万亩可供成片开发的临海产业建设用地,为城市建设、港口临海工业和仓储物流运输业发展提供十分宝贵的土地资源。以华电、神华、亿鑫、三金、德盛镍业为龙头,初步形成能源、冶金、物流、修造船等为主导的临港工业。

(四)港口发展与水产养殖的冲突

罗源湾港口建设以及发展临港工业与海水养殖的矛盾日益突出,在有限的海湾资源中,不但港口海运需要使用,而且海洋渔业发展、海上旅游资源开发都要使用,港口的建设管理、特别是为了增加港口陆域而围填海造地必然会与近海海域的水产养殖和浅海养殖产生较大冲突;大部分临港工业属于资源高消耗型产业,布局集中、紧贴或置于海岸带,将会增大对海洋生态环境的承载压力。同时可能破坏海洋渔业的生态环境,影响濒危物种。临海工业与水产养殖业的矛盾、生态环境的压力还会加大。在滨海新城的崛起的时候,房地产的发展对于土地的征用,将围垦的地方进行填海造楼,对于以养殖为生的农民来说也是一个打击。

三、环境问题

在罗源湾滨海新城的崛起,工业化发展的驱动,石板材的畅销、渔业养殖的天然便利下,罗源生态环境更应该跟上发展,结合城市建设,调整工业局,搬迁污染企业,水、气、声、环境质量明显改善,达到功能区环境质量要求,每年水污染物中炫富物排放量减少300万吨,COD(化学耗氧量)减少500吨,烟尘排放量减少20吨,特别是钢铁业、石材业、造纸业的大力治理。整体上点源污染治理达标,仍然存在面源污染、生活污染和生态环境问题。

造成环境问题的主要原因有一是环保规划,机制不明确。河流、海域的合理开发利用和没有保护没有形成一个统一的规划，多头管理，各自为政，缺乏相互联系制约的机制。二是环保认识不到位。个别部门或乡镇受经济利益的驱使，片面追求眼前利益，实行先污染再治理，先开发后保护的错误做法。三是环保投入不足，环保自身建设投入不足，环境污染治理资金投入不足。环保自身建设投入不足，遗留下的深层次、大范围、积累性的环境问题在短期内难以解决。

四、几点建议

罗源湾工业开发中应根据"保底线，布优局，调结构控规模，严标准"的原则，做到开发中保护，保护中开发，促进经济、社会、环境的协调发展。

（一）严控产业环保投入，建立绿色标杆体系

严格各产业和建设项目准入条件，控制项目污染物排放总量，大力倡导循环经济，推行清洁生产，要求引进项目的工艺，设备，污染治理技术以及单位产品能耗、物耗、污染物排放和资源利用率均需达到国内同行先进水平，对于火电，化工等行业则应达到国际先进水平，建立绿色招商标杆体系。

（二）严格控制产业规模，控制工业废水排放

优化限制火电、冶金、石化产业布局和规模，实现区域环境容量的优化使用。含重金属或持久性污染物的冶金工业污水处理达标后，应引至特定区域排放。含重金属和有毒有害、持久性污染物的化工工业废水经处理达标后应引到湾外海域排放。严格控制湾内温排水规模，开展温排水二次利用研究和罗源湾海水温升跟踪调查与评价。

（三）加快区域环保基础设施建设

合理安排水域区域的环保基础设施建设规划和时序，确保污水管网，污水处理厂及湾外尾水排放工程等环保基础设施与工业区开发同步建设。

加强水资源再生利用，梯级分质利用，持续提高水资源利用率，开展水回收利用和海水淡化等综合措施，减少跨流域调水量。

（四）科学规划湾内养殖结构和养殖布局

根据海洋功能区划和水产养殖规划，调整罗源湾海域的养殖结构和养殖布局，对规划的养殖区进行整治。

（五）加强开发建设中的水土流失防治

加强对取土场、挖方区、临时弃土区水土流失的防治，全面规划，综合治理，坚持生物措施与工程措施相结合，制定植被恢复方案，有效控制水土流失的面积，加强石板材矿产的开采。

（六）加强重点行业及区域的安全监管

建立重点环境风险行业的普查和信息数据库，构建区域环境污染事故防范，形成有效的预防预警、应急响应、应急处置、应急保障的环境应急体系。环罗源湾区域各级环保部门应配备完善的化学药品污染突发环境事件的应急监测和处置，加强应急设施和物资的储备。

指导老师：俞志

厦门畲族村的"生态绿肺"考察

公共管理学院 13 级，宋欧南

一、地理背景

钟宅社区位于厦门岛东北部，东北两面临海，西距厦门高崎国际机场 3.5 公里，南傍湖边水库，北与翔安区刘五店码头隔海相望，总面积约 3.6 平方公里，下设 9 个居民小组。其中现有常住居民 1500 户，户籍人口 6098 人，非户籍人口约 3 万多人，其中钟姓畲族居民 4120 人，占 85% 以上，其他姓氏王、林、郭、刘、黄、彭、杜、叶、陈、杨等 19 姓仅占 13% 左右。1988 年经厦门市民族委员会批准恢复为钟宅畲族村民委员会，2003 年改为钟宅畲族社区。

二、发展历史

五缘由来：据了解，五缘湾，旧称钟宅湾。"钟宅湾大桥"命名于 2004 年，当时取名为"钟宅湾大桥"是因位于钟宅港北侧，取"湾"字因横跨厦门湾和内海之间，且与厦门海湾型城市相称。随着"五缘湾"的正式命名，横跨"五缘湾"的"钟宅湾大桥"也更名五缘大桥。横卧碧波的五座圆拱大桥是城区内湾的醒目标志。这五座拱桥与其倒影构成"五圆"，谐音"五缘"，寓意海峡两岸期盼的团圆和五洲大团圆以及闽台之间的地缘、血缘、文缘、商缘、法缘五缘。

清淤填海：开发前湾区内分布着大片滩涂、杂乱的鱼塘和垃圾集散地，加上地处厦门岛东北角的风口处，人烟稀少，环境恶劣。钟宅村民原本在滩涂片区捕鱼为生，大多村民出身渔民。直到2003年底，厦门市委市政府开始全面对厦门的五个湾区进行开发建设，五缘湾即钟宅湾是岛内唯一的一个，清的淤泥用来填海2公里，从此开启了华丽的变身。

三、存在问题

由于村庄发展历史进程处于无序状态，缺乏统一规划，再加上近年来外来流动人口激增，出租房的比例上升。在旧村改造过程中，几大改造难啃的硬骨头之一便是拆迁问题。

（一）钟宅村本地村名大都拥有一套或一套以上的房产，外来人口的流入，这些房子就改造为出租房，本地村民在填海造地之后，大多村民没有选择再就业，以收取房屋租金为主要工作，租金即为大多数本地人的主要资金来源。在接收到旧村改造的通知之后，村民大多数是强烈反对和抵制，主要原因有以下几点：

1. 房屋拆迁之后，加之本身就业技能缺乏，因此收入来源被阻断；

2. 依靠租金是可延续性的获取资金来源，尽管旧村改造能够获得不菲赔偿和安置房，但依旧不如传统方式。

（二）政府的规划议程下来之后，拆迁赔偿则变成了另一"发家致富"的方式，许多房主在得知无法负隅顽抗时，就开始加盖楼层以获取更多赔偿，这样的做法造成了一时混乱的局面，村民们争相在自家楼顶加盖楼层，形成了很大的安全隐患。

另外，便是就业问题：大多数人依靠房屋收租为主业，一部分人则在自家房子一楼开店面，进行小成本个体经营，不计盈亏。因此，当地就业形式单一。在拆迁之前，由于再就业能力缺乏，村民进行强行抵制拆迁，对拆迁进程产生很大影响；在拆迁过程中，想要依靠政策牟利，对楼层进行加盖,造成安全隐患;在拆迁赔款后,依靠赔款吃老本,难以再就业。

(三)钟宅村是少数民族聚集地,传统文化和民俗源远流长,拥有自己独特的生活方式和观念,因此,在村子里有着不少别具一格且存在村民几百年来形成的建筑文化,也依照此设置了钟宅宫委会。钟宅宫委会是负责管理钟宅村内五座宫庙的社区组织,厦门的钟宅畲族村,是厦门岛内唯一的少数民族聚集区,保留着丰厚的人文、历史资源。在钟宅,你随处可见用闽南话在进行沟通的畲族人。在拆迁后很难做到保留几百年来形成的各种建筑以及延续传统文化活动和习俗。

四、开发过程

(一)开发进程

根据开发计划,五缘湾建设分"三步走":一年拉开框架、三年初具规模、五年基本完善。一位最早参与五缘湾开发的建设者向记者介绍,2005年9月,五缘湾片区指挥部成立,标志五缘湾开发建设全面启动。用时半年多完成了湾区的清淤工作,清除出来的淤泥填成了2公里的土地。

在片区指挥部的统筹协调下,各有关开发建设单位形成合力、提高效率,至2008年7月环岛干道(五缘湾段)和片区主干路网基本形成,9月五缘学村建成投入使用,同年底商务营运中心、国贸蓝海、钟宅新家园、五缘公寓等项目相继竣工投入使用,五缘大桥全部完工……五缘湾这个城市"新客厅"从滩涂上崛起在世人面前。

(二)重点建设

1. 注重保护留下"生态绿肺"

如今的五缘湾是厦门唯一集湿地公园、海湾内湾、温泉等自然资源于一身的生态海湾。这样得天独厚的生态环境,与建设者们处处坚持的保护和修复性建设离不开。

保护环境生态是五缘湾建设的基石。据悉,在修建天圆大桥时,为了保护桥下的一处朴树林，大桥临时改了路线。此外，为了保护沿路的植被和树木等，原本规划进入湿地公园一条道路后面变成了两条，最大面积地保留下原来的生态资源。

而89公顷的湿地公园本身也是最大的生态保护产物。"建设者们尽量利用现有的生态环境，以保护、修复为主，重构为辅，营造一个原生态的湿地公园。"五缘湾湿地公园所在地原来是菜地和鱼塘，开发时他们只是把鱼塘打通，让水系更加完整，同时，让菜地自然荒掉，保留原有植物，增加新品种，再引入鸟禽，最终成就这"城市绿肺"，给动物、植物和人一片和谐相处的天地。

2. 着重保留民俗特色

钟宅畲族民俗村的建设则是在旧村改造中的重中之重。据调查，开发过程中对具有六百年历史的畲族历史、文化、宗教和古建筑进行积极调查保护工作，包括五座宫庙，六座宗祠等，不制止传统民俗活动如"烧王船"，积极扶持民俗体育活动如蹴球队、射弩队、高脚竞速队、舞蹈队、陀螺队及篮球队、腰鼓队等。

（三）初步建设成果

1. 十年建设成就宜居宜业

五缘湾规划的制定是厦门较早践行"从策划到规划"先进理念的，因此规划充分考虑到了城市化快速发展的情况下，人们对于"宜居宜业"环境的诉求。"城市建设、生态保护、产业发展、宜居生活"等元素在这里得到充分结合，为五缘湾的可持续发展打下了良好的基础。

五缘湾在建设中吸取以往城市建设的教训，为避免居住区和工作区完全分离带来的人流潮汐奔波的弊端，更侧重产、城、人的融合：以片区划分，办公楼、住宅楼以及相关商业配套等相环而建。在改造和迁移两项重点工程中，实行分段进行，避免了群体混乱和难以适应的问题，拆迁一部分，安置一部分，不断完善基础设施，增加迁移满意度。

2. 文化教育不落后

这里还有厦门民间历史文化珍藏品的荟萃之地——五缘文化展览苑。目前入驻项目22个，以民办博物馆为主。其项目规模、展品类别、历史跨度、文化艺术价值等不仅填补福建省的空白，在国内也是屈指可数，成为厦门文化产业发展的新亮点。

不仅如此，这里还配套了现代化教育示范区——五缘学村，由小学、中学和特色学校（厦门五缘实验学校、厦门二中高中部和中央音乐学院钢琴学校）组成，"三校合一"的教育资源共享模式，实现了普通教育和特色教育的有机结合，成为厦门现代化教育的示范区。值得一提的是，这也是中央音乐学院首次在异地办学，设立鼓浪屿钢琴学校。

（四）未来瞄准的产业发展及就业建议

根据厦门市委市政府对五缘湾的定位，五缘湾正在掀起新一波的转型提升。

其一，转型提升还是得靠产业。未来，五缘湾将重点培育发展好五大产业，从而为湖里区乃至厦门的转型提升起到引领作用。这五大产业分别是：游艇帆船产业、高端休闲旅游业、高端医疗产业、商业酒店业以及金融服务业等。以游艇帆船产业为例，五缘湾拥有广阔的水域以及周围商圈的聚集，许多高阶收入者聚集于此，因此，产业发展将以"五缘湾游艇港综合体"项目为载体，全力打造以"海洋、生态、时尚"为定位，集游艇产业商业办公、游艇运营服务、游艇展览展示、滨水休闲商业等功能于一体游艇经济。同时，随着海峡两岸旅游集散中心、明发海湾度假村等旅游项目以及一批高星级酒店落成，休闲高端旅游将成为五缘湾新的增长点。金融则是五缘湾发展的潜力所在，随着两岸金融中心（湖里区）的加快建设与招商，不久的将来，一座金融新城，繁荣商圈将在这里崛起；

其二，湿地公园绿化提升方案目前正在提交相关部门评议，将进一步完善基础设施，加强管理；同时拟增加科普教育的内容，介绍湿地公园里的各种鸟类、植物等，将湿地公园打造成为以生态为主、科普为辅的主题园区。新的旅游园区的建设将会增加大量的就业机会，传统收租及个体经营的就业方式将会随着旧村周围改造建设和发展最终逐渐向第三产业与发展；

其三，商圈、住宅圈的逐渐完善。五缘学村的建设，对教育产业的巨额投入，将会增加有关教育行业的名额，如书店文具店、课外辅导、教师、托管机构等附加行业；

其四，最大的就业空间和前景——对台相关就业。天时地利人和的具备，为五缘湾提供了最佳的发展空间。当前福建对台工作面临重大历史机遇，也得到了国家的政策支持，其中"五缘六求"是中央政府提出的发展与台湾关系的方针。"五缘"即地缘、血缘、文缘、商缘、法缘，意指闽台之间地缘相近、血缘相亲、文缘相承、商缘相连、法缘相循；"六求"指求紧密经贸联系、求两岸直接"三通"、求旅游双向对接、求农业全面合作、求文化深入交流、求载体平台建设。目前岛内关注"一带一路"建设和中国（福建）自贸区建设，这是推进闽台交流合作的有力抓手。福建省不仅在经济方面大力扶持，办好第七届海峡论坛，鼓励台湾青年来闽创业，也将大力推动两岸文化交流交往，扩大闽台祖地文化和基层交流。厦门是经济特区，在优势上锦上添花，五缘湾作为新兴商圈，则成为厦门的先行者对台在各方面进行交流合作。

（五）总结

十年，对于一个区域的发展史来说并不算长，然而，五缘湾的开发建设者们，却用了十年的时间，使一片荒芜的滩涂变成一个城市里可供市民休憩停歇的"心灵港湾"。如果不曾了解五缘湾的历史，也许不会知道厦门岛内这片唯一的生态湾区存在的不易；如果不曾了解五缘湾的规划，对它的期待也许仅停留在"景区"的概念上。尽管在发展的过程中遇到阻挠和困难，但在钟宅畲族的旧村改造中，依然坚持着实事求是，因地制宜，正确处理"改"与"保"二者的关系，不断发展，不断求索，探寻更完善更利民的规划方案和措施。

指导老师：陈朝阳

感受岩溪镇的生态休闲之美

生命科学学院 13 级，刘珠

一、慕名来长泰县岩溪镇

长期以来，我国的经济发展战略存在着"重城市、轻农村，重工业、轻农业"的问题，日益严重的环境问题已严重制约我国的农业可持续发展、威胁广大农村居民的身体健康。在党的正确领导下，各地因地制宜，努力探索一条适合自己生存与发展的道路。福建省漳州市长泰县岩溪镇树立世界眼光，顺应时代的潮流，抓住机遇，立足自身地理优势大力发展生态农业。

2013 年 11 月，福建师范大学《马克思主义基本原理概论》课程的社会实践考察队慕名来到长泰，以"感受美丽长泰，建设生态文明"为我们的活动指导思想，开始了为期两天快乐学习的旅程。在党旗的带领下，我们的考察队到达了第一个目标——长泰县岩溪镇，开始了这段走进新农村之旅。

二、长泰县岩溪镇发展之轨迹

长泰县岩溪镇上蔡大学自然村，是个只有 600 余口人的小村庄。曾受到台风的影响，房塌路毁，一片狼藉。危机，顾名思义有危才有机，夹缝中求生存。2010 年，岩溪镇被确定为全省首批小城镇综合改革建设试点，以"建设生态宜居工贸小城市"成为发展目标。岩溪镇党委副书记林绍宗抓住了这个千载难逢的好机会,并且还积极参与并负责村庄环境整治。灾后重建的村子,村民们都不希望再像以前那样不卫生,都希望一切往好的方向发展,有一个好的生存环境。正是由于大家都有如此迫切的希望,加上国家政策和领导们的给力支持,再加上有得天独厚的秀美田园风光,有毗邻厦门的区位优势和良好的县域经济基础等优势,真是天时地利人和。于是因地制宜,科学规划设计,活用这些"宝贝",使其实现利益最大化。大家都明白只有坚持才能发展,只有发展才能坚持,老祖宗一些好东西不能全丢,保留好的,添加新的。有一些地方为了追求高楼大厦,灯红酒绿,不惜拆掉原本拥有地域特色的古建筑,经过彻底改头换面后,失去原来的风味,上蔡大学自然村吸取教训,在建设过程中并没有大拆大建,相反村里的祖厝旧房大多保留下来,以旧修旧,凸显古朴美观的闽南建筑风格。在科学的理论指导之下再加上长泰有丰富的村容整洁工作经验,上蔡大学自然村与时俱进地发展起来了,而且被定为长泰县"田园风光、生态之城"重点示范区创建的三个试点村之一。现在上蔡大学自然村还创新地将源自意大利的"慢生活"理念融入环境整治中,全力打造"中国慢客村"品牌,以"土洋结合、浓淡相宜"的房屋构造,重塑昔日闽南村落格调,以"层次错落、随意点缀"的景观绿化,还原旧时乡土田园景观。

最早引入意大利的"慢生活"理念的"慢客园"福友生态农场,位于长泰县岩溪镇,背靠梁岗山,面朝龙津溪,以"崇尚自然,注重生态"为宗旨,引进宝岛台湾及国内外各色奇花异果。游客漫步于百果园、樱花园、香草园等30多种园区,与自然零距离接触。

长泰县岩溪镇不断发展、创新、与时俱进,实事求是,尊重和遵循客观规律。长泰县岩溪镇经过"穿衣戴帽"后,溪水活起来了,河道拓宽了,河底的淤泥清了,河边也穿上了绿衣服,长泰岩溪镇变美了。随着社会经济发展和人们生活节奏的加快,一方面,生活在钢筋水泥丛林中的都市人已开始逐渐厌倦城市中的生活氛围,长时间处于快节奏工作的人们期望能沉下心来慢慢享受生活,渴望去感受大自然的真山真水,寻求返璞归真、回归自然的感受,在生态环境的宁静、自然中放松自己,能有更多新奇的见闻和感受,能了解到更多当地特色民俗和风土人情,让自己开阔胸襟,净化心灵,增进健康。长泰县岩溪镇引入意大利的"慢生活"理念,正好符合现在人们的追求。

三、长泰县岩溪镇之未来展望

乘胜追击,长泰县岩溪镇现在正在走生态休闲旅游路线。生态休闲游是乡村旅游内涵的丰富和发展,是发生在非城市区域的以乡村文化景观(农业生产及农村聚落)为主要依托的旅游活动。长泰县岩溪镇曾几何时也是名不见经传的落后乡村,现在跟上了时代步伐,充分利用自己独特的优势,顺应现代旅游业的发展潮流。它的生态休闲旅游顺应了现代旅游业发展潮流。旅游业的快速发展离不开一个良好的生态环境,大力发展生态休闲旅游将是我国旅游业发展的一个重要方向。随着人们环保意识的进一步增强,生态休闲游将会成为我国今后的一个重要旅游方式。这是发展的必然规律。现在所倡导的关爱自然、保护自然、利用自然、享受自然的主题,充分反映了现代旅游业发展潮流和方向,具有顽强的生命力。生态休闲旅游的发展,与其他任何产业一样,需要规模化开发,高品质提升才能有效提高生产力,形成经济社会效益。生态休闲旅游产业,是未来现代农业综合开发中一个重要的方面,是直接面向终级消费的产业,具有提升附加价值,形成资金快速流转的特别作用。长泰县岩溪镇现阶段正规模化进行生态休闲旅游的开发,努力打造乡村旅游目的地,综合利用农村农业资源,提高农副产品附加值,帮助农民脱贫致富,带动乡村发展,形成对新农村建设的全面推动。将来有一天实现生态文明建设的中国梦。可想而知,其未来的发展潜力无可限量。就目前来说我国生态旅游正处于初级发展阶段，各个方面都不成熟，开展还受到诸多限制，其接待人数、经济收入是主要的考核指标，恐怕真正意义上的生态旅游难以担此重任。

四、长泰县岩溪镇生态游之感悟

经过此次对长泰县岩溪镇生态旅游建设的考察，我获得以下几个方面启示：

（一）必须用与时俱进的精神对待发展问题

虽然目前来说我国生态旅游正处于初级发展阶段，各个方面都不成熟，在发展中还存在许多问题，其接待人数、经济收入是主要的考核指标，离真正意义上的生态旅游还有一点距离，发展的道路是曲折的，但前途是光明的。我们要在实践中检验真理和发展真理，不断认识与创新，实事求是，发展符合当地情况，实现产业利益最大化。所以，生态旅游应该鼓励当地居民积极参与。经实践反复证明，生态建设如果不把国家长远利益与老百姓的近期利益相结合是不会产生预期的效果的。只有百姓的利益得以实现，才能发动百姓积极参与，以促进当地经济的发展，提高当地居民的生活质量。

（二）生态旅游应该在全社会开展环境教育

现今所谓的"生态旅游者"较真正意义上的生态旅游者而言，大多数没有或者只有表面的生态意识，具有浅显的环境责任感，旅游行为类似于大众旅游者，这足以证明我国在对旅游者的环境伦理教育方面的缺失。应该多多宣传，增强人们的生态环保意识和扩充生态知识。有时政府需要采取强硬的手段，例如工厂，必须要求符合国家污染排放标准，才能投入生产，并且要严格执行。长泰的安安公司就是很好的榜样，经济与环保两头抓，两不误。这样容易形成良好的社会风气。再者生态旅游的经营管理者也更应该重视和保护自然，并不能只讲经济效应，不惜破坏生态。

（三）政府要大力推进生态文明的制度建设

中国特色社会主义的市场经济体制优于西方国家的市场经济体制，它的优势在于中国各级政府管理者的高效性，政策执行的坚决性等管理体制，应充分发挥其优势。实践证明，不能以牺牲生态环境为代价，只为追求眼前的利益。要以发展的眼光看待问题，生态文明建设在一定程度上是超出民族、国家的一种人类高度文明形态，而生态休闲旅行只是实现生态文明建设的一种途径。生态文明建设内容不仅包括生态建设，还应包括形成节约型消费模式、发展生态产业、树立生态文明观念等多领域、多层次、多视角的建设内容。所以，长泰县岩溪镇要实现生态文明建设需要付出更多的心血，需要在理论与实践的指导下，完成艰难的目标。我期待并祝福着长泰，愿有一天，长泰实现自己的中国梦！

这次的旅程真的让我受益匪浅。在返程的车上，我更加深刻理解习主席提出的将生态文明建设纳入党和国家工作的总体布局，放在重要地位，并融入经济建设、政策建设、文化建设、社会建设各方面和全过程，加强资源节约型、环境友好型社会建设。我联想到这次以"感受美丽长泰，建设生态文明"的主题！知道中国共产党是脚踏实地地干实事，时刻关注最广大人民群众的根本利益与愿望，维护农民利益，增进农民福祉。看着祖国渐渐走向富强，心情不由自主地激动。今天在这里，我把我最好的祝福送给我美丽的祖国！

指导老师：杨小霞

长泰县生态"慢活"之体验

公共管理学院 13 级，祁啸宇

"读万卷书，不如行万里路"，理论唯有联系实际才能发挥出最大的价值。党的十八大把生态文明建设与经济建设、政治建设、文化建设、社会建设一起纳入"五位一体"的总体布局，大力推进建设美丽中国的事业。为了贯彻这一重要精神，同时也为了落实以"考察生态文明，建设美丽福建"为主题的课外实践活动，我校来自于不同院系、不同专业与年级的学生代表们在马克思主义学院《马克思主义基本原理》教研部老师的组织和带领下，来到了素有"长久安泰"之称的福建省漳州市长泰县进行了为期两天的社会考察活动。通过这一次的考察与调研，我不仅收获了友情，而且对于生态长泰有了更为感性的认识，现将感悟总结如下：

好在区位

福建省漳州市长泰县是一个主打"田园风光，生态之城"的美丽小县，现辖六个乡镇，两个工业区和一个旅游区，76 个行政村（作业区，居委会），面积 900 平方公里，人口 20 万人，是"体验生态旅游，感受慢生活"的绝佳去处。长泰地处厦漳泉大都市区中心结合部，距离厦门 40 公里，漳州 18 公里，泉州 100 公里，可谓"闽南宝地，厦漳近郊"。即将通车的厦成、福广、沈海复线等三条高速在长泰设有四个落地互通口，届时一通车，长泰至厦门海沧仅 28 公里 30 分钟车程。

美在山水

长泰地理位置优越,"七山一水二分田",地貌呈向南开口马蹄形,四季如春,物产富饶。现已形成"春赏花,夏漂流,秋登高,冬温泉"的四季经典生态休闲旅游品牌。在为期两天的考察活动中,让我感受最深的还数"古山重景区"和"玛琪雅朵花海"。

我们师生一行人行走在山重村的百年古道上,穿梭于历史悠久,特色鲜明的乡村民居中,"抬头望碧空,低头寻花海",身心完全放松,尽情地感受古山重所带给我们的历史的沉淀与自然的秀丽。遥望远方,近千亩的碧绿农田里玉米、番薯、草莓等应有尽有,近看古村,更有极具美感的鹅卵石古道,百年民居,千年古樟,宋代石佛塔及令人"如痴如醉"的乡村民俗,民间传说。

你如果要问我哪里的花朵最有"魅力",我可能还真答不上来。但如果问"哪里的花朵更有灵性",那我一定向你推荐"玛琪雅朵花海"。长泰的"玛琪雅朵花海",占地12万平方米,有石竹、一串红、樱花、含笑等观赏性十足的乔木花种,一年四季花开不断,无论是闲庭信步还是与蝴蝶共舞感受"花花世界",都是一种无与伦比的浪漫感受。

韵在田园

"结庐在人境,而无车马喧,问君何能尔,心远地自偏",陶渊明的一首脍炙人口的《饮酒》道出了在喧闹的城市生活之余人们对田园生活的向往。在长泰一行中,真正让我享受到一种"幽静与恬淡"的还数长泰福友生态农场了。福友生态农场是最早引入意大利"慢生活"理念的"慢客园",以"崇尚自然,注重生态"为宗旨,引进宝岛台湾及国内外各种奇花异果上百种。"落霞与孤鹜齐飞,秋水共长天一色",渐进傍晚,朝霞满天,师生携手,徜徉百果园,漫步樱花谷,寻觅香草园,试问人世间还有比这幅美景更让人留恋吗？现代的城市生活紧张得令人焦躁，焦躁得让人无法自由呼吸。但是，紧邻长泰的城市人算是有福了，抽出周末，带上家人，驱车自驾游，来到这片人世间少有的"净土"，露营野餐，钓鱼闲谈，放慢脚步，放松心情，听听鸟语花香，回忆下自己一路走来的点点滴滴又何尝不令人快哉？

妙在人文

长泰建县于公元 955 年，至今已有一千多年的历史。史书记载，南宋理学泰斗朱熹任漳州知府时，曾游遍长泰山水，讲学兴教，留下"紫阳过化"的美谈。为了感受长泰浓厚的人文气息，我们师生 31 人先后走过了中国慢客村——上蔡村大学自然村和龙人古琴文化村。上蔡村大学自然村位于长泰县岩溪镇。让我印象最深的是其将源自意大利的"慢生活"理念融入环境整治中，以"层次错落，随意点缀"的景观绿化，还原旧时乡土田园景观。"自磨豆浆，自种瓜果"，勤劳热情的慢客村村民一代又一代地传承着属于他们自己的"慢活"方式，迎接着一批又一批向往"慢生活"的游客。遥遥望去，漫山遍野的油菜花映入眼帘。我再也忍不住，闭上眼睛，尽情地朝"金色的花海"奔去，仿佛每跑一步就离自己的烦恼远一些，离自己的梦想近一些。"尽情地呐喊吧，在这里没有异样的眼光和满脸的愁容，有的只是纯朴的笑脸和单纯的童心"。

虽然，为期两天的长泰之行是短暂的，但丝毫不影响我们用心去感受长泰的"生态之美，慢活之风"。通过这次社会考察，我的内心久久不能平静，我开拓的不仅仅是视野，更重要的是感受到了我党提出的建设"美丽中国"的必要性。中国目前处于一个经济快速增长，重回世界之巅的历史机遇期。我们创造了西方人眼中的"东方奇迹"，我们用几十年的时间完成了西方世界几百年的发展历程。但是，我们应该清醒地认识到我国目前所遇到的前所未有的各种社会问题及环境危机。这次的"长泰生态行"

让我真正认识到一个县、一个市，乃至一个国家，要想获得长远发展都必须把生态建设放在与经济建设并重的地位上，否则只能"涸泽而渔焚林而猎"，为自己的子孙后代埋下一颗随时会爆炸的"定时炸弹"。

指导老师：杨小霞

我眼中的平潭"大工地"

地理科学学院 13 级，程清

在福建的东部，有一个形似神兽麒麟的岛屿"舞动"在台湾海峡，那就是平潭。2012 年我作为福建师范大学《马克思主义基本原理概论》课程社会实践队的成员之一，对这只"美丽的麒麟"进行了为期两天的考察。平潭岛给我最大的印象不仅是一个美丽的海岛，更是一个繁忙并具有勃勃生机的大型工地，拥有美好的未来。

社会实践第一站，我们来到平潭综合实验区展馆，了解平潭的总体规划与发展步伐。正如本次社会实践的主题"科学发展，先行先试"所体现的，国家将平潭综合实验区的发展定位为探索两岸交流合作先行先试的示范区和海峡西岸经济区科学发展的先行区。

为了尽快实现这一规划，平潭综合实验区通过积极承接台湾产业转移，建设先进制造业基地，发展电子信息、海洋生物、清洁能源等现代产业体系，打造低碳经济岛。以构建生态园林城市为目标，形成低投入、低消耗、低排放和高效率的经济发展方式，建设现代化的生态海岛城市。平潭综合实验区近期将重点推进六大区域建设：产业发展区、国际旅游发展区、商贸合作区、现代物流港区、科技文化产业区、城市发展区。

特别值得一提的是，上述定位充分地利用了平潭综合实验区与台湾岛之间的地理位置优势——平潭县是大陆距离台湾省最近的县。随着 2012 年 4 月 28 日天津、重庆、南京、杭州、广州、成都等六城市开放赴台个人游后,大陆与台湾之间的联系更加密切了。平潭综合实验区在建设自己的基础上,努力吸引更多的台资,外资来平潭发展,促进平潭经济蓬勃发展。

岛的东南和西南作为港口经济区,我们都知道,港口的建设并不是硬件条件满足就可以的,在满足建设港口的设备和条件,如泊位水深、航道水深、岸边装卸效率、库场面积等基础上,还要有广阔且经济发达的腹地这一软件要求。不仅如此,交通还要便利,有铁路、公路、管道、河道等现代化运输网与之相连成为转运枢纽集散中心。2010年11月30日福建第一大岛跨海大桥——平潭海峡大桥建成通车,这是福建省第一座真正意义上的跨海特大桥。要致富先修路,之前平潭岛与外界的交流仅依靠轮渡,由于轮渡的限制作用,使得平潭与外界的交流十分有限,限制了平潭的经济发展。现在平潭不仅一桥开通,而且海峡二桥也在建设中。平潭海峡二桥将采用三路合一、公铁两用桥设计,即京福高速铁路上岛线、福州城市轻轨6号线、京福高速长乐古槐至平潭路段,由路、桥相互衔接而成,目前各项前期工作正在紧张有序推进。不仅如此,平潭还预留了海峡三通道。海峡三座大桥将为平潭的交通带来极大的便利。

我们还参观了长江澳风力发电站,站在高大的风车下,听着大大的风扇从身边转过,发出"呼呼"的声响,感到一阵气势磅礴。福建沿海有丰富的风力资源,尤其平潭更具风电开发地理和资源优势。为开发平潭得天独厚的风电资源,福建省电力有限公司和平潭县电力公司合资成立福建省平潭长江澳风电开发有限公司,开发、建设、经营福建省平潭长江澳风电场。长江澳风电场位于海坛岛北部,面朝东海,背面是平坦的平原镇和芦洋乡,有着海坛岛上最好的风力资源。风力发电是一门新的高新技术产业,是可再生的洁净能源,是新能源开发的重要组成部分。风力发电既是现阶段的重要补充能源,又是未来的能源基础。随着风电技术的日益发展,风力发电在改善地球环境污染、开发绿色能源领域具有十分广阔的前景。为打开福建的风电市场，风电公司通过项目开发，积累经验，培养人才，掌握技术，实现风电国产化、规模化、产业化的开发，立足长远发展。长江澳风电场产出的电，不仅供岛上人民使用，而且还向外输送，供福清地区使用。

平潭旅游资源景观独特、类别丰富，特别是海蚀地貌得天独厚，海蚀崖、海蚀柱、海蚀洞穴、海蚀平台、海蚀阶地等星罗棋布、形态各异。平潭有国家一级至四级景点128个，海滨沙滩总长达70公里。1994年海坛八大景区被评为国家重点风景名胜区，1999年被列入国家申报世界自然遗产预备清单，2006年被评为首批国家自然遗产。在原有旅游资源的基础上，再充分发挥坛南湾的海滨旅游资源，将坛南湾打造成国际旅游、休闲养生目的地，建设山海融合、自然与人文和谐共存的国际旅游休闲度假区，形成一个完整的旅游体系，成为一个国际旅游小岛。

现在，福建省政府正在努力将平潭综合实验区打造成为探索两岸交流合作先行先试的示范区和海峡西岸经济区科学发展的先行区。当然，"引巢筑凤"需要硬件上满足条件，才能吸引外企、台企来投资。在开发的过程中一定要注意保护原有的生态环境。现在的平潭还是一个未开发好的大工厂，让我们一起期待平潭的明天更加美好。

指导老师：杨小霞

浅说平潭这块沃土

地理科学学院 13 级，林玉婷

树苗的茁壮成长，离不开沃土、空气和水。沃土提供成长的空间；空气使其呼吸顺畅，健康成长；水的滋养使树木越发郁郁葱葱。

平潭，就是这样一块沃土。

2012 年 6 月初，马克思主义哲学理论的教研组老师带队，师生同行，进入平潭进行为期两天的社会实践，此次社会实践的主题是"科学发展，先行先试"平潭行。

在老师的带领和指导下，我们参观了平潭综合实验区展馆、江继芸纪念馆以及长江澳风力发电站，游览了南寨山、将军山，欣赏了海蚀竖井、泮洋石帆等奇景。一路考察下来，对平潭综合试验区的动态、政策、发展有了更深的了解，还欣赏了平潭的自然奇景，感受平潭独特的人文气息。深有体会的是，平潭的区位优势以及文化氛围，为平潭作为先行先试的开发区奠定基底。

一、区位优势——地理位置优越、海洋资源丰富

经济发展的区位优势，包括该区位的自然资源禀赋状况、空间上对外经济联系的条件、人口与劳动力优势等。

平潭，素有"千礁岛县"之称，主岛海坛岛为中国第五大岛、福建第一大岛。平潭地处福建东南沿海中心，距省会福州 130 公里，特区厦门

300公里，隔台湾海峡与台湾新竹相望，直线仅距68海里。

福建省平潭综合实验区的发展定位为探索两岸交流合作先行先试的示范区和海峡西岸经济区科学发展的先行区。发展近中期目标（2010—2015年）和中长期目标（2016—2020年）确立。围绕发展目标，福建省平潭综合实验区将积极构建具有较强竞争力的产业支撑体系。通过积极承接台湾产业转移，建设先进制造业基地，发展电子信息、海洋生物、清洁能源等现代产业体系，打造低碳经济岛。以构建生态园林城市为目标，形成低投入、低消耗、低排放和高效率的经济发展方式，建设现代化的生态海岛城市。

可见，平潭作为先行先试发展区，区位优势突出表现在地理位置的优越性。与台湾岛的地域临近性，便于与台湾岛进行产业对接，引进高新技术产业。同时，平潭岛与内陆联系也十分紧密，西临海坛海峡与福清市隔海相望，南近南日岛与莆田市秀屿区隔海相望，北望白犬列岛与长乐市隔海相望。随着交通的建设，平潭对海西经济区其他地方的联系也会越来越紧密。

二、文化氛围——"海纳百川"、"敢拼会赢"

"能否包容一个快速发展的经济体？如若营养富足，而却没有消化的能力，也会导致病态生长。"这是在进入平潭实地考察前，我心中留下的疑问。

听人说过这么一句话，"平潭距福州不过二百多公里，但福州男人与平潭男人却有着本质的区别，如果把福州男人比做福州的西湖，细腻中透着细致、平和，那么平潭男人就如毗邻台湾的大海，宽阔、粗犷而不甘于平凡。"

当走进平潭岛，你会为岛上的奇景所动容。平潭海岸为基岩海岸，受风化和海蚀作用，怪石、巨石林立，海蚀平台、海蚀柱等风景奇特。各种姿势的巨石，显示着大自然的鬼斧神工，有的看似骆驼，有的看似神龟，有的看似一对爱侣在窃窃私语。生活在当地的人们面对大自然的产物，发挥想象力，使得冰冷的巨石显得栩栩如生；千姿百态的巨石也赋予了人们想象的空间，塑造当地人宽广活跃的思维。

四面环海，宽阔的海域，也拓宽了平潭人的眼界，拓宽了平潭人的心界。平潭人有大海的胸怀，有巨石的刚毅。阳光下，站在巨石上，面朝大海，看着潮起潮落，浪花卷起千堆雪。此情此景，我豁然开朗，突然明白了——可能世世代代靠海生活的平潭人已经习惯在风里滚、浪里打，风吹浪打铸造就了粗犷、敢拼的平潭男人。

地域自然景观对个人的信念、价值观、性格及行为有塑造作用。巨石与大海的结合，塑造了平潭人宽广的胸怀、刚毅拼搏的精神，彰显"海纳百川""敢拼会赢"的精神。

一个地区的经济转型，人力物力的投入很重要，同时也要考虑这个地方的社会文化氛围能否容纳，能否承受住快速发展的新经济体，并有力促进经济的发展。中国五大商帮，各有其文化特点。山东商帮体现的是儒家文化，"鲁商们一手拿《孙子兵法》冲杀、一手拿《道德经》搞阴阳调和"，既有北方人的务实，也有南方人的精明；苏南商帮的文化背景是吴文化，重格物致志，强调均衡、集体、等级；浙江商帮受永嘉文化影响较大，重经世致用，强调个性、个体能力；浙江商帮吃苦耐劳，有着强烈的事业心；广东商帮受岭南文化影响较大，经商胆大，打架胆小，有着中国商人少有的自由开放、冒险开拓、务实创新的精神；闽南商帮的文化是闽南和吴越文化的交融，是一种典型的客家商业文化，"爱拼才会赢"这句闽南俗语代表了闽南商帮特点。

而平潭体现的是"海纳百川""敢拼会赢"的文化特点。在这样一个开放包容，兼收并蓄的社会文化氛围下，平潭作为探索两岸交流合作先行先试的示范区和海峡西岸经济区科学发展的先行区，能够很好地吸收外来产业文化，与当地文化相融而创新，能够有力促进经济的快速发展。

此文化氛围，如同空气一般，看不见摸不着，可它对于经济的发展起着举足轻重的作用。

平潭综合实验区的稳健发展，依赖其区位优势、文化氛围和海上对外通道。区位优势使平潭地扼海西重要战略地位；海纳百川、敢拼会赢的文化底蕴使其有利于经济的转型；便利的海上通道是平潭对内对外联系的关键，促进经济的快速发展。

若非参与了社会实践考察队，耳闻目染了开发中的平潭，并在老师们的带领与指导下，认识开发中的平潭，或许能听闻平潭综合实验区是如何一块宝地，却不识平潭竟是这样一座充满魅力与梦幻的城市，是这样一座充满刚毅与包容的城市！

树苗的茁壮成长，给我们带来丰硕的果实！我们以同样的心情，期待平潭综合实验区的发展！

指导老师：杨小霞

海西明珠
——平潭

公共管理学院 13 级，王慧婷

这是一个三百多平方公里的小岛，碧海环绕群山风姿绰约。这是一个依靠天然良港和海洋产业发展的小岛，民风淳朴。沉默千年，守候悠远的历史和暗藏的炫彩。这就是平潭，中国的第五大岛，亦是福建第一大岛。因"东来岚气弥漫"，素有"东岚"的美称。它与台湾隔海相望，是距离台湾最近的岛屿，站在两岸交流合作的前线，担任着祖国统一的先行者的重任。2009 年 7 月，福建省作出了将平潭作为综合改革实验区的决定，从此，这个小岛开始绽放独特的光彩。它在海西发展的路程中迈出坚定有力的步伐，走在发展前线，成了海西一颗熠熠生光的明珠。

走进平潭，走入这个耳闻已久的美丽小岛，在了解这个小岛的发展过程后，对这个小岛更多了些其他的感触。2011 年，国家发改委正式批准成立平潭综合实验区，发挥平潭岛先行先试的功能，打造海西发展的一处重要关卡，更是令平潭成为对台交流合作中的重要枢纽。在两岸关系已经进入新的历史起点的时机，平潭综合实验区走在海西发展的前列，向台湾伸出了热情的双手，为促进海西经济区加快发展，推动两岸交流合作向更广范围、更大规模、更高层次迈进作出了巨大贡献。

平潭自成为综合实验区后也不负所望，从一个基础设施配备不齐全的小岛开始努力发展，以完善岛上设施建设为第一要务，招商引资为第二发展规划，逐步前行，现已经初具规模。在平潭岛内的街道行走，随处可见现代化的设施建设。由于建设时间有限，平潭岛并不能像其他大城市一般处处繁华夜夜炫彩，但对于长期处于自给自足的平潭来说，已是翻天覆地的变化。风力发电场在海边吹响经济起飞的号角，港口运输在碧海划开对外交流的轨道，鲍鱼养殖在水中荡漾科学致富的波澜。拔地而起的高楼，迅速完善的公路，谁能不感叹几年前这个不为人知的小岛如今的繁华新貌。

凡是发展，必先有规划。在听导游介绍了平潭岛的各种发展现状后，我们有幸参观了平潭综合实验区的规划馆。一幅幅规划图生动地向我们预告了一个未来的新兴城市正在崛起的过程。在可以预见到的未来里，相信在科学发展观的指导下，在福建省政府的大力支持下，在平潭人民的共同努力下，这个原本平凡的小岛，将会因为它的特殊地位和高速发展，成为海西发展模式的一个典范。作为大学生，在面临海西建设发展的时代机遇时，也被平潭速度所感动和激励，也将投入到改革的潮流中去，见证历史，并创造历史。

目睹平潭崭新的今天，也不能忘记平潭沧桑的过去。历史是最不能被遗忘的东西。平潭因其特殊的地理位置，在历史中有许多不能抹灭的痕迹。

印象最深刻的是参观将军山。将军山，顾名思义，因将军而闻名。它是为纪念1996年年初三军联合演习而建立，那是两岸紧张关系的见证，但也代表了我们对于统一祖国的决心。百名将军登山观战，演习场面硝烟四起雄浑壮阔，时隔多年，穿越历史的隧道我们仍能从岩壁上刻着的"祖国统一，战士心愿"八个大字中感受到当年为祖国统一而战的心情。

平潭作为距离台湾最近的海防前线，数十年来一直处于战备状态，经济社会发展极为落后。郁积多年的失落感使平潭人纷纷离乡背井寻找出路，有的甚至成了偷渡客。这是平潭为国防安全作出的牺牲和贡献。所幸的是如今的平潭已经得到了足够的重视，备受瞩目的平潭两岸合作实验区将这个饱经风霜的海防前线转变为经济前沿，以不同的姿态和方式继续发挥它对国家的作用。

如今的将军山已被打造成旅游景点和爱国主义教育基地。曾经的战备坑道的入口也被丛生的芦苇所掩盖。如果没有纪念石碑提醒，我们已经很难将山下美丽的黄金海岸和迅速崛起的高楼丛生的城市与曾经轰轰烈烈的军演相联系了。

城市的发展和历史总有些相悖的地方，所幸人总还能记忆、总还能感悟那穿越历史而来的真真爱国情。平潭一行，除了感受到先行先试的魅力与平潭速度的惊人，也感受到两岸人民求和谐的迫切心情。实践的意义不仅在于参观，更在于从所见所闻中得出所感，与所学相结合，于实践中得真知。感谢平潭一行，能够让我们接地气，以更加透彻的感悟面对海西发展的大潮，以更加积极的心态投入到今后的建设发展中去。

指导老师：杨小霞

第十章　爱拼才会赢
——闽台文化与精神给我们的启示

忠魂烈骨　万古长存

文学院 08 级，郑鹏程

谷文昌原名谷程栓，河南省林县石板岩乡郭家庄人，小时曾逃荒求乞，稍大当长工，学打石。1943 年 3 月加入中国共产党，历任区长和区委书记。1949 年 1 月随军南下，1950 年 5 月 12 日东山解放，谷文昌任中共东山县第一区工委书记，后历任中共东山县工委（以下简称县委）组织部长、县长、县委书记、福建省林业厅副厅长、龙溪地区革委会副主任、龙溪行政公署副专员。

一、谷文昌："不救民于苦难，我们这些共产党员用来干啥？"

我们一行人来到谷文昌纪念馆，了解这东山人民满心感恩戴德的地方，究竟承载着怎样的故事，又会以怎样的启示让我们不虚此行。

> 沙海漫边万里穷，
> 厚土连壤几时通。
> 若问此镇名何有，
> 一人行乞百人从。

千百年来，东山人民被风、沙、旱、涝压得抬不起头、喘不过气。据解放时的记载，东山一年中刮六级以上大风的时间长达 150 多天，在全岛

194 平方公里的土地上森林覆盖率仅为 0.12%。1949 年全岛 6 万多人，有 2000 人死于天花，外出当苦力、当乞丐的占十分之一。地处风口的山口村共 900 多人，讨饭的就有 600 多人。山口、湖塘两村的 1600 人中因风沙为害患红眼病、烂眼病的 400 多人，失明或半失明的 90 多人。海岛东南部横亘着 30 多公里长的沙滩，茫茫一片，寸草不生，还有 40 多个流动沙丘，沙随风势不断向人们进逼。有田无法种，种了不收成。面对多灾多难的群众，谷文昌流下了泪水，吃不好饭、睡不好觉，做梦也在想着战胜风沙、根治旱涝，让人民过上好日子。他反复思考一个问题："群众希望共产党给他们带来幸福，如果我们不为民造福，要我们到这里来干什么？群众分到了土地，但种不出粮食，分地又有什么用？""不解除群众疾苦，我们心里有愧啊！"

于是，谷文昌带领着群众踏上了治理风沙的漫漫征途。他走遍了东山的大小山头，把一个个风口的风力，一座座沙丘的位置详细记录下来。他走村串户和村干部、老农民促膝长谈，制定了"筑堤拦沙、种草固沙、造林防沙"的方案。他带领县委一班人，先后八次组织干部群众筑堤拦沙、挑土压沙、植草固沙、种树防沙，但收效不大。能想到的办法都用了，却依旧没有从根本上解决风沙问题。面对困难，谷文昌矢志不渝，迎难而上，他发誓："不制服风沙，就让风沙把我埋掉！"

挑土压沙，植草固沙，造林防沙……功夫不负有心人，在百般探索之下，终于发现具有耐旱耐咸、抗风力强，能制伏风沙的木麻黄。1960 年，一场"上战秃头山，下战飞沙滩，绿化全海岛，建设新东山"的战斗打响了，党、政、军及人民齐上阵，苦战数年，终于全县四百多座大小山头，三万多亩赤白滩，种上树，造了林，三十公里长的海岸线筑起了"绿色长城"。气候调节了，水土保持了，生态平衡了，沙滩变良田，一熟变三熟，粮食产量提高了，人民的生活水平及条件大幅度提高了。同时，谷文昌还发动人民群众挖塘、打井、修渠、筑水库，开发地下水源，有效地利用水利资源。另外，为了便利交通，发展经济，谷文昌领导全县人民兴建八尺门海堤，从此孤岛变半岛，经济发展了。

对革命事业无限忠诚，对党和人民忠心耿耿，对人生理想不懈追求……在常人看来，这似乎是战争年代革命战士才有的品质。其实不然，在和平岁月，也同样需要这样的同志，如像炭火一样发光发热的张思德，为新中国壮烈牺牲的董存瑞，烈火中永生的邱少云，对待同志像春天般温暖的雷锋，为人民操心的好干部焦裕禄、谷文昌、孔繁森……他们犹如一座座不朽的丰碑、理想的火种。他们对党、对祖国、对人民鞠躬尽瘁、无私奉献的革命热情，气壮山河，辉映日月。

二、谷文昌："不带私心干革命，一心一意为人民。"

这是一个陈旧、色泽斑驳的人造革箱子，是谷文昌的遗物，它在"谷文昌纪念馆"安静地躺着。起初，并没有人注意到它有什么特别之处。后来听讲解员说，这是谷文昌廉洁自律的见证。原来谷文昌大半辈子与林业打交道，却不沾公家的一寸木头。不用木箱，家里用的是竹凳、藤椅、石饭桌，妻子问他为什么不用木头的，他说："还能写张声明贴家具上，告诉人家这是买的？林业局局长家一下子添了木头家具，外人误认为这是公家那儿捞的便宜货，一个个还能不跟着学？"

1962年东山县的高考落榜生，绝大多数安排了工作。谷文昌的大女儿也高考落榜，却仅仅安排了临时工。1964年当谷文昌调离东山时，有关部门提出给大女儿转成正式职工，一起调到福州。谷文昌说："省里调的是我，没有调女儿，给她转什么正？"就这样大女儿一直到1979年才转为正式工。小女儿1974年高中毕业，谷文昌就让她到农村插队锻炼。

谷文昌不仅廉洁自律，还始终保持共产党员的高尚情操，心里装着人民，从不计较个人得失。1958年一度被调为二把手，他毫无怨言，一如既往地工作。"文革"期间，他遭受残酷批斗，全家被下放到三明地区宁化县禾口公社红旗大队（今石壁镇红旗村）当社员。谷文昌把自己的厄运置之度外，千方百计帮助生产队发展生产，手不闲、腿不闲、口不闲，使红旗大队亩产跃上千斤。群众看着黄澄澄、金灿灿的稻谷满囤满仓，把谷文昌亲切地称为"谷满仓"。千言万语，道不尽，忠魂气魄。百转千回，抵得过，几经风波。

三、谷文昌："死后，请把我的骨灰撒在东山岛。"

谷书记调离东山县后，他的光辉业绩，仍为人们所传颂。在东山岛，提起谷书记，除了年幼无知的孩童外，无人不晓、无人不知。谷文昌带领大家造林绿化，改变了整个东山岛的生态环境，为东山经济发展和对外开放打下了坚实的基础。没有谷文昌，就没有东山现在的一切，东山的座座青山，棵棵树木，便是为谷文昌树立的不朽丰碑；对于谷文昌的光辉业绩，党不会忘记他，人民不会忘记他。中央林业部已将谷文昌列入《中国林业名人录》。

1981年1月30日，谷文昌同志因病逝世。临终前，他念念不忘那绿色的事业，叮嘱县林业局长，一定要做好林木的更新换代。当家人问他有什么要交代时，他断断续续地说："我想回东山去，把我的骨灰撒在东山的土地上。"

从此，每逢清明时节，"先敬谷公，再敬祖宗"，便成为当地的习俗。东山人民的心里，盛着对谷公不尽感激之情，谷文昌的足音，幻化成了海浪声，生生世世，传扬在这片大地上。谷文昌为人民服务的精神，融入这片海域，荡漾在人民的心里，永垂不朽！

他走了，与世长辞，长眠地下；他还没走，烈骨忠魂，流芳百世，永垂不朽！

雨后的空气，格外清新，周围是赤山林场，拔地而起的高大树木，像是英雄挺着永不弯曲的背脊，守护着东山的一草一木，子子孙孙。这位受千万人尊敬与爱戴的人民公仆,将永远地安眠在这一片绿色的大地上,与海为伴。站在英雄墓碑前,敬畏感油然而生,我们考察团一行人,恭敬地给谷公鞠了三个躬。

指导老师:陈志

德化精神　永传千年

旅游学院 13 级，张焰芳

德化地处国家东南闽中戴云山区，山清水秀，景色宜人。当我们的考察队伍乘车行驶在德化的山林间，连绵不绝的叠嶂山峦，葳蕤繁茂的青山草木，澄澈见底的山涧溪流，都令我们仿若进入隔绝尘世的桃源之地。山川锦绣，风光旖旎，生机盎然，这是我对德化的第一印象。

福建德化与江西景德镇、湖南醴陵并称为中国历史上著名的三大瓷都。作为中国古代陶瓷文化的发祥地和古瓷都之一，德化自五代后唐长兴四年建县至今，已历经一千多年的风风雨雨，在历史的大浪淘沙中，孕育出了高超精湛的制瓷技术以及一代代卓越的瓷工艺人，更凝练出了永垂不朽、传承千年的德化精神。

一、德化精神之传承创新

德化陶瓷生产历史悠久。据当地导游的讲解，我了解到，早在新石器时代，德化已有釉陶、印纹陶烧制，其制瓷技艺则可追溯到唐代，至今德化全县境内已发现数百个自唐以来的古窑遗址，规模之大，世间少有。德化人民令人惊叹的千年制瓷智慧，着实值得世人赞扬！

在大家参观的德化陶瓷博物馆中，我深入了解了制瓷工艺的基本流程，也见识了不同历史年代的陶瓷艺术品，让我对德化儿女的聪明才智与辛勤劳动肃然起敬。中国"瓷圣"何朝宗便是德化制瓷人才最杰出的代表。何朝宗生性聪慧勤敏，深受环境的陶熏，爱好雕塑艺术，自幼随父学艺，开创的精雕细刻和造型精巧优美、人物形神兼备、衣纹深秀流畅、线条潇洒洗练、自成独树一格的"何派"艺术，驰誉古今中外，其作品成为我国瓷坛艺术的精华。

在历史的长河中，德化制瓷业历久弥新，德化人民秉承先人遗志，将制瓷工艺代代相传，留芳于世。与此同时，他们也不忘发扬创新精神，为制瓷业注入新鲜血液，更将中国制瓷的高超技艺与精湛水平面向世界广为传扬，为中华民族文化更添一笔宝贵的历史财富。这启示我们，文化是需要创新才能永葆活力，历史是需要传承才能绵延不衰，作为具有五千年历史积淀的华夏大地子民的我们，更应该借鉴德化人民传承创新的精神，保护好自己的民族文化，发展好自己的民族历史，为当下的祖国建设添砖加瓦。

二、德化精神之敢拼敢赢

德化以陶瓷闻名，陶瓷经济占全县经济总量的60%—70%。至20世纪末期，陶瓷工业已发展成为全县国民经济的最重要支柱。当我们进入德化县城，街道两旁鳞次栉比的陶瓷工艺品店就足以反映陶瓷业对德化经济的推动作用之大。

改革开放以来，德化坚持以体制创新为动力，以市场为导向，以陶瓷产业为支柱，走出了一条独具特色的山区县经济社会协调发展的道路。德化人民敢试、敢拼、敢闯、敢赢，他们以勇敢不朽的气魄为德化的千年历史增添光彩，也为德化的灿烂明天开创一番繁荣景象。闽南人"爱拼才会赢"的精神品质在他们的身上得到了完美的诠释，他们铸就了瓷都的辉煌，光耀了一部德化瓷史。此次的德化之行，不仅让我收获许多师生及同窗之谊，德化人民敢拼敢赢的精神，更让我受益良多。作为祖国未来的建设者和接班人，我们最需要的就是这种百折不挠、敢于尝试的精神，支撑着我们面向世界,走向未来!

三、德化精神之包容善化

德化县是典型的山区县,故而全县境内较为封闭,但是德化并未因此而闭门自守,反而以其名扬四海的制瓷术引来了来自五湖四海的建设者,德化人民以宽广的包容之心、充分的善化之力接纳四方朋友,让家乡的建设发展更添一股蓬勃活力。

其包容善化的德化精神也体现在德化的绿色生态上。因其境内层峦叠嶂,污染较少,所以生态环境保护完好,山川绮丽,青山巍峨,绿树葱茏。当我们置身于山林间,便能嗅见德化的质朴气息,感受到德化的包容之怀,身心仿佛都能得以净化,让人们产生隐居于此的超然之感。千年的制瓷历史和世代相传的薪火窑炉,铸造了德化这颗"瓷坛明珠",更凝练了"传承创新、敢拼敢赢、包容善化"的德化精神。德化制瓷史光耀了中国瓷史之荣光,歌颂了一代代德化业瓷者的勤劳奉献,也鞭策我们弘扬先人开拓进取之精神,秉持刻苦耐劳之品性,为民族文化接棒传薪,为祖国建设贡献力量,为创造日益光明和谐的未来而奋发图强!

指导老师:陈志

中国白，德化魂

数计学院 13 级，陈燕萍

德化白瓷以声如磬、白如玉而闻名天下。9月13日，在这个天朗气清的日子里，我们得以有幸来到福建省第一家资料齐全的陶瓷专业馆——德化陶瓷博物馆，一睹"中国白"的风采。

踏进陶瓷博物馆，映入眼帘的是一幅质地纯白，由520块德化白瓷制作而成的高浮雕壁画——"陶瓷史话"。穿梭在古陶瓷之间，领略各个时代德化陶瓷之美。各个时代名大师的作品，让人仿若置身于一场视觉盛宴。若说让我感触最深的一件陶瓷作品，莫过于何朝宗的"渡海观音"。观音像呈象牙白色，晶莹润泽。俯身细细观察，可见观音头上螺髻高挽，灵芝形发钗横缀其间，容貌端庄，神态温柔。静静观望，似乎能感受到观音的慈悲之情如春风迎面，心也随之安定。

望着如此精妙绝伦的陶瓷作品，心中对工匠大师们的敬仰之情如滔滔江水连绵不绝。我们可以想象——工人们挑着扁担，在矿区采取瓷石，再挑回去练泥、拉坯、印坯、利坯、晒坯、刻花、施釉、烧窑、彩绘等。一系列繁琐的工序，才造就了这些釉层腴润，光色如玉的瓷器。其过程的辛酸苦楚，恐怕只有脚踏实地辛勤劳作的工匠们知晓。据说，何朝宗每件瓷雕作品创作出来，先摆放在窗口，让路人观赏品评，稍不称意就推倒重塑。我不禁感叹，多少年来，有多少位大师和默默无闻的工人，把他们的青春，甚至是一生，都倾注在陶瓷工艺的创作上。若用"泥是永恒的，而生命只能为它服务"形容他们是再恰当不过了！是德化魂成就了中国白，而中国白更是凝练了德化魂。他们一辈又一辈，经历过陶瓷业青云直上的辉煌，更是体味了民国时期的日趋萧条，却始终专注于传承创新，包容善化。正因如此，德化人民迎来了"爱拼敢赢"的美好后续——他们在中华民族上下五千年灿烂的文化历史添了浓墨重彩的一笔——对陶瓷的不断发展与创新，推动了"china"走向世界的舞台，不仅向世人展示了温润如玉的"china"（陶瓷），更是传扬了文化璀璨的"China"（中国）！

追忆先人，反思我们当代青年人的生活——吹着空调打游戏，听着音乐看小说，本要凝神倾听的课堂却睡趴一片脑袋……我们应该感到惭愧，感到汗颜。德化先人艰苦奋斗创新拼搏，德化人民的生活才得以改善，文化才得以传承发展，时代才得以进步。作为当代新青年，我们肩负着兴旺国家的重担，应当向德化先人学习他们的优良品质——踏实肯干、自强不息的精神，严谨的创作态度，宁缺毋滥的工作原则。为了美好的明天，我们要做积极奋进的青年！

走出德化陶瓷博物馆，我心中已是感慨万千。历史长河悠悠，淹没了多少民间手工艺。只愿这"中国白"薪火相传，"德化魂"生生不息。当百年后，甚至是千年后，奔走在海外的同胞也能在那国、那街、那店里噙着泪花观赏着祖国的民间手工艺品，然后婉转低吟道：

"白釉青花一火成，花从釉里吐分明。可参造物先天妙，无极由来太极生。"

指导老师：林国著

瓷之美，闽中宝

传播学院 13 级，邓珺

"三分天注定，七分靠打拼，爱拼才会赢……"这首脍炙人口的闽南歌曲在儿时便听过，这句歌词不但包含了闽南人的精神，还深深受到台湾各阶层民众、中国大陆民众甚至海外华人的喜爱，因为在这句歌词里，我们看到了一种教导人们乐观向上，敢于拼搏的人生态度，而"爱拼才会赢"也体现在德化精神中。而我，作为一名在福建求学的大学生，在秋风兮兮的九月，来到了福建省中部、泉州北部的德化县，领略不一样的闽南风光。

德化是一座"中国瓷都"，陶瓷文化历史悠久，是我国陶瓷文化发祥地和三大古瓷都之一，有着"闽中宝库"的美称。我想我与德化是有一定的缘分的，因为在我的家乡江西，同样有着一个以生产陶瓷而闻名中外的地方——景德镇。虽然地域环境、人文地理有一定的差异性，可他们有着共同的文化内涵：陶瓷。这使我虽然作为一名对闽南文化了解不深的外来人，内心却感到了莫名的激动。

在行程的第一天，我们来到了德化陶瓷博物馆，这是福建省第一家资料齐全的陶瓷专业馆，毗邻陶瓷学院。而我将通过这一扇窗，惊叹瓷器带来的美丽，悠久精湛的历史文化还有古人们心灵手巧的智慧。走在博物馆外的小路间，心里立刻充满了兴趣，路边的雕塑一排排展示了制作瓷器的过程，例如上釉干燥到烧成出窑，让我们看到烧瓷有趣的一面。走进博物馆，墙上的陶瓷生产工艺流程图使我们对于烧瓷有了更进一步的了解。并且知道了几种陶瓷窑炉的种类，比如龙窑、阶级窑，而且阶级窑是在明代首创于中国福建德化，故又称为德化窑。

博物馆内，一件件精美的瓷器安静地坐落在四方通透明亮的玻璃中，灯光淡淡地打在身上，显示出瓷器特有的细腻美。宋玉瓷器、德化青花瓷、清代白瓷，历史的年轮牵引着我们走进瓷器的世界，而让我收获良多的便是德化瓷器"中国白"。质地坚密，晶莹如玉，釉面滋润似脂，在白瓷系统中具有独特的风格，也是德化的一个重要文化标志，给后代的我们留下许多值得细细、深深研究的历史文化和技术手段。

泉州作为古代海上丝绸之路的重要港口之一，对于当时的经济文化的发展有着不可忽视的重要作用。同时繁荣的经济也带动着历史文化的发展，这也使德化的瓷器从这个时候开始频繁地接触外面的世界，不仅推动了瓷器技术的进步，还增进了中外的交流，使中国瓷器在西洋远近闻名。德化精神中的"包容善化"我想正是受到了古代多元多样文化的影响，使德化具有海纳百川的胸怀，瓷都人民用开阔的胸怀接纳他人，共建和谐幸福社会。

在历史文化的长河中，德化的陶瓷技术也在不断发展，在继承先人们手艺的同时，也加入了时代的精髓，进行样式花纹的创新，从而使德化的陶瓷发展更加繁荣。在这里就要说到一位名人——何朝宗，又名何来，德化县隆泰县乡后所村人。由于自幼受到环境的熏陶，尤其喜爱陶瓷工艺，便拜当地艺人为师。何朝宗作品较多为佛道神像，而在宗教甚为发达的古代，何朝宗的瓷塑推动了佛教名族化、世俗化的进程。在这些形象逼真、栩栩如生的各种神仙佛像面前，因为天气炎热而有点浮躁的心情慢慢地沉静下来，以平和的心态来观赏这些富有神韵的雕塑。在观赏的同时，也领略其中的神奇与奥妙。而闽南人特有的"敢拼敢赢"精神，也促使人们走向外面的世界，不拘于自己的土地，将自己的本土特色文化传送出去，做文化传播的使者，让更多的人领会德化精神，闽南精神，福建精神。

随后我们还去了著名的陶瓷一条街——德化陶瓷城，里面有许多精美细小的东西让我喜爱不已，还有高端大气的花瓶摆放在架子上，明亮的颜色在灯光的照射下显得更加光滑细腻。在这一趟泉州德化行中，加深了我对于闽南文化的认识和理解，并且更加热爱我现在所生活的这个地方。闽南语博大精深，被评为最难学的方言之一。虽然大学毕业后，我可能还不精通闽南语言，但是我一定可以学会唱那一首声名四方的歌曲，将我生活了四年的地方的精神，敢想敢做、敢于拼搏、奋发向上的信念传递给身边的每一个人。"三分天注定，七分靠打拼，爱拼才会赢……"

指导老师：陈志

崇德尚化，彰显瓷都之韵

环境学院 13 级，栗智宽

占地 17.5 平方公里，常住人口 30 万，全城植被覆盖率为 77.1%。初见如此数据，很难想象这样一个地域并不宽广，却又有高植被覆盖率的人口大县是如何做到大踏步地前进的。通过对其历史渊源及发展模式的了解，我们将不再难理解这几项数据代表的内部含义。

谈及德化，大家不约而同地想到一件物什"瓷"，像是有意安排一样，自古这座城就与瓷紧紧联系在了一起。如今，德化人秉承先人遗志，制瓷技艺世代相传，陶瓷文化传承经久不衰。在不忘传统中坚持创新，是德化陶瓷产业蓬勃发展的"诀窍"。全县现已有陶瓷生产企业 1300 多家，陶瓷产品 80% 以上外销，销往 190 多个国家和地区，成为全国最大的工艺陶瓷生产和出口基地。以陶瓷产业为支柱产业的格局也因此形成，更是获得了"瓷都"的美誉。因而"传承创新"这四个字也纳入了德化精神，推广至全县各项事业作为指导思想，是推动德化各项事业向前发展的动力。改革开放以来德化坚持以体制创新为动力，以市场为导向，以推进城镇化为抓手，以发展县域循环经济为重点，走出了一条独具特色的山区县经济社会协调发展路子。县域综合经济实力居福建省各县（市、区）第 14 位。2011 年，全县 GDP 120.06 亿元，财政总收入 11.1 亿元，其中一般预算收入 6.2 亿元。1996 年以来，多年被评为"福建省经济发展十佳县"。

在县域发展方面，1991 年德化县委七届六次全体会议首次提出"大城关"发展战略，此后德化按照该战略，实行旧城改造与新区开发并举，加快了县城建设步伐，不断扩大城关规模，"大城关"框架日渐凸显。改革开放以来，德化城关新建陶瓷街、兴南街、浔东路、瓷都大道、南环路、东环路、西环路、城北路等26条城区主干道，10多条次干道，24条住宅小区道路，城关形成"五横六纵"道路网络，城区道路总长74.4公里。而在三十年前，德化县城还随处可见低矮破旧的平房，如今，五六层的楼房比比皆是，低矮的平房已不见踪影，取而代之的是高楼林立。1998年德化县改造了宝美、浔中等"城中村"，又如火如荼地进行东埔口片区等旧城区改造。改造旧城区的同时，德化不断加快新区建设步伐，先后建成20多个住宅小区，开发建设不同类型的高、中、低档次住房400多万平方米，满足不同收入家庭的住房需求，基本解决了城镇居民住房问题，人均住房建筑面积达35平方米，住宅成套率达90%以上。如今，德化"南北拓展、东西延伸"正高歌猛进，城市骨架不断拉大，随着泉三高速公路的建成，海风将吹进城中，进一步提升现代化绿色瓷都的城市形象。这些举措是建立在德化人敢想、敢闯、敢试、敢拼、敢干、敢赢的思想基础上才得以实现的，这也体现了德化"敢拼敢赢"的精神。

在农业方面，林下养鸡、山地种菜、种草喂兔、蓄水养鱼的特色农业方式在德化遍地开花。戴云黑鸡是德化县特产，乡里鼓励村民科学利用生态林，在林下饲养戴云黑鸡。黑鸡一公斤卖50元，目前国宝乡饲养黑鸡5万多羽，初步形成一个特色产业。由此及彼"三黑""三黄""三红""三绿""三白"也应运而生。由于德化县生态环境质量提高，植被覆盖率高、生态系统稳定，资源渐成资本，近年来充分利用优势，科学规划、加大投入，全面启动"新森林经济"发展引擎。从20世纪80年代开始，德化县就进行能源改革，发展循环经济，封山育林、退耕还林、植树造林。自2002年以来，全县界定和管护重点生态公益林103.7万亩，建立县级生态公益林2.3万亩，生态公益林面积占全县林地面积的39%，建立了以生物防火林带、森林消防、森林病虫害防治等为主要载体的生态公益林安全保障体系。完成了 34 个试点村的创新生态公益林管护机制改革试点工作，更率先探索出 5 种新管护模式，提高群众护林积极性。目前全县生态林面积增加逾 2 万亩，蓄积量也增加 62 万立方米。由于森林植被得以恢复，生物多样性得到有效保护。全县有国家重点保护植物 25 种，国家重点保护野生动物 45 种，有 11 种植物、2 种蛙类、52 种昆虫产于德化。如今，德化县拥有国家级生态品牌 4 个。城区环境空气质量优于国家二级标准，生态环境质量位居全国第 29 位、全省第 1 位，成为"绿色金库"。"包容善化"的德化精神体现在了德化人坚信能包容，才能发展。德化境内"三不靠"，即不靠港口、机场、铁路，是典型的山区县，但德化人没有闭门守旧，获得多项第一，不得不让人学习。

通过对德化县的考察，了解它精神文明的建设以及其发展模式和规划格局，让我更加深刻地理解了德化精神"崇文尚德、包容善化、传承创新、敢拼敢赢"的具体内涵。懂得一种思想和精神的提出，是需要切实落实到社会更好、更快的发展中去，让群众真真切切感受到，这样才会受到群众的支持。实践是检验真理的唯一标准，我们在今后的工作和学习中也应有精神动力，推动我们不断提高自己，努力向前，用实际行动为国家作出自己的贡献！

指导老师：陈志

与海洋文化和闽南精神零距离
——泉州德化文化之旅有感

社会历史学院 13 级，陈郁晗

泉州背山靠海，九龙江、晋江穿城而过，域内亦有戴云山、清源山等各具特色之名山，可谓是云山苍苍，江水泱泱。城中刺桐花开绚丽夺目，因而泉州又称"刺桐城"。相比青山秀水，泉州更为吸引人的是凭借这背山靠海之势而形成的独特文化——闽南文化与海洋文化。

一、泉州之闽南文化

福建面朝大海，境内多山。魏晋南北朝时期中原移民带来了北方的文化，与闽地土著文化相交融，但山脉阻碍了北方中原文化的持续渗入，陆地上的封闭性致使福建文化具有其独立性。闽南文化是其文化独立性的杰出代表。闽南语中保存了大量唐宋时期的词汇语音，甚至对商代古汉语语音亦有所保留，有"中国古代语言活化石"之称。在泉州博物馆内我们跟随讲解员学习了一些闽南语中的常用语句，"戴季"是事情，"拱哇"是说话，"派系"意为对不起，的确是与现代汉语相去甚远。

独特的民俗文化也是闽南文化中的重要组成部分。午饭过后我们观看了布袋戏、南音演奏和惠安女的舞蹈，近距离地感受了泉州的民俗文化。布偶师竟然要用 10 根手指控制 36 根线，但这对他来说似乎并不是什么问题。表演中布偶从被雷声惊吓，落荒而逃到意外跌倒，虽然布偶脸上没有表情，然而布偶师却能用布偶的动作完美地传达出布偶的惊讶、恐惧和痛苦，栩栩如生，技艺之高不禁令人拍案叫绝。南音的演奏则又有另一种魅力，演奏师身着古典服饰抱着南音琵琶缓缓登台微微鞠躬，悠扬的古乐响起伴着婉转的歌声，听者仿若身置唐宋，对传统民俗文化的敬意油然而生。布袋戏与南音，一动一静，彰显了泉州独特的闽南民俗文化。

二、泉州之海洋文化

泉州枕山面海，山的阻隔使古代泉州人无法很好地向内陆发展，而广阔的大海却给了他们另一种发展的机会。波涛汹涌的大海是危险的代名词，生存的需要又逼迫泉州人去开拓征服这片海域，可以说是大海塑造了一代又一代敢闯善拼的泉州人。正因有着这样的泉州人，泉州才成为了唐代海上丝绸之路的起点，才有了元代时足以与亚历山大港媲美的"东方第一大港"——刺桐港。泉州海外贸易的发达不仅是一个城市或一个港口的发达，更是中国在当时世界国力强盛、贸易繁盛的体现。

泉州在中国大陆与宝岛台湾的交往中具有非常重要的作用。明末有郑成功收复台湾，从荷兰殖民者手中夺回宝岛，传为佳话。清初有施琅出铜山，克澎湖，统一台湾，并奏请将台湾正式列入版图。郑成功与施琅都为泉州英杰，他们在到达台湾后带去了大批泉州移民，致力于台湾的屯垦开发，泉州博物馆内亦有施琅统一台湾时的兵器展览与郑成功收复台湾的相关展览，可以说泉州子民为两岸的共同繁荣作出了杰出的贡献。

三、泉州精神

泉州早已褪下"东方第一大港"的光环，在数百年历史中洗净原有之铅华，但泉州精神仍存，宽容豪迈、诚信谦恭、敢闯善拼仍旧是泉州人的代名词。

泉州近年来GDP均居福建省首位，晋江、石狮、南安、惠安、安溪五县市连年入围全国百强县市，晋江市更是排名全国前列，成为中国经济最发达县市之一。

改革开放后晋江先是依靠代工外国品牌而起家，而后凭借泉州人的改革创新精神创立发展了安踏、七匹狼等一批自主的品牌企业，泉州亦有了"品牌之都"的美誉。泉州人没有忘记自己良港的优势，着力发展海上贸易，德化白瓷享誉中外，瓷器更是远销海外，成为泉州对外贸易中独具特色的商品。

泉州最为难能可贵的是其对文化的传承。2013年8月，中国泉州与日本横滨、韩国光州共同当选首届"东亚文化之都"，这对泉州是多么大的肯定啊！闽南语、布袋戏、南音，上溯千年百年的民俗仍然鲜活地存在于泉州这一"千年古城"，并未在历史中湮没，这是多么大的功绩啊！

在我看来，泉州精神是开拓征服敢闯敢拼的豪气，是改革创新勇于挑战的勇气，亦是珍视文化、爱惜民俗的心气。泉州凭借这豪气、勇气与心气，终有一天凤凰涅槃，再现辉煌。

指导老师：吴秋兰

既开放又保守的闽南人
——参观闽台缘博物馆有感
社会历史学院 13 级，李伶俊

说起福建，说起闽南文化，大多数中国人会马上想到《爱拼才会赢》这首经典的闽南民歌。没错，闽南人就是敢拼敢赢，他们相信人生三分命注定，七分靠打拼。而在参观了闽台缘博物馆之后，我对于闽南人的这种拼搏精神也更深有体会。

在闽台缘博物馆的一层，我们参观到不同宗教的遗迹。其实早在唐宋，泉州就是世界著名的通商口岸，更是海上丝绸之路的起点。这个小小的城市不仅承担了中国对外的通商往来，也包容了来自五湖四海的文化。在这里，你可以感受到开元寺源远流长的佛家文化，转个街角，你就可以触摸到伊斯兰教清净寺。这里是文化的大熔炉，不同文化之间相互竞争也互相包容。

闽南人不仅善于包容，也善于走出去。由于东边群山环绕，西边大海包围的封闭环境，让闽南人更具有海洋性，更勇敢，更敢闯。在博物馆里我们依旧还能看到一叶扁舟，一根独木，以前的闽南人靠这简单的工具就敢勇敢地征服大海。这种敢闯敢拼的精神给闽南人带来了财富，也成为闽南人的精神。这样的精神让闽南人中出了骁勇善战的郑成功、七下西洋的郑和、现代妇科专家林巧稚。一代又一代的闽南人就是用这股拼劲，让国人一次又一次为之赞叹。

这就是闽南人的开放。他们无畏,他们有勇,他们有胆识。不拘泥于小小天地,他们要在更广阔的天空闯荡。但闽南人除了开放,他们也是保守的,这种保守体现在他们对传统文化的传承和家族的继承上。

在闽台缘博物馆,我看到百年前留下来的族谱,保存完好的物品,还有闽南人一直遵守的传统的民俗习惯。这些在当今的社会是多么的难得。在快餐文化充斥的今天,快节奏、高效率、求便捷的生活似乎是我们的追求,而那些本该是我们沉下心来感受的、践行的优秀传统文化却离我们越来越远。一些人习惯性地丢掉老祖宗留下来的礼仪文化,认为那是繁琐的、冗杂的、陈旧的,我们弄丢了承载自己文化的物品,也丢掉了自己的文化习俗。许多人忘记自己的文化,忘记自己的根,又怎么说自己是龙的传人?而恰是那些已经在海外闯荡的闽南人,不忘根本,把传统文化带到世界各地,并且很好地传承下来。

国家的繁荣昌盛,离不开经济的高速发展,但更离不开民族文化的精神支撑。因此,作为一名中国人,不管我们的民族今天有多大的发展,都始终不能忘记自己在这片土地曾扎下多深的根。

我来自广西,不同的地域文化,让我在感受闽南文化的时候感受更深。他们是一群不为"万般皆下品,惟有读书高"的思想所局限的人,他们是一群不在乎父母在不远游的人,他们是一群海上的勇者。但是他们也深深记得自己是中华民族的后代,牢记自己的根在哪里。他们既开放又保守,他们是我心中的闽南人。

指导老师:林国著

海上丝绸之路的发源地
——泉州聚闽台

体育科学学院 13 级，温顺妹

9月14日，我们从酒店吃完早餐一路随车游览我国现存最古老的具有阿拉伯建筑风格的伊斯兰教寺院——清净寺。清净寺是我国与阿拉伯各国人民友好往来和文化交流的历史见证，也是泉州海外交通的重要史迹。

参观完清净寺，我们陆续来到闽台缘博物馆。看到闽台缘的大门时，我们的心为之一振。在这宽大的闽台缘博物馆门口，我们大家一起照相留念，并且与一起要写闽台缘博物馆总结的同学拍照留念，老师们也是一样，不想错过这么宽大包容的闽台缘博物馆。

远古家园——福建与台湾一水相连，闽台两地的原始文化密切联系，共同开辟了远古的家园。

血脉相亲——闽台两地同根同宗，血脉相连，骨肉相亲。

隶属与共——台湾自古是中国领土。

开发同工，数以百万计身强力壮的福建移民，渡台把宝岛从荒芜之地开发为富庶之区。

文脉相承——今天台湾的方言、祭器、民间工艺、手工技术等，仍保留着浓郁的闽南传统。

诸神同祀——福建移民赴台，带去祖籍地的神像或香火。台湾民间供奉的各种神灵，绝大部分由福建传入，其祖庙皆在福建。

风俗相通——台湾与福建尤其是闽南，风俗相通，习惯相同。

走进闽台缘，馆中巨榕爆破的巨画让我赞叹不已。根深蒂固的巨榕让来参观的人，都感受到闽与台有割不断的情缘。可以想象以前我们福建与台湾是多么的情深。从博物馆的一侧走进去便看到墙上的图片，展示了远古时候闽与台的地理关系，紧密相连，一海之隔，但情是阻隔不了的，我们的心永远与台湾人民的心在一起。

随后，我们看到了郑成功的事迹，了解他收复台湾的历史史实和民族英雄的气概。还有施琅将军——一个好将军好英雄的事迹。记录英雄们过去的一件件物品与仿真人，仿佛把我们带回到过去，到他们那时候的世界中。到闽台缘参观让我们受益匪浅，拥有现在就是幸福，更应珍惜现在的幸福。

最后，我们还了解到闽南语的发音，真是博大精深，每个字音都有差别，要学好可不容易。我们还知道了泉州的特色南音，一个非常好听的戏曲，我虽然听不懂她们在唱什么，但是可以意会出泉州的精神，泉州人民的爱拼才会赢是众所周知的。

快乐的时光总是短暂的，但两天的《思想道德修养与法律基础》课程考察活动让我收获颇多，我想两天的闽南泉州行必将成为我人生中精彩的一页，作为我生命珍贵的回忆深深藏在内心深处。两天的相处让我真切地感受到师生的情谊，更让我收获了一种从未有过的自信，激励我在以后的学习生活中更加努力，也为中华民族伟大事业献出自己的一份力量。

指导老师：郑萍

扬帆起航的大海船
——泉州海外交通史博物馆

物理学院 13 级，张玲玲

泉州——海上丝绸之路的起点，一个与埃及的亚历山大港并驾齐驱，一个曾经呈现出"市井十洲人""涨海声中万国商"的繁荣景象的地方。在这里，不同语言、不同宗教的民族融洽相处着，形成了一种独特的、异彩纷呈的多元化文化。它静静地绽放出人类和平与文明之花，赢得了"海滨邹鲁""世界宗教博物馆"等称誉。

在这里的某一处，坐落着一艘远航归来停靠港湾的双桅帆船——那便是泉州海外交通史博物馆。进入博物馆迎面扑来的是一份浓厚的历史感，在导游那清脆的声音里，我们隐隐地解读着这份历史，感受着一份来自海洋的文化，那是中国人民千百年来所创造的悠久而辉煌的海洋文明。

博物馆给人的第一直觉就是壮观大方，馆藏珍宝有古代航海用具——指南针，还有唐五代的孔雀绿釉大瓶，宋代木爪石碇，外销陶瓷器，以及福建居民移民琉球及与接受明、清政府册封的资料。导游解释着在宋元时期，泉州作为东方第一大港，吸引大量外国移民，泉州出土的有大量伊斯兰教、基督教、印度教等宗教石刻等。曾有一句古话说道："此处古称佛国，满街都是圣人。"这句话出自宋代理学家朱熹之口，这便是称赞泉州的宗教文化，也是泉州精神中开放包容的体现。

虽然我们对那段历史不是很清楚，但仅仅只是看着这些珍贵的文物，也足以证明泉州曾经是世界最大的港口。看着这些帆船模型，我仿佛已经看到了郑和站在船头，手挥令旗，指挥几百艘大船浩浩荡荡、乘风破浪与惊涛骇浪搏斗驶向西方的情景。他们带去了中华的文明和物品……

泉州精神概括起来就是：思变敏行、开放包容、爱拼敢赢、坚韧强毅、崇商务实。参观完后，我们用心去静静地体会着这份精神，这是一种意识、一种智慧、一种品质和一种能力，这大概就是泉州始终充满活力的源泉吧。也许受海洋文化的熏陶，所以泉州人善于学习，善于引进和消化各种思想文化养料，去冲破樊篱，从而大胆地发展自己，壮大自己。

而爱拼敢赢的品质更是感动着我们，他们带着一份追求、一种勇气、一身胆略和一派气魄，表现为敢为天下先，勇争第一的气概，我想闽南歌中描述道"三分天注定、七分靠打拼，爱拼才会赢"中的"拼"和"赢"两个字，便可以无声地表现闽南人勇于开拓、冒险进取的心态。理性地回溯泉州的历史轨迹，无处不镌刻着坚韧不拔、攻坚克难的烙印。

告别了短暂的考察生活，现在已经回到了校园，回想着刚过去的考察学习和已经来临的大二学习生活，也不禁让我思绪万千……为期两天的考察学习，对我来说，却是一个转折点。这个转折点让我开始体会到尼采所说的"每一个不曾起舞的日子都是对生命的辜负"。虽然我不是最好的，但我会尽力做到最好，不管是在思想上还是学习上，不管是在生活上还是工作上，我都会努力地去完善自我，去学习闽南人独特的"爱拼敢赢"的精神，做到真正的能够"仰望星空，脚踏实地"！所以在文章的结尾，还是送给自己一句话：既然选择了远方，便只顾风雨兼程，既然目标是地平线，那么留给世界的只能是背影。

指导老师：吴秋兰

情系闽台缘

环境学院 13 级，彭宏福

2014 年 9 月 21 日，随学校老师到泉州进行社会实践，于清源山下邂逅了中国闽台缘博物馆，知晓了闽台五缘的亲近，感悟了闽台间同文、同种、同根生的内蕴，受益良多。

还未下车，迎面而来满是惊喜的气息——象征海峡两岸同胞的九龙柱、体现两岸人文精神与地域特色的"天圆地方"设计理念。徐徐走在台阶之上，时而仰观穹顶，细阅闽台建筑的基调；时而俯瞰"九龙吐珠"，感受玄妙的寓意。

一入馆，一幅高 18 米，宽 9 米，总面积达 162 平方米的巨作令我眼前一亮。蔡国强先生创作了这幅世界上最大的爆绘画：以扫把为笔，以火药为墨，形象地勾勒出一棵参天古榕。之所以选择榕树，原因有二：第一，这棵榕树以位于泉州鲤城区西街的千年古刹——开元寺内一棵千年古榕为原型。第二，"榕树"中的"榕"字在闽南语中的发音跟"感情"的"情"是十分接近的，而闽南语是闽台两地的通用方言，暗喻闽台两地情缘相连。

尽管还对爆绘榕树有着相当大的震撼，但不知不觉中，已来到了围绕着闽台五缘（地缘近、血缘亲、商缘广、文缘同、法缘久）设计的二楼综合主题馆。台湾自古以来就是中国领土不可分割的一部分。追溯远古，闽台陆地曾数度连接，台湾海峡形成后，两岸相望依然近若比邻；史前大陆古人类已进入台湾，成为当地的先住民。如今，台湾总人口的98%为福建移民后代；两岸经济互补互利，建立起同功发展的合力。正如诗中"山水本相依，闽台骨肉亲，中华大一统，缘定难分离"所阐述的，同宗共祖，语言通，习俗同，炎黄文化薪火代代传承，一条永恒的根脉牢牢维系。

我们不会忘记"开台王"——颜恩齐开拓台湾的锐进之志，我们更不会忘记明朝郑成功收复台湾的壮举。我们与台湾还有着更多的联系，就民间艺术而言，泉州的梨园戏、傀儡戏、高甲戏和漳州的芗剧、布袋戏等都传入台湾，而且具有浓厚的原始社会舞蹈色彩的拍胸舞、具有独有剧种音乐的提线木偶、被誉为"音乐中的活化石"的南曲等，都在台湾焕发着蓬勃的生命力。

经过改革开放30年两岸同胞的交流交往，两岸的经济结合和利益的融合已十分广泛和深入，然而，这并不直接地促使两岸同胞的认同感差距的缩小，主要是因为经贸交流主要以利益为取向，难于影响到深层次的认同感、信仰和价值观。

现如今两岸站在新起点上，应凝聚起对中华文化共同的认同和担当。首先应将两岸文化交流纳入国家整体文化发展战略中，两岸文化相互学习，相互借鉴，逐步形成共同的价值观；其次，因文化交流的广泛性，需动员全社会每一位公民积极支持和参与；再次，两岸当局要对两岸文化交流作制度化、规范化的安排，达成文化交流的共识，使两岸文化交流常态化；最后，两岸的文化交流应逐步从交流走向整合，让文化交流成果走进家家户户，从而形成两岸的文化共同体。我坚信，在两岸同胞的共同努力下，闽台缘将进入新的时代，促进完成祖国的统一。

指导老师：郑萍

烛古鉴今
——观泉州博物馆

公共管理学院 13 级，韩晶

  泉州博物馆位于清源山下的西湖公园北侧，是一座具有闽南建筑风格的综合性博物馆，博物馆分为"早期开发""刺桐崛起""东方第一大港""泉南雄风"四个部分，它以泉州历史为主线，从远古时期的深沪古森林遗址说起，囊括了闽越先民在这块土地上生息繁衍的痕迹、海上丝绸之路繁盛、东方第一大港鼎盛绚丽以及明清时期泉州谱写蔚蓝色的历史篇章。

  在社会实践有限的时间里我们参观了具有代表性的两个展厅。一进入展厅大门，便看见了题为"在水一方"的前言，形象地表明了泉州是一座枕山向海的滨海城市。第一展厅内的沙盘表明了台湾海峡地形地貌变迁，两岸一家，这是造物主的本意，期待着台湾能够早日回归祖国母亲的怀抱，实现祖国统一。展厅内，另一具有时代特色的展品便是洛阳桥缩影图，它向人们展示了中华民族伟大的智慧，其修建处海潮汹涌、江宽流急，所以采用了一种新型建桥方法，即在江底随桥的中线铺满大石头，筑起一条二十多米宽的水下长堤。然后在石堤上用条石横直垒砌桥墩，成为现代桥梁工程中"筏形基础"的先驱。这种技术，直到19世纪，欧洲人才开始采用。同时为了使桥墩更为牢固，巧妙地利用繁殖"砺房"的方法，来联结胶固石块，这种用生物加固桥梁方法，古今中外绝无仅有。

第二展厅内介绍了民族英雄郑成功，公元1661年正月，郑成功率领将士数万人，大小船只数百艘，从厦门出发，渡过台湾海峡，先后进攻荷军据点"赤庄城"和"热兰遮城"。荷兰殖民者凭借"坚船利炮"和堡垒进行顽抗。在高山族人民的大力支持下，郑成功击败了荷兰殖民者派来的援兵，经过8个月的斗争，收复了"赤嵌城"，龟缩在"台湾城"的荷兰总督揆一在顺治十八年十二月初九日缴械投降，成功收复台湾。可惜的是，天妒英才，收复台湾不久，郑成功便与世长辞。第二展厅也介绍了汉代陶器、两晋纪年墓砖以及五代铸钱陶范等各个时期的珍贵出土文物，让我感受到泉州丰厚的历史积淀。

两天的社会实践短暂而富有意义。在和老师的相处过程中，深深地感受到老师的幽默风趣以及对学生的关心爱护。在博物馆的参观过程中给我深刻的思想教育。这个博物馆蕴含着厚重的闽越历史文化，这里的先民在此生息繁衍，用自己的勤劳和智慧，创造了足以让后人自豪和骄傲的洛阳桥；这里是海上丝绸之路的起点，这个当时的东方第一大港，从明清时期开始就在谱写蔚蓝色的海洋强国之梦；这里也曾经是郑成功抗击外寇、收复台湾的后方基地之一。这里是我们文明古国的缩影，这里的一切仿佛都在诉说，我们曾经的文明、屈辱、抗争、崛起的历史。如今的泉州和我们可爱的祖国一样，正在蓬勃着无限生机；"长风破浪会有时"，在党的领导下，泉州这个蔚蓝色的梦想，一定会融入我们中华民族伟大复兴强国之梦中，得以早日实现。

空谈误国，实干兴邦，作为新时代大学生，我将努力学习科学文化知识，早日投身于中国特色社会主义的伟大实践当中。在习总书记领导下，为祖国繁荣富强添砖加瓦；为早日实现我们中华民族的强国之梦，我愿意奉献我的一生！

指导老师：杨林香

"闽台缘"的考察

化学与化工学院 13 级，刘莉莉

福建和台湾隔海相望，情同手足，有着密不可分的关系。2015 年 9 月 14 日，我有幸参加了学校组织的实践活动，参观了福建省泉州市区的位于美丽的西湖畔的闽台缘博物馆，这是一座反映福建与台湾历史关系的专题博物馆，也是离台湾海峡最近的一座博物馆。

博物馆展厅展示了上万件的珍贵藏品和历史文献，展示了闽台两岸从古到今密不可分的关系，足可以见证闽台两地历史的深厚渊源。整座博物馆采用的设计理念是"天圆地方"，让整座博物馆看起来相当雄伟。进入博物馆之后，就可以看到一幅巨大的壁画，壁画上是一棵大榕树，这幅画是用特殊的材料绘制而成的。壁画同时运用现代技术将闽台两岸的"百家姓"显示在壁画上，寓意海峡两岸同文、同种、同根，也体现了大陆人民对台湾同胞的深情厚谊。博物馆里还展示了郑成功画像、木偶展、中国音乐古化石、闽南民俗婚娶蜡像、中华和谐鼎等一系列的闽台情缘，也真实生动再现了两地同根同祖的深情。悬挂在闽台缘博物馆中厅的火药爆绘壁画"迎客榕"，是博物馆的标志性装饰之一，它的原型是泉州市开元寺内的一棵榕树，缘于榕树根深蒂固、枝繁叶茂的特点，切合闽台两地"同文、同种、同根生"的主题。

闽台一家亲。就地缘来讲。地质考古发现，一水相隔的闽台两岸在远古时期同属闽台半岛华夏古陆的一部分，台湾岛和福建沿海岛屿连为一体，构成广阔的大陆架平原。在久远的地质历史时期中的一次地壳运动，才让本来合为一体的闽台两地沿温州至诏安一线产生断层，彼时的较低谷地成为以后台湾海峡的雏形。随着海平面的上升，台湾与福建才被一湾海峡相隔至今。

从血缘上来看。20世纪70年代，台湾发现了岛内最早的人类活动遗存台南左镇人骨化石。但台湾最早人类源出何处仍是两岸考古专家的最大疑问。随着福建20世纪90年代三明岩前旧石器遗址以及距今1万年前的"东山人"和"清流人"的考古发现，才将谜底逐渐揭开。两岸的专家学者研究发现，其基本类型和制作技术与祖国大陆南方地区极为相似。

从文缘上来说。福建人移民台湾，大多是以姓氏宗族聚族而居，或是以同府同县同乡聚居一处，建立"血缘聚落"和"同乡聚落"，因此最大限度地保留了家乡祖地的传统文化和风俗习惯，不仅使泉州、漳州的闽南话成了台湾的主要方言，而且至今在台湾流行的南音、梨园戏、莆仙戏、布袋戏、木偶戏、东鼓戏等莫不来自福建。台湾同胞信奉的神祇，如妈祖、清水祖师、临水娘娘等皆是福建传说中的人物。

从商缘上来看。商、周时期，闽、台两地的人员交流和生产技术推广就有所加强，输入台湾的青铜工具和青铜武器，提高了当地的生产能力。汉晋隋唐时期，福建与台湾之间经济往来日益频繁，促进了台湾经济的发展。宋、元时代，台湾在行政上开始归属福建辖区，闽台经济交流更趋频繁，商业贸易往来日渐繁荣。明、清两朝，福建向台湾的移民经久不衰，两地的生产技术、农业品种交流及商业贸易往来急剧增长。明末郑成功收复台湾、清康熙王朝统一台湾，都进一步强化了海峡两岸的经济往来。

从法缘上来讲。南宋时期澎湖归福建泉州晋江县管辖。元代在澎湖和台湾地区设置"巡检司"，隶属福建泉州同安县，这是中央政权对台湾实施行政管辖的最早记载。台湾的名称最早出现在明朝后期。清光绪十一年（1885年）台湾单独建省之前，一直都是作为一个府受福建管辖，因此历史上就有了"九闽"之称。"乾隆圣旨匾"恰恰印证了这一点。即使是台湾建省之后，仍称作"福建台湾省"。

走出博物馆，我不禁思绪万千：闽台缘博物馆记载着台湾与大陆的悠久历史，象征着两岸同胞的友好情谊，它向世人宣告着：台湾自古以来就是中国的领土！

指导教师：陈志

无法忘怀的情缘
——观闽台缘有感

文学院 13 级，林白琳

《台湾府志》写道："台郡与闽如鸟之两翼，参天之树必有其根，怀山之水必有其源。"位于泉州的中国闽台缘博物馆就以大量的珍贵文物记载着闽台两岸血浓于水的亲情。我有幸能够参加这次爱国主义教育实践活动，在老师们的带领下，我们的实践队于 9 月 14 日早上 10 点走进中国闽台缘博物馆，去追溯闽台两地同文同种同根生、同宗同源同信仰的血脉情缘。

闽台缘博物馆位于清源山下、西湖之畔，是全国唯一一座反映大陆与宝岛台湾历史关系的国家级专题博物馆。刚到达目的地，我们就被眼前这气势恢宏、雄伟壮观的景象所折服。它的主体建筑采用了中国传统"天圆地方"的设计理念，运用闽台两地传统建筑物"出砖入石"的特色工艺，红白相间，向我们展现了海峡两岸独有的人文精神与地域特色。

走进博物馆，首先映入眼帘的是蔡国强的一幅巨大火药爆绘壁画，它极具有震撼力地挺立于展厅的正前方。一株硕大的榕树和它的庞大根系，加上海峡两岸百家姓图腾的背景，瞬间把我们带入一个历史和现实相互辉映的时空。从极富有趣味与蕴意的作品名称——《同文，同种，同根生》中，我们瞬间认识到，海内外的炎黄子孙都有一个"根"，台湾人民的根在中国大陆，台湾与中国，宛若榕树和它的根系，本是一体，不可分离。

台湾人民和大陆人民是同根生长，有着骨肉情深的记忆。

整个展览用大量的物证说明了闽台两岸"地缘相近、血缘相亲、法缘相循、商缘相连、文缘相承"的"五缘"主题。

例如，通过观看台湾海峡在地形上的变迁过程和闽台地区出土的古人类和哺乳动物的化石，说明大陆与台湾自古地缘相近；而博物馆的镇馆之宝大铁钟，则记述了新道观十七年台湾岛各商号为家乡捐款的情况，成为海峡两岸商缘广，文缘同的重要见证。

闽台五缘，自古形成，博大精深，是中华民族历史的厚重果实，是中华民族文化的璀璨结晶。

随着展馆的整体深入探视，我们更加明白了大陆与台湾的前世今生。远古台湾与大陆曾为一体，不分彼此。由于板块运动，形成台湾海峡。自周秦以来，大陆沿海先民就开始大量移居台湾。至今，台湾岛内百分之八十的同胞的祖籍都是福建，台湾岛民众还保留着和大陆一样的风俗习惯，学习同样的文字，供奉同样的妈祖。每年四五月份，许多台湾同胞就通过修族谱、建宗祠、祭祖先等活动，维系着与祖籍地同胞的亲情。毋庸置疑，台湾自古就是中国的领土。

无数珍贵的历史文物记录了闽台两岸深厚的历史渊源，无数的人造景观再现了两岸骨肉亲情的种种历史场景，仿佛它们都在无声地述说着闽台两地原本一体的事实：两岸同祖！血脉相连！

而随着人类进入新纪元，我国也面临着和平发展的新机遇与新挑战。但是，我们坚信，炎黄子孙完全有决心、有能力、有智慧、有信心，促进两岸关系和平发展，实现祖国统一大业和中华民族伟大复兴！

山水本相依，闽台骨肉亲，中华大一统，缘定难分离！

在两岸的沧桑岁月中，在时光的匆忙脚步下，历史注定会留下一段令闽台两岸人民无法忘怀的情缘，值得两岸人民共同缅怀与珍惜！

指导老师：陈新星

碟岛的治沙精神
——谷公魂，铭我心

法学院 13 级，曾玲

"先拜谷公，再拜祖宗"，这句话中所蕴含的信仰，不是我们在生活中常见的封建迷信，而是充分体现了东山人对人民的好干部——谷文昌的爱戴和怀念，朴素表达了他们对于真理的信仰。

3月27日，我们实践队在这阳光明媚、春意盎然的日子，踏上了前往美丽东山的大道。车子驶入东山地域后，我们被眼前的所见所闻倾倒。专业化、大规模的生产芦笋基地，绿荫葱葱的参天大树，整洁的街道，清新的空气，灿烂的笑容，这一切都潜移默化地感染着车上的我们。这里的人民尽情地享受着美好的生活，从他们灿烂的笑容中，我们能感受到东山人民的幸福指数是如此的高。繁华的县城、美好的生活、幸福的人民，这是东山的现状。殊不知，这里曾经是漫天风沙，一片荒漠，寸草难生的海岛，而这一切的变化都源于他——谷文昌。

一个心里只装着人民的利益，唯独没有他自己的县委书记；一个把自己的一切奉献出来，却从不允许自己及家人享受一丝一毫的特殊待遇的共产党员；一个拥有艰苦奋斗的优良作风和克己奉公的高贵品质的光辉典范……他就是带给东山希望，带给东山人民幸福的谷公。他为东山人民而活，为东山人民而死。在他的心里，人民的利益高于一切。鞠躬尽瘁，死而后已。司马迁曾说过，人固有一死，或轻于鸿毛，或重于泰山。或曰，有的人活着，但他已经死了；有的人死了，但他还活着。谷文昌就是后者。虽然可亲可敬的他离开了我们，但他永远活在我们心中。为东山人民奉献一生，他的死重于泰山。

"上战秃头山，下战飞沙滩，绿化全海岛，建设新东山。"

那时的东山是一个人烟稀少，漫天风沙，寸草难生的海岛，岛内的人民经常承受饥饿之苦。风沙灾害，兵灾之苦，使这里的人民处于水深火热中。谷文昌知道百姓想什么、盼什么，于是组织领导班子针对本县的各种问题提出了对策，而制约东山岛发展的最大威胁就是风沙。谷文昌经过多番思考，最终抛下狠话，"挖掉东山穷根，必先制服风沙""不制服风沙就让风沙把我埋掉。"几经波折，一种可以在沙丘存活的植物——木麻黄，在东山扎下了根。经过10多年的不懈努力，"沙岛"东山旧貌换新颜。就是这样的先进干部，充分发挥主观能动性，用自己的聪明才智战胜了各种灾难，取得了胜利。

他虽然是领导，却从来没有一点的领导架子。与民同干、与民同乐、平易近人。哪里是百姓最需要、最关心的地方，就有他的身影。无论何时何地，他都身体力行，身先士卒。在东山这片热土上，他与当地的村民艰苦奋斗14载，其中的艰辛和苦楚只有他最清楚。他的事迹感动着东山的每一个角落，然而最为感人、贡献最大，也最让东山百姓永远不忘的，却是他带领东山人植树造林，绿化了整个岛屿，锁住了肆虐的荒沙风雪，从根本上改变了这里的生态，使常年不毛之地的荒山，变成了美丽的东山。

谷文昌是时代的先驱，是时代的骄傲。作为一名共产党员，他用自己的行动诠释了共产党员的先进性。一句"不救民于苦难，我们这些共产党人来干啥"充分体现了其高尚的品质。这种为了人民的利益而奋斗的精神深深感动着我。作为预备党员的我理应以谷文昌同志作为榜样，学习其为人民全心全意负责的献身精神；学习其艰苦奋斗、不屈不挠的奋斗精神；学习其大公无私，廉洁自律的生活作风……站在巨人的肩膀上，我表示信心满满。无论在以后的学习、工作、生活中我都将以谷文昌精神作为鞭策自己不断前进的动力,努力使自己成为全面发展的合格共产党员。

  作为 21 世纪的青少年,我们是国家的栋梁,是民族的未来。时代的使命要求我们要带头努力学习,带头立志成才,带头服务人民,带头遵纪守法,带头弘扬正气;要高举旗帜,胸怀祖国,坚定信念跟党走;明德修身,勤于学习,前面发展我先行;勇于担当,投身实践,奉献青春为人民;创先争优,主动作为,带头投身"十三五"。我们是天之骄子,梦想与我们同在。我们有恒心,有信心,有决心,一定能成为积极服务于国家和社会的有用青年。我们要把个人理想融入国家的前途,民族的振兴,海西的腾飞,福建的发展之中,以坚定远大的理想励志前行。

  我们的青春波澜壮阔,我们的青春激越豪迈。让我们团结一心,吹响号角,以更加开阔的视野,更加昂扬的斗志,更加扎实的作风,为全面建设小康社会和中华民族伟大复兴而努力奋斗,共同谱写更加壮丽的青春之歌。

指导老师:杨小霞

后 记

本书是在思想政治理论课社会实践心得、报告的基础上编撰而成的，集中反映了学生对福建闽西、闽东、闽北、闽南革命老区红色文化考察的体会和对海峡西岸建设中国特色社会主义成就的调研成果。全书的100多篇心得论文和考察报告，选自20多位任课教师多年来带队实践形成的10多本大学生的"实践心得文集""实践报告文集"：《思想政治理论课闽北革命老区精神考察心得文集》《思想政治理论课闽西革命老区考察心得文集》《思想政治理论课闽东革命老区实践考察心得文集》《思想政治理论课泰宁革命老区考察心得文集》《思想政治理论课闽南改革建设成就考察心得文集》《重走党群连心路，立志做有为的大学生》《重走红军长征路，重温红色经典记忆》《理论宣讲传真知 青春给力中国梦》《感受美丽长泰，建设生态文明》《科学发展，先行先试》《弘扬谷文昌精神，建设绿色海西》《绿色海西，科学发展》《追寻先烈足迹，践行革命精神——浙江江山市革命史迹考察》《传播真理，理论输血，助力精准扶贫》。

感谢李方祥教授对本书构思、框架设计和写作给予悉心的指导，感谢俞歌春教授对"思想政治理论课教师带队社会实践工作"付出的开创性工作：顶层设计、组织领导、推进实施。感谢带队实践和指导实践心得写作、实践报告写作的25位老师：俞歌春、俞志、杨小霞、邓翠华、李莘、陈朝阳、李湘敏、卢红飚、吴秋兰、林凤章、郑萍、杨林香、林国著、李劲松、刘国皇、廖志诚、张俊杰、肖海平、黄聪英、陈晖涛、鄢奋、谢雪屏、郑朝静、张伟娟、陈新星的辛勤付出。感谢陈星、楚玉春、赖文捷、林丹丹、邓享裕、徐昉、张建聪、余娟、江释如、唐将伟、邱慧敏、郑中正、崔雯茜、张宗榜、张文捷、黄标贤、张焰芳、郑鹏程、邓珺等 19 位学生实践队队长的卓有成效的组织协调工作。感谢思政专业研究生方延玲、马程程、江秀榕、思政专业本科生杨润清、林卓虹、杨振海、谢钰飞、吴思涵等同学协助修改、整理、校对本书的文稿。感谢马克思主义学院对大学生实践的组织、策划、领导和支持。